解构与重塑：
公司破产管理实务操作

熊建新　林嘉荣　著

中国商业出版社

图书在版编目（CIP）数据

解构与重塑：公司破产管理实务操作 / 熊建新, 林嘉荣著. -- 北京：中国商业出版社，2023.12
ISBN 978-7-5208-2704-1

Ⅰ. ①解… Ⅱ. ①熊… ②林… Ⅲ. ①破产法—研究—中国 Ⅳ. ① D922.291.924

中国国家版本馆 CIP 数据核字 (2023) 第 214964 号

责任编辑：许启民

策划编辑：武维胜

中国商业出版社出版发行

（www.zgsycb.com　100053　北京广安门内报国寺 1 号）
总编室：010-63180647　编辑室：010-83128926
发行部：010-83120835/8286

新华书店经销

福建省天一屏山印务有限公司印刷

*

710 毫米 ×1000 毫米　16 开　15.75 印张　255 千字
2023 年 12 月第 1 版　2023 年 12 月第 1 次印刷
定价：78.00 元

****

（如有印装质量问题可更换）

前　　言

在商业世界中，公司破产是一个令人不愉快且充满挑战的现象。同时，它也是商业环境中不可避免的一部分。无论是由于经济衰退、市场竞争激烈、管理失误还是其他原因，公司破产都可能对公司、股东、员工和供应商等利益相关方造成巨大的影响。在这个背景下，公司破产管理已成为公司至关重要的一项能力。公司破产管理旨在通过有效的规划和实施措施，最大限度地减少公司破产过程中的负面影响，并为公司的重塑和再生提供机会。

本书旨在为读者提供关于公司破产管理实践的深入理解和实用指导。一是从破产和破产制度的角度切入，探讨了破产业务的现状与趋势、破产概念及相关认知、优秀破产管理人应具备的素质、破产业务的来源和破产程序的启动。二是讨论破产管理人工作流程中的实务，包括团队组建和内部管理、债务人的接管工作、债务人财产调查、债权审查、催收欠款、债权人会议、破产清算的控制活动分析。三是围绕房地产企业破产重整中的特殊问题展开讨论，包括建设工程优先权人与购房户和抵押权人的优先顺序及理由、购房户优先权的认定、建设工程款优先受偿权、复工与续建、购房户权益保障。四是探究了公司预重整规则与实务操作要点、投资人并购破产重整企业的尽职调查与风险防范。五是基于国际视角的跨境破产分析，包括跨境破产制度解读、我国香港特别行政区跨境破产制度与实践、跨境破产中的吉布斯规则及适用、跨境破产承认与协助制度分析。

本书旨在汇集来自破产管理领域的专业知识和经验，为读者提供一本全面而实用的指南，涵盖了公司破产管理的各个方面。此外，本书还涵盖了公司破产管理中的法律和监管要求。希望通过本书，读者能够深入了解公司破产管理的理论和实践，掌握必要的工具和技能，以更好地应对公司破产的挑战并为公司的重塑和再生作出贡献。

笔者在撰写本书的过程中，得到了许多专家学者的帮助和指导，在此表示诚挚的谢意。由于笔者水平有限,加之时间仓促,书中所涉及的内容难免有疏漏之处,希望各位读者多提宝贵意见,以便笔者进一步修改,使之更加完善。

目录

第一章 破产和破产制度 ... 1
第一节 破产业务的现状与趋势 ... 1
第二节 破产概念及相关认知 ... 2
第三节 优秀破产管理人应具备的素质 ... 23
第四节 破产业务的来源 ... 26
第五节 破产程序的启动 ... 28

第二章 破产管理人工作流程实务 ... 41
第一节 团队组建和内部管理 ... 41
第二节 债务人的接管工作 ... 45
第三节 债务人财产调查 ... 53
第四节 债权审查 ... 67
第五节 催收欠款 ... 80
第六节 债权人会议 ... 83
第七节 破产清算的控制活动分析 ... 98

第三章 房地产公司破产重整中的特殊问题 ... 105
第一节 建设工程优先权人与购房户和抵押权人的优先顺序及理由 ... 105
第二节 购房户优先权的认定 ... 111
第三节 建设工程价款优先受偿权 ... 114

第四节　复工与续建 ··· 115

第五节　购房人权益保障 ·· 117

第四章　公司预重整规则与实务操作要点 ······························ 119

第一节　预重整制度的优势及价值 ··· 119

第二节　预重整的制度定位与衔接规则 ·································· 125

第三节　预重整计划方案制订和流程管理 ······························· 142

第四节　预重整期间的债务人保护 ··· 153

第五章　投资人并购破产重整公司的尽职调查与风险防范 ······ 168

第一节　投资成本尽调 ··· 168

第二节　投资风险尽调 ··· 175

第三节　市场状况尽调 ··· 179

第四节　房产公司项目尽调 ·· 185

第五节　投资协议及重整方案的制订要领 ······························· 193

第六章　基于国际视角的跨境破产分析 ···································· 199

第一节　跨境破产制度解读 ·· 199

第二节　我国香港特别行政区跨境破产制度与实践 ················ 207

第三节　跨境破产中的吉布斯规则及适用 ······························ 211

第四节　跨境破产承认与协助制度分析 ·································· 219

结束语 ··· 239

参考文献 ·· 241

第一章　破产和破产制度

破产是指企业或个人无法清偿债务,资不抵债的状态。破产制度是一套法律和程序,用于处理破产情况,保护债权人的权益,促进债务清偿或资产重组。本章重点研究破产业务的现状与趋势、破产概念及相关认知、优秀破产管理人应具备的素质、破产业务的来源、破产程序的启动。

第一节　破产业务的现状与趋势

破产是企业经营过程中可能会面临的一种困境,当无法清偿债务或无法继续经营时,企业可能会选择申请破产。破产业务是处理破产案件的一项重要活动,涉及债权人权益保护、资产清算和重组等方面。

一、破产业务的现状

第一,破产案件数量与规模的增长。近年来,随着经济全球化的深入发展和市场竞争日益加剧,破产案件的数量和规模呈现上升趋势。许多行业都面临着市场周期性波动、技术进步和竞争压力等挑战,导致企业经营困难,进而引发破产。

第二,破产重组成为主流选择。在破产案件中,债务重组逐渐成为一种主流选择。相较于直接清算资产,债务重组可以实现企业债务的优化和资产的保值,为企业提供重新开始的机会。在重组过程中,债权人和债务人之间的协商和合作变得尤为重要。

第三,破产业务的专业化与多元化。随着破产案件数量的增加,破产业务领域逐渐形成了专业化的服务机构。包括破产律师事务所、破产管理人和破产评估师等在内的破产业务团队不断壮大,为企业提供全方位的破产业务咨询和执行服务。同时，破产业务也逐渐与金融、法律和管理等领域相互渗透，形成了多元化的合作格局。

二、破产业务的趋势

第一，法律环境的优化。随着破产案件数量的增加，各国政府和监管机构开始重视破产制度的完善和法律环境的优化。在破产法律制度方面，一些国家逐步引入了债务重组和破产保护等制度，为公司提供更加灵活和便利的破产解决方案。此外，跨国破产案件的处理也成为国际合作的重要议题。

第二，技术应用的推进。随着信息技术的快速发展，破产业务也开始应用人工智能、大数据和区块链等新技术。这些技术可以提高破产案件的处理效率和信息透明度，帮助债权人和债务人更好地理解和分析公司破产风险，为破产重组提供更科学的依据。

第三，社会责任的重视。破产业务不仅仅是解决公司经营困境的手段，也关乎社会的公平正义和稳定。在破产案件中，债权人权益保护和职工利益的平衡成为一项重要任务。未来，破产业务将更加注重社会责任，积极推动债权人、债务人和职工之间的合作和共赢。

破产业务在现代经济中扮演着重要的角色，随着破产案件数量的增加，破产业务面临着诸多挑战和机遇。在未来，破产业务将继续发展，法律环境将进一步优化，新技术应用将推动业务的创新，社会责任将得到更多关注。对于公司和社会而言，破产业务的发展对于经济的稳定和可持续发展具有重要意义。因此，政府、公司和专业机构应加强合作，共同推动破产业务的发展，为公司提供更好的破产解决方案，促进经济的繁荣与稳定。

第二节 破产概念及相关认知

一、破产的概念

破产是商品经济社会发展到一定阶段必然出现的一种法律现象。破产法是商品经济社会法律体系的重要组成部分。"破产"一词在我国早有使用，但在不同的语言环境下含义不同。在日常生活中，破产是指彻底的、不可挽回的失败，如某人的阴谋破产了、某某计划破产了，通常含有贬义。

在法律上，破产概念是有其特定含义的。法律上的破产，通常是指处理公司破产时债务如何清偿的一种法律制度，即对丧失清偿能力的债务人，经法院审理与监督，强制清算其全部财产，公平清偿全体债权人的法律制度。

破产清算是破产法律中最基本的制度。破产概念通常指破产清算制度，但在语言表述时常有所泛化，有时指整个破产制度，有时指破产程序，有时则指破产原因即破产界限，有时又泛指债务人被宣告破产的法律状态，因此，须根据使用时的具体情况确定。

在用"破产"一词表述破产原因时，依据法律对破产原因规定的不同，又可分为事实上的破产和法律上的破产。事实上的破产，是指债务人因资不抵债，客观上不能清偿债务而破产，即没有足够的资产来清偿全部债务。立法上对其破产原因规定为资不抵债；法律上的破产是指债务人因持续不能清偿到期债务而破产，即对已到期的债务无法清偿，立法上对其破产原因规定为不能清偿（到期债务）。二者在认定债务人是否破产的标准上存在差异。在法律上的破产发生时，债务人的账面资产可能超过负债，也可能低于负债，但即使在其资产负债表上资产超过负债，也因无足够现金偿还到期债务，不得不以破产的方式还债。

在理解破产概念时，还应注意其与一些相关概念的区别，包括法律上的破产概念与经济（或经济学）上的破产概念的区别。

第一，破产的判断标准。经济上破产主要是指经营者在经营上是盈利还是亏损，在长期严重亏损且无法扭转的情况下，企业无法维持存在，便可认定为在经济上破产。尽管在现代市场经济中，企业的亏损往往与负债过多相关，但经济上的破产主要还是指企业内部的经营问题，与企业外部的债务情况如何并没有绝对和固定的联系。从理论上讲，经济上破产的企业可能存在外部债务，也可能不存在债务；可能还得起债，也可能还不起债。法律上的破产一般是指不管经营上盈亏，只论债务人是否丧失清偿能力、能否偿还债务。在我国的司法实践中，企业本身业务经营情况很好，但因错误承担担保责任而在法律上被宣告破产的案例并不鲜见。虽然在现代社会，法律上的破产通常都伴随着经济上的破产，往往都是由经济上的破产造成的，但两者的确认标准却有所不同。经济上的破产有时并不一定导致法律上的破产，反之，当事人在法律上进入破产程序时，有时在经济上仍可能存在可以挽救、避免破产清算的重生之机。

第二，经济上的破产只表明当事人存在的一种客观经济状况，并不能说明国家主观上对这种现象采取的解决办法。在计划经济体制下，包括向市场经济转化的初期，对于企业亏损乃至企业丧失清偿能力、还不起债的问题，并不一定要采取破产的法律方式解决。我国过去曾长期采取"关、停、并、转"，政府给予财政补贴等行政方法处理企业经济上的破产，虽然这不符合商品经济的运行规律，但在当时确实可以在一定程度上缓解问题。对于经济上的破产，无论人们承认与否，只要是在商品经济中便会客观存在。但法律上的破产，则是人们为解决这一经济现象而通过主观立法设立的法律制度，是以破产立法的存在为前提的。而且，即便存在破产立法的情况下，也并非经济上出现破产现象的债务人在法律上就自动地进入破产程序，而是要经当事人的主动申请，法院依法作出破产案件的受理裁定后，才得以进入破产程序。

二、破产的特征

第一，从对债务的清偿角度看，破产具有执行程序的属性。一些观点认为，破产是一种概括的执行程序，即为全体债权人的利益而对债务人的全部财产进行的执行程序。普通的民事执行程序则是为个别债权人的利益而进行的个别执行程序。两者虽有区别，但作为执行程序的基本性质是相同的。

执行程序属于司法程序，故破产必须在法院的管辖、支配之下才能进行，其他机构没有处理破产案件的权力。同时，作为一种执行程序，破产与普通执行程序一样，不具有解决当事人之间实体民事争议的功能。虽然破产法已对一些实体民事权利义务问题作出规定，但在破产程序中并没有设置解决当事人之间实体民事争议、保护当事人诉讼权利的相应程序。对破产程序中当事人之间发生的实体民事争议，各国破产立法通常规定在破产程序之外通过诉讼程序解决。只有无争议的或已经通过法院和仲裁机关生效裁判确定的债权债务关系，才能在破产程序中得到执行。

第二，从启动原因看，破产是在特定情况下适用的一种法律程序。债务人不能清偿债务是启动破产程序的原因。除法律有特别规定外，在其他情况下不适用破产程序。另外，破产作为概括性的、为全体债权人利益而进行的执行程序，其立法目的与一般执行程序不同，具有对一般债务清偿程序的排他性，即排除为个别债权人利益而对债务人财产进行的其他执行程序，以保证对全体债权人清偿的公平；但是，设有物权担保和法定特别优先权的债权的执行程序除外。所以在破产程序开始之后，其他与之相冲突的对债务人财产的执行程序或清偿行为都应当停止，即破产案件受理之后，所有违背对全体破产债权人公平清偿原则的行为均不得进行。

出于保护全体债权人利益的目的，有些国家或地区的破产立法明确规定，如果法院在民事诉讼和民事执行过程中发现债务人不能清偿债务，可以依职权将案件转入破产程序。此外，根据民事责任的履行优先于行政责任和刑事责任中对财产的执行的原则，破产程序的启动还应当具有排除行政责任和刑事责任中对债务人财产的执行程序的效力。

第三，破产是对债务人现存全部法律关系的彻底清算，在破产人为法人的情况下，还会直接导致债务人民事主体资格消灭的法律后果。破产对企业债务人全部财产的清算，使企业丧失继续从事商事经营的经济基础与经营资格，并因终止经营导致对其全部法律关系的清算。这种清算由管理人在法院的主持下进行，而不是由当事人自行进行。同时，伴随破产程序的启动，还将产生一些对债务人或准债务人人身、资格和财产等公法与私法方面权利限制的后果。

第四，破产程序的实施宗旨，是保证对债权人的公平清偿和对债务人正当权益的合理保护，进而实现对社会整体利益的维护。破产法律要解决的主要矛盾，是多数债权人之间因债务人的有限财产不足以清偿全部债务而发生的相互冲突和清偿问题。故而立法针对此情况下一些问题的处理作有特殊规定，并设有专门的制度，如关于停止个别清偿、确定破产分配顺序、破产撤销权、破产抵销权、别除权等方面的法律规定。此外，破产程序对债务人的正当权益也有一些特殊的保护规定，如通过具有强制性的和解制度、重整制度与免责制度的设置，达到尽力挽救债务人、避免破产发生，以及免除诚实的自然人债务人通过破产程序未能清偿的剩余债务的立法目的，以鼓励其在破产之后仍能积极参与社会经济活动，为社会和个人创造新的财富。

三、造成破产的原因

破产原因是破产程序的门槛,直接影响破产率的高低和破产程序的多寡,直接影响法律对利益的平衡与取舍。破产原因是指表明债务人丧失清偿能力的法律事实,若想通过破产法律程序解决其债务清偿问题,应该具有破产法所规定的破产原因。因此,破产原因的认定是启动破产程序时必须厘清的先决问题。

(一) 我国对破产原因的规定

《中华人民共和国企业破产法》(以下简称企业破产法) 规定,企业法人不能清偿到期债务,并且资产不足以清偿全部债务或者明显缺乏清偿能力的,依照本法规定清理债务。由此可知,我国企业法人破产的原因有两种,"不能清偿到期债务,并且资产不足以清偿全部债务"或者"不能清偿到期债务,并且明显缺乏清偿能力"。这两种破产原因均由两个要素构成,且两种原因中均包含"不能清偿到期债务"这一要素。

1. "不能清偿到期债务"的含义

不能清偿到期债务是指债务人以明示或默示的形式表示其不能支付到期债务,强调的是债务人不能清偿债务的外部客观行为,而不是债务人的财产客观状况。《最高人民法院关于适用〈中华人民共和国企业破产法〉若干问题的规定 (一)》(以下简称破产法司法解释 (一)) 对"不能清偿到期债务"予以解释,这些情形同时存在的,人民法院应当认定债务人不能清偿到期债务:① 债权债务关系依法成立;② 债务履行期限已经届满;③ 债务人未完全清偿债务。

(1) "债权债务关系依法成立"指的是债务人不否认或者无正当理由否认债权债务关系,或者债务已经被生效法律文书确认。原则上,当事人对债权债务关系存在争议的,应当通过诉讼程序予以解决,但如果债务人提出异议,经人民法院审查后,发现没有任何证据支持或者明显与事实不符的,不应对人民法院受理破产案件构成影响。这样规定的主要目的是防止债务人以毫无理由和证据的异议拖延破产程序启动。此外,债务如果已经被生效法律文书确认的,由于已经取得执行名义,应当视为债权债务关系已经确定。

(2)"债务履行期限已经届满"是指债务人不能清偿的是履行期已经过了的债务。如果债权人在债务到期前认为债务人无法偿还的,不能视为不能清偿。破产程序本质上属于概括执行程序,债务尚未到期的,债务人不负有立即履行的义务,故不应受执行程序的约束。

(3)"债务人未完全清偿债务"是指债务人未清偿债务的状态客观存在。不论债务人的客观经济状况如何,只要其没有完全清偿到期债务,均构成不能清偿到期债务。将不能清偿到期债务作为破产原因中的主要依据,尤其是作为债权人申请债务人破产清算时破产原因的推定依据,易于债权人发现和举证证明,能够使债权人尽早启动破产程序,从而保护债权人的合法权益。

2."资产不足以清偿全部债务"的含义

破产法司法解释(一)规定,债务人的资产负债表,或者审计报告、资产评估报告等显示其全部资产不足以偿付全部负债的,人民法院应当认定债务人资产不足以清偿全部债务,但有相反证据足以证明债务人资产能够偿付全部负债的除外。

(1)考量标准。"资产不足以清偿全部债务"是指债务人的实有资产不足以清偿全部债务,即通常所说的"资不抵债"或"债务超过"。资不抵债的着眼点是资债比例关系,考察债务人的偿还能力时仅以其实有财产为限,不考虑信用、能力等可能影响债务人清偿能力的因素;计算债务数额时,也不考虑是否到期,均纳入债务总额之内。

通常用来判断债务人是否资不抵债的标准为资产负债表,其反映了企业资产、负债、所有者权益的总体规模和结构,以此来判断债务人的资产状况具有明确性和客观性。考虑到资产负债表反映的企业资产价值具有期限性和不确定性,在其由企业自行制定的情况下可能存在严重的造假情况,因此,破产法司法解释(一)规定,审计报告或者资产评估报告等也可作为判断债务人是否资不抵债的依据。

(2)举证责任。"资产不足以清偿全部债务"是对债务人客观偿债能力的判断,因此应当以债务人的真实财产数额为基础。如果出现当事人认为债务人的资产负债表,或者审计报告、资产评估报告等记载的资产状况与实际状况不符的情况时,应当允许当事人提交相应证据予以证明,从而推翻资产负债表、审计报告或者资产评估报告的结论。

3."明显缺乏清偿能力"的含义

破产法司法解释(一)规定,债务人账面资产虽大于负债,但存在下列情形之一的,人民法院应当认定其明显缺乏清偿能力:①因资金严重不足或者财产不能变现等,无法清偿债务;②法定代表人下落不明且无其他人员负责管理财产,无法清偿债务;③经人民法院强制执行,无法清偿债务;④长期亏损且经营扭亏困难,无法清偿债务;⑤导致债务人丧失清偿能力的其他情形。

因此,"明显缺乏清偿能力"是指债务人因丧失清偿能力而无法偿还到期债务的客观财产状况,即不能以财产、信用或者能力等任何方式清偿债务。债务人不能清偿到期债务时通常都已资不抵债,但有些情况下,即使债务人账面资产尚未超过负债,也可能因资产结构不合理而对到期债务缺乏现实支付能力,如发生现金严重不足、资产长期无法变现等无法支付的情况。明显缺乏清偿能力的着眼点在于债务关系能否正常了结,与资不抵债的着眼点在于资债比例关系不同。企业破产法将"债务人不能清偿到期债务并且明显缺乏清偿能力"作为破产原因之一,目的在于涵盖"债务人不能清偿到期债务并且资产不足以清偿全部债务"之外的其他情形,以适度缓和破产程序适用标准,弱化破产原因中关于资不抵债的要求。

(二)破产原因的认定

破产须同时满足两个破产原因:第一,无法清偿到期债务;第二,资产不足以清偿所有债务或者企业明显缺乏清偿能力。

1.无法清偿到期债务的认定

企业无法清偿到期债务需要满足三个要件:①债权债务关系依法成立;②债务履行期限已经届满;③债务人未完全清偿债务。对于前述债权债务关系是否需要通过生效法律文书确定,法律并无明文规定,但由于一般债权债务关系未经诉讼较难判断,实务中法院一般要求通过诉讼或者仲裁来确定债权债务关系。

2.资产不足以清偿所有债务的认定

企业作为债务人无法清偿到期债务,同时满足资产不足以清偿所有债务,则可满足破产条件。在申请破产案件中,关于如何认定资产不足以清偿所有债务，法院通常采取举证责任倒置的原则，即要求债务人提供其资产负债表等财务报表。

债务人的资产负债表，或者审计报告、资产评估报告等显示其全部资产不足以偿付全部负债的，法院应当认定债务人资产不足以清偿全部债务，但有相反证据足以证明债务人资产能够偿付全部负债的除外。

在实务中，如果企业作为债务人的资产负债表的净资产为负值，可以推定其资产不足以清偿所有债务。但是，如果债务人的不动产、无形资产等账面价值与市场价值存在巨大差异，债权人可以通过资产评估报告证明债务人资产能够偿付全部负债，用以推翻资产负债表的初步证明效力。

3.明显缺乏清偿能力的认定

当企业作为债务人无法清偿到期债务，即便资产负债表显示净资产不是负数，但存在下列明显缺乏清偿能力的情形，仍可被认定具备破产原因。

(1)因资金严重不足或者财产不能变现等，无法清偿债务。

(2)法定代表人下落不明且无其他人员负责管理财产，无法清偿债务。

(3)经法院强制执行，无法清偿债务。

(4)长期亏损且经营扭亏困难，无法清偿债务。

(5)导致债务人丧失清偿能力的其他情形。

因此，企业满足第(1)～(5)种情形之一的，即可认定其明显缺乏清偿能力。需要特别关注第(3)种情形，经强制执行无法清偿债务，法院通常会依法出具终止裁定或者中止执行裁定，均可作为证据证明该情形成立。在实务中，企业无法清偿到期债务并且企业明显缺乏清偿能力，在已经进入强制执行程序的案件中，"经法院强制执行，无法清偿债务"最终演化成确定破产原因的典型情形。

(三) 破产能力

破产能力，是指根据法律规定可以通过破产程序清偿债务的能力。根据企业破产法的规定，按照我国法律成立的企业均可成为破产的标的企业，但自然人破产制度仅在个别地区（如深圳）试行。具体而言，具备破产能力企业包括如下类型。

第一，有限责任公司。有限责任公司系指根据《中华人民共和国公司法》(以下简称公司法)在我国境内成立的,股东以其认缴出资额为限对公司承担责任的公司。

第二,股份有限公司。股份有限公司系指根据公司法在我国境内成立的,股东以其认购的股份为限对公司承担责任的公司。按是否上市来划分,股份有限公司分为上市股份有限公司和非上市股份有限公司(以下简称上市公司)。鉴于上市公司重整案件涉及法律关系复杂、影响面广,根据最高法院《关于审理上市公司破产重整案件工作座谈会纪要》的要求,法院在审查破产重整申请时,应当组织召开听证会,对申请人的申请资格、上市公司是否已经发生重整事由及上市公司是否具备重整可行性等进行听证。法院裁定受理破产重整申请前,应当将相关材料层报最高法院审查。涉及上市公司破产,法院通常会组织听证。

第三,金融机构。根据企业破产法及国务院有关规定,商业银行、证券公司、保险公司等金融机构符合破产原因的,国务院金融监管机构可以提出破产清算或重整申请。国务院金融监管机构委托的行政清理组也可以提出破产清算申请。经国务院金融监管机构批准,金融机构或其债权人可以提出破产清算或重整申请。

第四,全民所有制企业。全民所有制企业系指根据《中华人民共和国全民所有制企业法》成立的企业。

第五,股份合作制公司。股份合作制是以合作制为基础,吸收股份制的一些做法,劳动者的劳动联合和资本联合相结合形成的企业组织形式,其通常由国有企业和职工共同持股。

第六,合伙企业。合伙企业破产参照企业破产法的程序进行。

第七,三无企业。实务中,部分破产企业因多年停止经营,实际上处于一种无资金、无场所、无机构的状态,称为"三无"企业。根据规定,债权人对人员下落不明或者财产状况不清的债务人申请破产清算,符合企业破产法规定的,法院应依法予以受理;债务人能否依据企业破产法的规定向法院提交财产状况说明、债权债务清册等相关材料,并不影响对债权人申请的受理。

四、破产方式的清算、和解与重整

(一) 破产方式概述

破产程序是指公司在不能清偿到期债务并且资产不足以清偿全部债务或者明显缺乏清偿能力时,用以公平清理债权债务的司法程序。根据企业破产法的规定,实践中对于破产程序一般有广义和狭义两种理解,狭义的破产程序仅指破产清算,而广义的理解则包括清算、和解和重整三种程序。在破产清算程序后,公司将面临注销的结果;而在和解和重整程序后,公司则可继续经营,迎来重生。

从破产程序的启动主体角度考虑,债务人可以直接向法院提出重整、和解或者破产清算申请,债权人可以直接向法院提出对公司进行重整或破产清算的申请。债权人申请破产清算的,在法院受理后、宣告破产前,债务人或者出资额占公司注册资本十分之一以上的出资人可以向法院申请重整,债务人可以向法院申请和解。

针对破产申请,人民法院审查后认为符合法定条件的,应当作出受理破产程序的裁定;受理裁定是企业进入破产程序的正式标志。根据企业破产法及相关法律法规的规定,对于进入破产程序的公司,其在合同履行、清偿债务、诉讼、仲裁、执行案件等方面均存在相关特殊规定,主要体现在如下方面。

1. 未到期债权视为到期,计息债权停止计息

自法院裁定受理破产申请之日起,针对债务人的所有未到期债权均视为到期,相关债权人即可申报债权。需特别说明的是,股东认缴的出资也因破产申请被受理而加速到期,不再受出资期限的限制。

相关债权的利息、罚息、违约金等均在破产申请受理日停止计算,且在债务人破产的情况下,担保人也可主张担保债务自破产受理日停止计息。此外,如果相关债权系按照外国货币计算的,实践中一般要求按照破产申请受理日的汇率换算成人民币。

2. 管理人的撤销权

根据企业破产法的规定,公司在破产申请受理日前一定时间的处置资

产、清偿债务的行为将受到一定限制，个别行为会被直接认定为无效，管理人有申请撤销和追回的权利。这是为了防止公司资产不正当流失，最大限度地保证各债权人的权益。

针对在人民法院受理破产申请前一年内，债务人无偿转让财产、以明显不合理的价格进行交易、对没有财产担保的债务提供财产担保、对未到期的债务提前清偿以及放弃债权的行为，管理人有权请求法院撤销。

在人民法院受理破产申请前六个月内，债务人在具备破产原因的情形下仍对个别债权人进行清偿的，管理人亦有权请求法院予以撤销，个别清偿使公司财产受益的除外。

此外，债务人为逃避债务而隐匿、转移财产，虚构债务或者承认不真实的债务的行为无效。人民法院受理破产申请后，债务人对个别债权人的债务清偿无效。

个别债权人或主体因上述情形而取得的债务人财产，管理人有权追回。实践中，对无财产担保的债务提供财产担保以及个别清偿的情形较为常见，管理人在接管公司、审查债权的过程中应当重点关注。

3. 破产程序对公司诉讼/仲裁案件的影响

人民法院受理破产申请后，已经开始但尚未终结的有关债务人的民事诉讼或者仲裁应当中止；在管理人接管债务人财产后，该诉讼或者仲裁继续进行，管理人应当代表债务人应诉；同时，该等案件的当事人也应向管理人申报债权。在相关诉讼取得生效裁判文书前，管理人将对其申报的债权以涉及未决诉讼/仲裁案件为由予以暂缓确认，待取得生效裁判文书后按照裁判结果进行确认。债权暂缓确认的过程中，除非人民法院为该债权人临时确定债权额，否则该债权人不能行使表决权。实践中，在案件争议不大的情况下，债权人也可与管理人沟通，在获得管理人对债权的初步认定的情况下撤诉/撤回仲裁申请；撤诉/撤回仲裁申请后管理人即可直接认定债权。在部分案件中，这样可以降低债权人的成本，并有利于债权人在破产程序中行使权利。

人民法院受理破产申请后，针对债务人的财产保全措施应当解除；执行程序应当中止，即不得对债务人财产采取个别清偿行为；债务人财产将由管理人统一接管、管理和处分，并根据相应方案统一对债权人进行清偿。

破产申请受理后，针对公司的民事诉讼应由受理破产申请的人民法院管辖，但仲裁管辖不受影响，当事人的约定管辖仍然有效。

4. 待履行合同的处理

人民法院受理破产申请后，管理人对破产申请受理前成立而债务人和对方当事人均未履行完毕的合同有权决定解除或者继续履行，并通知对方当事人。管理人自破产申请受理之日起两个月内未通知对方当事人，或者自收到对方当事人催告之日起三十日内未答复的，视为解除合同。

管理人决定继续履行合同的，对方当事人应当履行；但是，对方当事人有权要求管理人提供担保。管理人不提供担保的，视为解除合同。

5. 破产程序中的抵销

破产程序中的抵销与一般民法中的抵销有所不同。在破产程序中，一般只要满足债权人与债务人在破产申请受理前互负债务，债权人即可向管理人主张抵销，而无论该债权在破产申请受理时是否到期、标的物种类品质等是否相同。

与此同时，企业破产法对破产程序中的抵销作出了一定限制，具体包括：公司的债务人在破产申请受理后取得他人对公司的债权，债权人明知债务人存在破产情形而对债务人恶意负债（除非是因为法律规定或者有破产申请一年前所发生的原因而负担债务），明知债务人存在破产情形而恶意取得对债务人的债权（除非是因为法律规定或者有破产申请一年前所发生的原因而取得债权）。

在债权人有权申请抵销的情况下，抵销自管理人收到债务人的抵销通知之日起生效；如管理人对抵销有异议，应当在约定的异议期限内或在收到抵销通知之日起三个月内提起诉讼。

另需注意的是，债权人可以用对债务人的优先债权与债务人对自己的非优先债权进行抵销，抵销数额仅限于享有优先受偿权的财产价值。股东因未依法缴纳出资等情况负担的债务不能主张抵销。

(二) 破产清算

人民法院受理破产申请后，经管理人审查确认债务人符合破产条件，且无人提出重整或者和解申请的，管理人应当申请人民法院裁定宣告债务人破产。法院裁定宣告破产后，债务人的财产称为破产财产，法院受理破产申请时对债务人享有的债权称为破产债权，债务人被宣告破产后，应当对破产财产进行变价及分配，破产清算程序终结后，债务人将被注销，主体归于消灭。

1. 破产宣告

在实践中，针对破产清算案件，经确认无人提出重整或者和解申请，或和解与重整并无可能，破产管理人认为符合破产宣告条件的，应当申请人民法院裁定宣告债务人破产。另外，在和解与重整失败后，有关程序亦应转为清算程序，并进行破产宣告。

根据现行法律法规，破产宣告后产生的法律效果主要有三个方面：① 破产宣告意味着破产清算程序将确定地、不可逆地进行下去，无法再撤回破产申请，也无法再转为和解或重整；② 在名义上，债务人被宣告破产后，债务人称为破产人，债务人财产称为破产财产，人民法院受理破产申请时对债务人享有的债权称为破产债权；③ 被破产宣告后，债务人的财产转为破产财产，其破产程序自破产宣告之日起进入变价和分配阶段。

2. 破产财产的变价与分配

破产清算程序中的分配一般实行货币分配原则，即除债权人会议另有决议外，破产财产原则上应予以变现并以货币形式向债权人分配。破产宣告后，管理人应及时拟订破产变价方案，提交债权人会议讨论。在有关方案经债权人会议表决通过或经法院裁定确认之后，管理人即应按照该方案适时变价出售财产。

在变价形式上，除债权人会议另有决议外，破产财产应当通过拍卖进行变价出售。实践中，一般多采用网络拍卖平台进行破产财产的拍卖。如果通过拍卖方式进行变价，管理人应提出处置参考价供债权人会议参考以确定起拍价。参考价的确定方式一般包括定向询价、网络询价、委托评估机构评估和管理人估价等。债权人会议可以决议确定起拍价，也可授权管理人自行确定。

在破产财产的分配顺序上，优先清偿破产费用和共益债务后，应当依照一定的顺序清偿：① 破产人所欠职工的工资和医疗、伤残补助、抚恤费用，所欠的应当划入职工个人账户的基本养老保险、基本医疗保险费用，以及法律、行政法规规定应当支付给职工的补偿金；②破产人欠缴的除前项规定以外的社会保险费用和破产人所欠税款；③普通破产债权。破产财产不足以清偿同一顺序的清偿要求的，按照比例分配。需特别说明的是，职工债权无须申报，由管理人调查核实后列出清单进行公示，欠缴的社会保险费用及税款一般也由管理人向相关部门进行调查，如发现有欠款，则进一步通知相关部门申报债权。其他的普通债权及有财产担保债权等则需要债权人主动向管理人申报。

破产财产的变现通常是一个持续的过程，难以在短时间内一次性完成，因此在经过变现取得部分财产的情况下，可分批次进行分配。在债务人财产不足以清偿破产费用或破产人无财产可供分配时，人民法院裁定终结破产程序后的二年内，如果发现破产人有应当分配的其他财产，经人民法院许可后可以对债权人进行追加分配。追加分配的财产一般来源于破产可撤销行为、破产无效行为追回的财产以及债务人的董事、监事和高管利用职权从企业获取的非正常收入和侵占的企业财产等。

3. 破产清算程序的终结

破产财产分配方案应由债权人会议表决，表决通过并经人民法院裁定认可后予以执行；表决应由出席会议的有表决权的债权人过半数通过，并且其所代表的债权额占无财产担保债权总额的二分之一以上。

根据企业破产法的规定，破产清算程序的终结事由主要有三种：①破产财产不足以清偿破产费用；②破产人无可供分配的财产；③破产财产分配完毕，无其他可供分配财产。破产程序终结后，管理人需要持人民法院作出的终结程序的裁定书办理税务及工商注销登记，债务人的主体资格在工商注销登记办理完毕后归于消灭，在破产清算程序中未获清偿的债权也不得再向债务人提出主张，不过债务人破产清算程序终结并不影响债权人向其他未破产的担保人主张权利。

(三) 破产和解

当公司出现破产原因时，也可借助和解程序清理债务，债务人可以直接向法院申请和解，也可以在法院受理破产申请后、宣告破产前，向法院申请和解。和解实际上是在司法程序的框架内，由债权人和债务人对债权债务的处理达成一致意见，豁免债务人的一部分债务，进而使公司继续存续的一种司法程序。

1. 和解草案

债务人申请和解需要提出和解协议草案，和解协议的核心内容是债权清偿方案。实践中，债务人可以以自有资产进行清偿，也可由股东或第三方另行提供清偿资金或资源进行清偿。和解协议的达成应当由债权人会议作出决议，须由出席会议的有表决权的债权人过半数同意，并且其所代表的债权额占无财产担保债权总额的三分之二以上。债权人会议通过和解协议的，由法院裁定认可，终止和解程序，并予以公告。债务人也可以自行与全体债权人就债权债务的处理达成协议并请求法院裁定认可，并终结破产程序。

2. 和解的后果

和解协议经法院裁定认可后，即对债务人与和解债权人均有约束力。需注意的是，如果债权人未在法院认可和解协议前向管理人申报债权的，在和解协议执行期间不能行使权利；在和解协议执行完毕后，可以按照和解协议规定的清偿条件行使权利。和解协议顺利执行完毕的，按照和解协议减免的债务，债务人不再承担清偿责任，但和解债权人对债务人的保证人和其他连带债务人所享有的权利，均不受和解协议的影响。此外，和解协议的效力不及于在和解协议生效后产生的新债权人。

债务人不能执行或者不执行和解协议的，和解债权人可以请求法院裁定终止和解协议的执行并宣告债务人破产。在此情况下，和解债权人在和解协议中作出的债权调整的承诺失去效力，而为和解协议的执行提供的担保继续有效。和解债权人因执行和解协议所受的清偿仍然有效，和解债权未受清偿的部分作为破产债权，且只有在其他债权人与该债权人所受领的清偿达到同一比例时，才能继续接受分配。

3. 和解的效果

与破产清算和重整相比，和解程序具有程序简便、方法灵活、周期较短、成本较低等优势；且在和解的情况下，各方对于结果的满意度可能会高于破产清算和重整，更有利于在一个程序当中一揽子地解决公司的负债等问题。

以一起破产清算转和解程序的案件为例，在案件中，债务人因经营不善、无法清偿到期债务而申请破产清算。管理人在对债务人进行调查后，发现债权人相对较少，且债权人与债务人的实际控制人尚有较为良好的关系。在此情况下，管理人与各债权人进行了逐一沟通，并详细分析了债务人的资产负债情况，以及破产清算与和解的利弊。最终，经各债权人一致同意，债务人的实际控制人额外提供部分资金，协助债务人与全部债权人达成了和解协议并获得法院认可。该案仅用时四个月即处理完毕，且各方对案件结果均较为满意。

可见，在破产案件中如能将和解程序适用得当，可以大幅度地减少法院、管理人和债权人的时间成本和经济成本，并以较快的速度使困境企业轻装上阵，且较大程度地维护了其与上下游企业的未来合作关系，具有较强的困境企业拯救功能。

(四) 破产重整

破产重整程序是指针对不能清偿到期债务，或者存在不能清偿到期债务的可能，但仍有挽救价值和可能性的债务人，经利害关系人的申请，通过企业破产法规定的司法重整程序使债务人恢复持续经营能力、偿债能力，从而维护各方利益的程序或制度。"破产重整旨在通过促进债务人企业复兴从而维持其营运价值，从某种程度上讲是现代社会公力干预经济的体现，但这种干预必须以不损害债权人的利益为前提。"[①]

1. 破产重整程序的特征

破产重整程序具有三个特征：① 破产重整程序是司法程序，由人民法院启动且各事项均应接受人民法院的监督与指导；② 破产重整程序是救助程序，其首要目标和任务是拯救危困企业，同时最大限度地保障各方合法权益；③ 破产重整程序是市场化的债务重组、资产与业务重组、股权与管理重组在司法监管与保障下进行的再调节。

2. 破产重整程序与协议重组/庭外债务重组的不同

与协议重组/庭外债务重组相比，破产重整程序具有以下不同。

（1）参与主体不同。协议重组/庭外债务重组的参与主体有债权人、债务人、投资人、股东等交易主体以及监管主体（若有）；破产重整的参与主体

---

① 韩长印. 破产法学 [M]. 北京：中国政法大学出版社，2016：231.

有政府（针对具有较大影响力的重整案件）、人民法院、管理人、债权人、债务人、出资人（股东）等。

(2) 主导力量不同。协议重组／庭外债务重组是债权人、债务人以及投资人之间的市场行为（自主协商）；破产重整是司法行为，由管理人拟订重整方案，破产重整程序受人民法院和债权人会议监督。

(3) 企业类型不同。协议重组／庭外债务重组通常无准入限制，但如协议重组涉及市场化债转股的，则债转股对象企业应符合规定；破产重整需要债务人满足法定的破产案件受理条件。

(4) 化解手段不同。协议重组／庭外债务重组的化解手段有债务豁免、延期、降息、债转股、以资抵债、股权重组等；破产重整可用手段与协议重组基本相同，但上市公司重整可以通过实施资本公积转增股本进行出资人权益调整。

(5) 决议程序不同。协议重组／庭外债务重组决议时协商一致即可，无表决程序规定；破产重整决议时分组表决，且最终需由人民法院裁定批准。

(6) 时间要求不同。协议重组／庭外债务重组无时间要求；破产重整有明确时间与节点要求，通常要求在进入重整后六个月内提交重整计划草案，特殊情况可延期三个月，执行期限无限制。

(7) 法律效力不同。协议重组／庭外债务重组完成形成协议的，仅对协议签署方有效；破产重整完成后形成的法律文书由人民法院确认，对所有利益相关方有效，包括未申报债权的债权人以及反对重整计划草案的债权人。

(8) 面临的困难不同。协议重组／庭外债务重组高度依赖全体债权人协商一致，谈判效率低；破产重整有法定时限，存在破产清算风险。

3. 破产重整程序的优劣

协议重组／庭外债务重组与破产重整程序的优劣势具体如下。

(1) 协议重组／庭外债务重组。优势：市场行为，充分尊重意思自治、外部主体干涉力度小；对生产经营影响小；保密程度高，舆情关注相对不高。劣势：无司法强制力保护，缺乏破产保护；需要全体债权人同意，协调难度大，容易形成少数主体钳制。

(2) 破产重整。优势：停止计息、诉讼仲裁执行中止、保全解除、担保物权暂停行使、继续营业、共益债务融资；法院强制力保障（强制批准）；多数决定，避免少数主体钳制。劣势：存在破产清算风险；存在法定期限的限制，要求按期提交重整计划草案；品牌、市场、客户群以及企业信用恢复受到影响。

实践中，可综合考量债权人数量、债务规模、债权人类型、资产受限程度、债权人意向、债务风险成功度等要素，以确定适合的债务重组路径与工具。

五、申请破产的主体及理由

（一）申请破产的主体

申请破产的主体包括债务人、债权人、清算义务人、有关国家机关和职工债权人。

第一，债务人。债务人具备破产原因的，可以向人民法院提出破产清算、重整或者和解申请。

第二，债权人。债务人不能清偿到期债务，债权人可以向人民法院提出对债务人进行重整或破产清算申请。

第三，清算义务人。企业法人已解散但未清算或者未清算完毕，资产不足以清偿债务的，依法负有清算责任的人应当向人民法院申请破产清算。有限责任公司的股东、股份有限公司的董事是清算义务人。

第四，有关国家机关。债务人欠缴税款、社会保险费用的，税务部门、人保部门可以向人民法院申请债务人破产。国务院金融监督管理机构可以依法对金融机构提出重整或破产清算申请。

第五，职工债权人。债权人拖欠职工工资等劳动债权的，职工可以向人民法院申请债务人破产。

（二）申请破产需要提交的材料

1. 债务人申请破产

债务人提出申请的，应当向法院提交以下资料。

（1）破产申请书，载明申请人的基本信息、申请目的、申请的事实和理由、人民法院认为应当载明的其他事项。

（2）债务人的主体资格证明，包括企业法人营业执照副本、法定代表人或负责人身份证明及其他最新工商登记材料。

（3）债务人的职工名单、工资清册、社保清单、职工安置预案以及职工工资的支付和社会保险费用的缴纳情况等。

（4）债务人的资产负债表、资产评估报告或审计报告。

（5）债务人截至破产申请日的资产状况明细表，包括有形资产、无形资产及对外投资情况等。

（6）债务人的债权、债务及担保情况表，并列明债务人的债权人及债务人的名称、住所，债权或债务数额、发生时间、催收及担保情况等。

（7）债务人所涉诉讼、仲裁、执行情况及相关法律文书。

（8）债务人为国有独资或者控股公司，还应当提交出资机构同意申请破产的文件以及企业工会或者职工代表大会对企业申请破产的意见。

（9）人民法院认为应当提交的其他材料。

2. 债权人申请破产

债权人（包括职工债权人或者有关国家机关）申请债务人破产，应当向人民法院提交以下资料。

（1）破产申请书，载明申请人和被申请人的基本信息、申请目的、申请的事实和理由、人民法院认为应当载明的其他事项。

（2）申请人的主体资格证明，包括营业执照副本或居民身份证及其他身份证明。

（3）债务人的主体资格证明，包括最新工商登记材料等。

（4）债务人不能清偿申请人到期债务的证据。

债权人申请债务人重整的，还应当提交债务人具有重整价值的分析报告及证据材料、人民法院认为应当提交的重整可行性分析报告等其他材料。

3. 清算义务人申请破产

清算义务人申请债务人破产清算时应当提交以下材料。

（1）破产申请书，载明申请人和被申请人的基本信息、申请目的、申请的事实和理由、人民法院认为应当载明的其他事项。

（2）债务人的主体资格证明，包括企业法人营业执照副本、法定代表人或负责人身份证明及其他最新工商登记材料。

(3) 清算义务人的基本情况或者清算组成立的文件。

(4) 债务人解散的证明材料。

(5) 债务人资产不足以清偿全部债务的财务报告或者清算报告。

(6) 债务人的职工名单、工资清册、社保清单、职工安置预案以及职工工资的支付和社会保险费用的缴纳情况等。

(7) 债务人截至破产申请日的资产状况明细表,包括有形资产、无形资产及对外投资情况等。

(8) 债务人的债权、债务及担保情况表,列明债务人的债权人及债务人的名称、住所,债权或债务数额、发生时间、催收及担保情况等。

(9) 债务人所涉诉讼、仲裁、执行情况及相关法律文书。

(10) 人民法院认为应当提交的其他材料。

(三) 人民法院受理破产案件的审查要件

破产案件与一般民商事案件的立案程序不同,是否受理破产不是由立案部门决定,立案部门只负责形式审查并登记立案,审判部门进行实体受理要件审查后决定是否受理。

人民法院接受破产案件的申请材料后,立案部门会将申请材料移交破产审判部门,由破产审判部门根据申请材料及时对申请人的主体资格、案件管辖、债务人破产能力和破产原因等进行审查。破产能力主要审查债务人是否具备法人资格,或者虽不具备法人资格,但可以参照破产程序进行清算。破产原因主要审查债务人是否不能清偿到期债务、资产是否不足以清偿全部债务或者债务人是否明显缺乏清偿能力。

(四) 人民法院受理破产案件的审查程序

人民法院受理破产案件的审查程序可以概括为申请人申请破产,立案部门形式审查后予以立案登记,移交破产审判部门进行受理要件审查(包括申请人主体资格、案件管辖、债务人破产能力和破产原因等),人民法院应当在受理破产申请后5日内通知债务人,债务人应当在收到通知7日内提出异议,人民法院认为必要时可组织听证。在收到破产申请15日内或者债务人提出异议期满之日起10日内,人民法院应当裁定是否受理,有特殊情况需要延长审查期限的，经上一级人民法院批准，可以延长15日。

人民法院受理破产案件的出具破字案号裁定书，该裁定书一裁终局，不得上诉；不予受理的出具破申案号裁定书，对于该裁定书不服的申请人可以上诉。

人民法院受理破产案件的流程如下。

第一步：申请人提出破产申请。①债权人申请：如债权存在争议，原则上通过诉讼或仲裁确定。②债务人申请：需提供破产申请、财产状况说明、债权清册、债务清册、有关财务会计报告、职工安置预案、职工工资支付和社会保险费用缴纳情况。③职工债权人申请。④有关国家机关申请。⑤清算义务人申请。

第二步：人民法院立案部门形式审查，登记立案。

第三步：人民法院审判部门审查受理要件。①通知债务人有权提出异议。②组织必要的听证。③审查受理要件：申请主体资格、案件管辖、债务人履行能力和破产原因。④审查时间：法院收到申请15日内或债务人异议期满10日内，特殊情况经上级法院批准可延长15日。

第四步：作出是否满足受理条件的结论。①满足：裁定受理（出具破字案号裁定书）。②不满足：裁定驳回申请（出具破申案号裁定书）。

(五) 破产申请程序中的个案和解

第一，人民法院裁定受理破产申请前允许个案和解。在人民法院裁定受理破产申请前，债权人和债务人可以自行和解，债权人可以撤回破产申请。人民法院裁定受理破产申请前，提出破产申请的债权人的债权因清偿或者其他原因消灭的，因申请人不再具备申请资格，人民法院应当裁定不予受理。债权人在人民法院裁定受理破产申请前申请撤回申请的，经人民法院审查后可裁定予以准许。但是，该等裁定不影响其他符合条件的主体再次提出破产申请，破产申请受理后，管理人可以以受理破产申请前六个月内，债务人具备破产条件但仍对个别债权人进行清偿等企业破产法规定的事由请求撤销。

第二，人民法院裁定受理破产申请后禁止个案和解。人民法院裁定受理破产申请系对债务人具有破产原因的初步认可，破产申请受理后，申请人请求撤回破产申请的，人民法院不予准许，也不准许债权人和债务人进行个案和解和清偿。但是，人民法院可以依据企业破产法的规定裁定驳回破产申请。具体而言，人民法院受理破产申请后至破产宣告前，经审查发现债务人不具备法律规定的破产条件，即既不符合无法清偿到期债务并且企业资产不足以清偿所有债务的情形，也不符合无法清偿到期债务并且企业明显缺乏清偿能力的情形的，人民法院可以裁定驳回申请。申请人对裁定不服的，可以向上一级人民法院提起上诉。

第三节 优秀破产管理人应具备的素质

一、扎实的理论基础

破产事务首先是法律事务，所以管理人必须懂法律。破产法规定管理人从律师事务所、会计师事务所等中介机构中选取，是有道理的。管理人的法律素质和修养是提高破产案件审判工作效率的关键因素之一，律师是提供法律中介服务的专业人员，适合担任破产案件的管理人，因而很多国家破产案件的管理人是由律师或者律师事务所来担任的，我国企业破产法也肯定依法设立的律师事务所或者律师可以担任管理人。

有些人认为只要懂破产法就可以担任破产管理人，这种想法实在是太天真了。处理破产案件涉及适用的法律不仅仅是破产法，还包括相关的民商事法律、金融法律、法规等，在对破产债务人的财产采取集中、管理和处置措施时，除需要处理债权债务关系外，还需要处理与债务人或者债务人财产有关的物权关系。

具体来说，在债权申报和审核阶段，管理人要对担保债权、职工债权、税收债权和普通债权进行审核认定，每一笔债权的认定意见，实质上就是一份民事判决，涉及实体权利的处置，不可掉以轻心。

在审核担保债权和普通债权的过程中，管理人必须精通《中华人民共和国民法典》合同编，而且应当有足够的借贷合同、买卖合同、工程建设合同等案件的诉讼经验，此外还需要对物权编有深入研究，以便确定各种债权的优先级。

在审核职工债权的过程中，管理人不仅要精通劳动法、劳动合同法等法律法规，还需要了解具体的社保政策。因为职工债权除了工资奖金之外，还包括社会保险、工伤、人身伤害、职工集资、福利分房等各种劳动法相关领域的问题。

在审核税款债权的过程中，管理人则需要对增值税、企业所得税、土地增值税、契税等基本税种有足够了解，还应掌握各种税收优惠、减免政策，以及税务筹划的方法。

审核债权只是破产程序的一个环节。在整个程序中，管理人还需要行使撤销权，撤销债务人的不当清偿、低价转让财产等行为，同时要追回债务人的各种财产，以维护债权人的利益。此外，还需要对债权人行使抵销权进行审查。这些事务涉及大量的民法典和公司法的法律规定。

除了熟悉民商事法律之外，管理人还需要了解刑法和行政法。因为在破产案件中，经常会发现虚假注册、偷漏税、不当交易、行贿受贿等犯罪线索等，这些刑事案件必须及时处理。

具备了以上法律知识，担任管理人成员处理法律事务，应该够了，但要全面负责破产事务，担任管理人，却远远不够。

二、丰富的专业能力

优秀的破产管理人在处理企业破产时需要具备较强的专业能力。破产管理是一项复杂而困难的任务，需要管理人员在面对困境时能够迅速作出明智的决策，并有效地管理和协调各方利益。

第一，破产管理人应具备深厚的财务知识。破产管理人要对企业的财务状况有全面的了解，并且能够准确评估企业的债务和资产；能够分析财务报表、资产负债表和利润表等财务信息，以便作出正确的决策。此外，还要了解企业破产法和相关法律法规，以确保在破产程序中的各项操作符合法律规定。

第二，破产管理人需要具备优秀的管理和协调能力。他们将面对各种利益相关者，如债权人、股东、员工等，需要能够有效地与各方进行沟通和协商，以达成最佳解决方案。他们需要能够管理破产过程中的各种资源，包括人力资源、物质资源和财务资源，确保破产程序的顺利进行。在这个过程中，他们还需要能够处理复杂的利益冲突，并找到平衡各方利益的方法。

第三，破产管理人应具备良好的决策能力和分析能力。在破产过程中，他们需要根据企业的实际情况和破产程序的要求，作出一系列重要决策。这些决策可能涉及企业的资产处置、债务重组、裁员等重大问题。优秀的破产管理人需要具备能够从复杂的信息中筛选出关键因素的能力，并运用逻辑和分析能力作出明智的决策。

第四，破产管理人应具备坚毅的品质和应变能力。处理公司破产是一项压力巨大的任务，他们需要在困难和挫折面前保持冷静与坚定。在处理公司破产过程中可能会出现各种意外情况和挑战，他们需要能够迅速作出反应，并找到解决问题的方法。另外，他们还需要有持续学习和适应变化的能力，不断更新自己的知识和技能，以适应不断变化的市场和法律环境。

总而言之，优秀的破产管理人需要具备丰富的专业能力。他们除了需要具备专业的财务知识外，还需要具备一定的协调能力、决策和分析能力、沟通和谈判能力，以及坚毅的品质和应变能力。这些专业能力的结合将使他们能够成功地进行企业破产管理，并为利益相关者创造最大化的价值。

三、吃苦精神

优秀的破产管理人需要具备一定的吃苦精神，因为处理破产案件常常涉及复杂的情况以及困难的决策，因此吃苦精神对于破产管理人而言，是必须具备的重要素质，具体体现如下。

第一，坚韧不拔。破产管理人需要能够承受压力和困难，并且保持专注和积极的态度。他们可能会面临长时间的工作、紧迫的截止日期和与各种利益相关方的复杂交流。坚韧的精神让他们能够持续努力并寻找解决问题的途径。

第二，适应性和灵活性。破产案件时常具有较高的不确定性，因此破产管理人需要具备适应性和灵活性，能够应对变化的环境和突发情况。他们需要快速调整计划、适应新的法律和法规，以及处理出现的意外情况。

第三，耐心和毅力。破产案件通常是复杂的，可能需要很长时间才能得到解决。破产管理人需要耐心地处理文件、审查文件及与各方进行磋商等烦琐的事务，并在案件的不同阶段保持持久的毅力。

第四，团队合作能力。破产案件通常需要与律师、会计师、债权人和其他相关方密切合作。破产管理人需要具备良好的团队合作能力，能够有效地与各方沟通合作，协调利益关系，以推动案件的进展。

总的来说，吃苦精神是破产管理人必备的素质之一，能够使破产管理人在困难和挑战面前坚持下去，寻找解决方案，并成功地管理破产案件。但是，吃苦精神也只是构成优秀破产管理人的众多素质之一，其他的技能、知识和能力也同样重要。

第四节　破产业务的来源

破产业务是一个充满机会与挑战的领域，对于各类律师和顾问来说，它提供了广阔的发展空间。本节将讨论在寻找破产业务时，债权人律师、债务人律师、重整投资人律师、政府顾问和竞聘管理人各自面临的机会与挑战。

一、债权人律师

债权人律师在破产案件中扮演着关键角色。他们代表债权人的利益，通过追讨债务和维护债权人权益来实现利益最大化。债权人律师可以通过以下途径获得破产业务。

第一，债权人网络。与银行、金融机构和企业建立紧密联系，以获取债权人委托的机会。

第二，破产法律专业知识。具备破产法律领域的专业知识，提供专业的法律建议和服务，赢得债权人的信任。

第三，受托管理人。成为破产案件的受托管理人，通过管理破产财产和债务清偿过程获得机会。

债权人律师在寻找破产业务时也面临一些挑战。例如，竞争激烈的市场和复杂的法律程序等，这就要求债权人律师具备高度的专业素质和技能。此外，与债务人律师和竞聘管理人的角色冲突可能会导致利益冲突及道德困境。

二、债务人律师

债务人律师代表面临破产的企业或个人，致力于保护其权益并寻求破产保护。债务人律师可以通过以下途径获得破产业务。

第一，企业客户。建立与潜在债务人的合作关系，提供法律咨询和代理服务。

第二，破产保护策略。深入了解破产保护的法律和程序，为债务人提供全面的法律支持，制定有效的破产保护策略。

债务人律师在寻找破产业务时也会面临各种挑战。例如，市场竞争激烈，需要建立良好的声誉和客户基础。处理破产案件需要面对复杂的法律程序和纷繁的债务问题，因此要求债务人律师具备全面的专业知识和丰富的实践经验。

三、重整投资人律师

重整投资人律师代表重整投资人，致力于通过重整计划来重组破产企业并实现投资回报。重整投资人律师可以通过以下途径获得破产业务。

第一，投资机会。与投资机构建立紧密联系，获取破产企业的投资机会。

第二，重整专业知识。熟悉重整程序和法律，为重整投资人提供专业的法律支持和建议。

第三，投资回报。通过成功重组破产企业并实现投资回报，吸引更多投资机会。

重整投资人律师在寻找破产业务时也会面临着各种挑战。破产重整涉及复杂的法律和财务问题，要求重整投资人律师具备全面的专业知识和技能。此外，投资风险和不确定性也是重整投资人律师需要面对的挑战。

四、政府顾问

政府顾问在破产案件中发挥着重要作用，他们提供法律和政策建议，帮助政府机构制定和实施相关法律法规。政府顾问可以通过以下途径获得破产业务。

第一，政府合同。与政府机构建立合作关系，获得破产业务的委托和合同。

第二，法律专业知识。了解破产法律和政策，为政府机构提供专业的法律咨询和建议。

政府顾问在寻找破产业务时也会面临各种挑战。政府机构通常会选择经验丰富且声誉良好的律师或顾问,来应对激烈的竞争。此外,政府的政策和决策也可能会影响破产案件的走向,这就要求政府顾问具备敏锐的洞察力和应变能力。

五、竞聘管理人

竞聘管理人是破产案件中中立的第三方,负责管理和监督债务人的财产和债务清偿过程。竞聘管理人可以通过以下途径获得破产业务。

第一,受托机构。与破产受托机构建立合作关系,获得竞聘管理人的任命机会。

第二,专业能力。具备相关的法律和财务背景,能够有效管理破产案件并保障各方利益。

竞聘管理人在寻找破产业务时面临的挑战主要是:应对各方的利益冲突和管理复杂的债务清偿程序,保持中立并与各方进行有效的沟通和协调,以确保破产案件的公正公平。

寻找破产业务是一个机会与挑战并存的过程。不同角色的律师和顾问在破产案件中发挥着不同的作用,从债权人律师到竞聘管理人,每一个角色都面临其独特的机会和挑战。通过建立专业知识、广泛的人脉和良好的声誉,各类律师和顾问都可以在破产业务领域获得成功,并为债权人、债务人、重整投资人和政府等各方创造价值。

第五节　破产程序的启动

一、破产申请

(一)债权人破产请求权的含义

破产申请权是当事人或者利害关系人向人民法院提出的要求启动对债务人的破产程序以清偿债务的请求。破产申请权是启动破产程序的先决条件，破产申请权制度设计得是否科学、合理直接影响到企业破产法能否发挥其应有的作用。债权人申请破产又称非自愿性破产，是债务人不能清偿到期债务时，债权人向法院申请债务人破产的程序。

我国的破产程序是从案件受理开始的，案件的受理意味着破产程序的启动。立法规定人民法院必须依据权利人的申请受理破产案件。从这种意义上来说，我国破产法在破产程序启动上采用的是破产申请主义原则，而不是法院依职权启动破产程序的职权主义原则。人民法院只可由权利人的申请启动破产程序，如果没有权利人的申请，人民法院不得自行启动破产程序，即人民法院没有权利凭借职权来启动破产程序。采用破产启动的申请主义原则是与破产法的私权驱动特点和司法的被动性相一致的，对于当事人的私权利，法律没有规定的情况下，法院不能主动干预。

破产申请权一直都是债权人享有的一项重要权利，破产法最早就是为了保护债权人的利益而制定产生的。在早期的破产法中，债权人的地位是至高无上的，最大限度地保护债权人利益是其价值追求，只有债权人享有破产申请权。直到20世纪，随着社会的进步与发展，为了避免大型企业破产造成的负面的社会影响，保护债务人利益的破产观念出现了，开始允许债务人申请破产并成为一种常态，正是经历了这样的过程，债权人申请破产和债务人申请破产逐渐演变为现代破产程序启动的两种最主要方式。只是相比之下，债权人破产申请权没有债务人破产申请权那么普遍地被人们使用。

当债务人不能清偿到期债务时，债权人可以通过行使破产申请权，来申请法院启动破产程序，这样就可以通过破产法中的一些特殊规定和措施，防止债务人滥用权利损害债权人的合法权益，从而实现债权人整体利益最大化和债权人之间的公平清偿。虽然债权人破产申请权具有重要的意义和价值，但是在实践中，债权人行使破产申请权，启动破产程序的案件少之又少，这主要是因为人们对债权人破产申请权没有足够的认识和了解，而我国破产立法对于债权人的破产申请权的规定又比较概括。破产法的重要功能在于催促发生财务危机的债务人及早地援用破产程序，因此在成熟的破产制度下，债权人申请债务人破产的情形大大少于债务人的自愿破产。但是根据我国的国情和破产制度的发展状况，距离成熟的破产法律制度还有很长的一段路要走，在这期间债权人破产申请权具有非常大的发挥空间。

另外，破产法的功能发挥依赖于商品交易市场、人力资源市场和资本市场，在这三个市场都极度发达的情况下，商品的定价会变得更加准确，人力资源的分流、资本的流转会变得更加快速和透明，债权人对于是否行使破产申请权会有更加准确的判断。所以在不久的将来，随着经济的不断发展，破产法律的不断完善，以及人们对破产法的进一步了解，破产程序的案件总数量会不断增加，其中债权人申请破产的数量一定会增加，因此对债权人破产申请权进行研究的意义和价值不容忽视。

(二) 债权人破产请求权的功能

我国企业破产法规定，为规范企业破产程序，公平清理债权债务，保护债权人和债务人的合法权益，维护社会主义市场经济秩序，制定本法。破产法的立法价值之一就是保护债权人的合法权益，所以债权人申请债务人破产是其应有的一项基本权利。债权人破产申请权具有以下功能。

1. 终止债务拖延

债权人行使破产申请权可以终止债务的拖延，如果债务人企业真的没有摆脱危机、发生逆转的可能性，并且债务人不主动申请破产，那么债务人多存续一天，就是对债务人财产的白白消耗，相应地直接损失的是债权人的利益。为了避免这种情形的发生，企业破产法规定了债权人破产申请权，目的就是在债务人不行使破产申请权的时候，给予债权人进行自我救济的主动权，这样做是对债权人和债务人权利的一种平衡，使债权人在某些情况下不会被债务人牵制，从而损失债权人的合法权益。债权人破产申请权使得债权人具有终止债务拖延状态的主动权，以免债权人陷于被动的财产损失当中，在破产法律制度设计中，该权利是不可或缺的一项基本权利，虽然在司法实践中对其应用没有债务人破产申请权广泛，但是债权人破产申请权的这一功能是债务人破产申请权替代不了的。

2. 防止债务人滥用权利

破产程序的主要功能和价值取向就是实现债权人整体利益最大化和债权人之间的公平清偿，债权人破产申请权正是为了实现这一目的而设计的。破产法赋予债权人破产申请权，使得债权人可以通过破产程序防止债务人滥用权利损害自己的利益。当债务人没有能力清偿到期债务的时候，有些债务人可能会无偿转让财产或者对个别债权人进行偏颇清偿，这种行为将极大地损害债权人的整体利益。对于这种情形，债权人可以启动破产程序，通过破产程序行使撤销权，撤销债务人的上述行为，追回债务人财产，实现破产财产的增加，扩大债务清偿的比例。这实质上与终止债务的拖延相类似，都是在债权人的利益因债务人的行为受到损害的时候赋予债权人主动权，平衡各方利益，避免债权人处于被动地位，同时也以此来约束债务人的行为，从而使破产程序的功能得以发挥。

3. 为债权人提供保障

民事强制程序分为个别强制程序和概括强制程序。个别强制程序是依据生效法律文书对债务人的财产强制执行以满足个别债权人的清偿目的；概括强制程序是对债务人的所有财产，采取强制执行程序，以满足全体债权人的公平清偿，破产程序是依法确保债务人的全体债权人公平受偿的概括执行程序。这两种民事强制程序相比较而言，各有其优势和不足。

对单个债权人来说，民事个别强制执行当然是非常有利的，它可以使债权人得到全额清偿，但是民事个别强制程序执行难是现在普遍存在的一种现象，如果债务人自称没有财产执行，在没有其他证据的情况下，民事个别强制执行很难得到实现。然而在这种情况下，可以考虑选择通过破产程序获得清偿。虽然在破产程序中，债权人的债权往往得不到全额清偿，而且部分破产案件会消耗债权人一定的时间和精力，但是在破产程序中，法院调查的力度更大，力求最大限度地实现债权人利益最大化，能够给债权人提供更可靠的保障。在某些情况下，破产程序可能是比民事个别强制程序更明智的选择，这主要取决于当事人的理性判断，通过哪种方式能够得到更多的清偿。

债权人申请破产在破产制度中具有重要的地位，对于债权人而言，申请债务人破产是满足其债权的不得已而为之的策略，若能以民事执行程序满足其债权，债权人一般不会申请债务人破产，故以债权人之申请而开始破产程序者较少。这主要是因为实际上是没有一个债权人真正希望债务人破产，债务人破产意味着债权人失去获得全额清偿的可能，与此同时破产程序耗时长、费力、费钱也是债权人不愿意申请破产的原因。由于上述原因，在司法实践中破产程序的启动主要是以债务人主动行使破产申请权的自愿破产为主。然而，不可忽视的一点是破产案件是私权驱动的，启动破产案件的当事人作为一个理性经济人一定会进行经济分析，如果债权人启动破产程序比不启动破产程序获得的利益大，那么债权人还是会选择行使破产申请权。

4.为债权人节约成本

民事执行需要执行依据，如民事判决书、裁定书、调解书等，有的时候取得相关执行依据的时间成本和金钱成本很大，债权人请求权为尚未取得民事执行依据的债权人提供了便利。而且破产案件的收费方式和破产费用制度与民事诉讼的收费方式不同，在破产程序中，债权人不必花费民事诉讼程序中取得生效法律文书等执行依据的费用，从而节省了成本。债权人可以通过理性的经济分析决定是否申请债务人破产，最大限度地挽回自己的损失。当然这都建立在人们对法律更加熟悉，法律意识不断增强，更善于用法律武器来最大限度地保护自己合法利益的基础上，这正是当今我国法治发展的大趋势，未来将有越来越多的债权人通过行使破产申请权来保护自己的合法利益。

二、破产案件的受理

(一) 破产案件受理的条件

破产案件受理的条件，主要包括形式条件和实质条件。破产案件的形式条件是人民法院受理破产案件的前提，是人民法院收到破产申请的初步审查对象。对于破产案件的申请只有符合形式条件，才能对其实质条件进行进一步审查。而只有当破产申请的形式条件和实质条件都符合破产申请的条件时，人民法院才可能会受理破产案件。所以，破产申请的形式条件和实质条件都非常重要，是人民法院依法受理破产申请的依据，只有当结合破产申请的形式条件和实质条件时，才能对是否受理破产案件作出一个合法、合理的判断。从各国破产法律的立法实践来看，破产条件基本分为形式条件与实质条件。

1.形式条件

破产案件受理的形式条件是指对需要受理的破产案件必须满足法律规定的某些形式上的或程序上的条件。形式条件是人民法院对破产案件进行审查的第一步，也是最重要的环节，只有符合破产案件申请的形式条件，才能进行实质条件的判断。我国破产法所规定的形式条件有以下四种。

（1）主体资格，即破产申请人是否属于我国破产法中规定的可以申请破产的主体。我国破产法规定的可向人民法院提出破产申请的主体，包括债务人、债权人和依法负有清算责任的人。

（2）债务人是否具备破产能力，是否属于可以运用破产程序的主体。在我国主要有企业法人和法律规定的其他组织。

（3）法院是否具备该破产案件的管辖权，即是否符合破产法对破产案件管辖权的规定。

（4）申请材料要求，即申请书内容明确具体、证据真实完整、其他材料完备。

对于破产申请的形式条件，是对于是否受理破产案件的第一次审查。而对于形式条件的判断，也是较为基础性的。但是对形式条件的基础性审查也是必不可少的，是对破产申请审查的重要环节。

2. 实质条件

破产案件受理的实质要件是指申请人提交的各类破产申请文件的内容是否真实、合法，是否符合破产案件立案的实质要件，即是否具备破产原因。因此，实质条件是在形式条件基础上的再判断，首先需要对形式条件的真实性和完整性进行判断，接着才能够进一步地对实质条件进行分析，看是否符合受理破产案件的实质条件。破产原因的存在是一个事实问题。破产程序启动后，需要对破产申请的实质性条件进行审查，这不仅要求法官及相关工作人员花费一定的时间，还要求其必须具备较高的专业素质、较为丰富的实践经验。法院需要依据申请人所提交的证据材料，审查材料的真实性、客观性，判断是否真实存在破产原因，根据所收取的材料最终裁定是否受理该破产案件。

（二）破产案件受理的程序

在大陆法系（以我国为例）中，破产案件受理通常遵循以下程序。

第一，破产申请。破产程序的起点是由债务人（被申请破产的企业或个人）或债权人向法院提交破产申请。申请人需要提供相关的证据和文件，以证明债务人无力偿还债务或已经陷入无法恢复的财务困境。

第二，立案审查。人民法院会对破产申请进行审查，确保符合破产程序的法定条件。审查包括检查申请人的资格、申请的合法性以及是否存在其他合适的解决途径。如果申请合法有效，法院会对破产案件进行立案。

第三，破产财产保全。一旦破产案件立案，人民法院通常会指定一位破产管理人，负责管理和保全债务人的财产。破产管理人会对债务人的资产进行评估和管理，以保护债权人的利益，并确保公平地处理债务人的债务。

第四，债权人会议。在破产程序中，通常会组织债权人会议，让债权人就破产事务进行讨论和表决。会议的议程可能包括审查破产管理人的报告、决定债务人是否能够重组或清算，以及确定债务人财产的分配方式等。

第五，破产重组或清算。如果债务人有可能实现经营重组并恢复正常运营，法院可能会决定进行破产重组。在重组过程中，破产管理人将与债权人协商并制订重组计划。如果无法实现重组，或者经债权人多数同意，人民法院可能会决定对债务人进行清算，即出售债务人的资产，并按照优先顺序偿还债务。

第六，结案和注销。在完成破产重组或清算程序后，人民法院会审查相关文件和报告，并根据债权人会议的决议作出终结破产程序的裁定。债务人的破产程序将被注销，标志着破产案件的结束。

破产程序的具体细节和步骤可能会因国家法律和相关规定而有所不同。上述步骤仅提供了大陆法系中典型的破产案件受理程序概述。在实际操作中，人民法院和相关法律程序将会对每个具体案件进行具体裁定和处理。

三、执行转破产程序的衔接

执行转破产程序，简称"执转破"，是指法院在被执行人为企业法人的执行案件中，发现被执行人不能清偿到期债务，并且资产不足以清偿全部债务或者明显缺乏清偿能力的，经当事人同意，将案件移送破产审查的制度。

法律的制定最终都要落实到司法实践中去，不能成为一纸空文，所以需要在整个司法实践过程中贯穿法律实用主义的观念。法律实用主义强调司法要关注后果，要关注法律条文会产生的实际效果。当然，这并不意味着法律实用主义只注重法律条文在每一个具体案件中的效果，其也会关注整个法律体系的稳定性和长远的利益。执行转破产程序，是基于社会的需要，也是因为其是解决"执行难"问题的行之有效的措施,所以最终在法律上得以落实。执行转破产程序是一个功能性的程序,无论是追求的目标还是司法实践中的实施,都不是抽象性的。司法的实践性决定了其需要尽可能地提高司法实践的效率,为社会提供更有效的服务。

因此,当"执行难"的问题越来越严重从而导致司法实践的效率降低时,司法机关必然会选择更行之有效的制度来提高效率,即执行转破产程序。执行转破产程序不仅可以具体解决执行个案中的"久拖不决"的问题,从长远看来也可以提高司法实践的效率,有效地降低诉讼成本。

(一) 执行转破产程序的基本阶段

执行转破产的基本程序分为以下阶段:人民法院的征询、决定程序、执行转破产案件的移送程序以及受移送人民法院的审查和处理程序。

在被执行人是企业法人的执行案件中,人民法院若发现被执行人符合破产条件的,可以询问当事人是否同意将执行案件移送破产审查。只要其中一个当事人同意移送的,经合议庭评议和人民法院院长同意后,就可以将案件移送破产审查。负责执行的人民法院决定移送后,应当通知其他人民法院中止执行。

负责执行的人民法院作出移送决定的,应当向受移送人民法院移送破产审查决定书、财产及债务清单等材料,法院立案部门接收后,应当登记立案并及时将案件移交给破产审判部门进行审查。

人民法院破产审判部门接收案件后,应当对案件进行审查并在30日内作出是否受理的裁定,并送达当事人和负责执行的人民法院。人民法院裁定受理的,负责执行的人民法院应当及时将相关财产进行移交,但是财产所有权已不再属于被执行人的财产不需要移交;裁定不予受理或驳回申请的,案件应当被退回负责执行的人民法院并恢复执行。

(二) 执行转破产程序的功能定位

执行转破产程序是我国独有的一种法律程序,虽然实行的时间并不长,但是对促进市场主体的及时退出,解决"执行难"等问题具有重要的作用。

1. 提高市场资源利用率

在被执行人是企业法人的执行不能案件中,大部分企业都已经无法盈利且没有了运营价值,这就是所谓的"僵尸企业"。执转破程序,可以将执行不能且符合破产条件的企业法人转入破产程序,完善市场主体出清机制,使已经资不抵债的"僵尸企业"尽快退出市场,盘活已经僵化的市场资源,提高资源的利用率。

执行转破产案件进入破产程序后,人民法院应当根据企业的具体情况,采取不同的措施进行处理。针对已经无法继续运营、正在耗费市场资源的"僵尸企业",应当促使它们尽快退出市场,释放市场资源;而针对那些虽然已经资不抵债、丧失盈利能力,但仍具有市场价值的企业,应当积极促进其进行重整或者和解,帮助其改善经营机制,促使企业恢复运营。破产重整、和解以及清算机制的选择性适用,不仅可以促进市场主体出清,还可以提高市场资源的配置效率,使市场资源得到有效利用。

2. 维护司法公正

由民事诉讼法中对执行程序的相关规定可知,民事执行程序在对效益和公平公正进行考量时,是以效益为先,兼顾公平,追求的是以最快的速度使申请执行人的债权得到清偿,要求负责执行的人民法院以最小的司法成本来实现生效法律文书规定的内容,同时也要求当事人以最少的资源消耗来换取最大的利益实现。因此在执行程序中,人民法院并不会再对生效法律文书的内容做进一步的审查,而是直接按照文书中的内容进行执行。

而公平原则贯穿了整个破产制度,是其最重要的价值目标。破产程序通过对债务人财产的公平分配,从而使各方当事人的合法权益得到公平的保障。债权的清偿顺序是公平的。破产程序应严格按照法律规定的顺序进行清偿,有优先受偿权的可以在约定的范围内得到优先清偿,而普通债权的债权人也可以在清偿完前面顺位的债权后按照比例得到清偿。而且职工债权的顺位靠前,可以使其合法权益得到保障,有利于维护社会经济秩序的稳定。此外,由于破产程序中破产取回权、撤销权的存在,可以追回一些债务人的财产,使债权人得以公平受偿。

执行转破产程序的制定是人民法院的一次重要的司法实践。将执行案件转入破产程序中,不仅可以通过破产来使执行案件得到真正的终结,还可以使债权人得到最大限度的公平受偿，贯彻落实破产程序债权人平等受偿的原则，此外，通过破产程序，可以对"僵尸企业"进行分类甄别，不同状态的企业适用不同的措施，抑或进行精准救治，抑或及时清理，还可以倒逼债权人主动申报债权，彻底梳理、查清被执行人的债权债务。而且通过破产程序的推进，可以进行债务调整和清理，在公平保护各方当事人利益的同时降低各方主体利益冲突，避免因被执行人债务沉积、债务人数量过多带来的一系列社会问题，消弭社会矛盾，充分发挥执行和破产两种制度的作用。

所以将执行案件移送破产审查，在效益和公平原则之间达到了平衡，保障债权人得到公平清偿，从而可以维护司法公正。

3.解决"执行难"问题

"执行难"是目前我国破产程序中迫切需要解决的一个问题，而在这些案件中，以企业法人为被执行人的案件占了很大比例，而且通常情况下一个符合破产条件的企业法人会涉及数十个甚至成百上千个执行案件，这部分案件很有可能会给法院的执行工作带来很多隐患。此外，这些执行案件中还可能涉及大量的劳动争议，因此，启动执转破程序，一旦被执行人被裁定破产，不仅可以消解无数执行案件，减轻人民法院的负担，还可以缓解劳资矛盾，维护职工的合法权益，有效维持社会秩序的稳定。

目前，各地的人民法院都想切实解决"执行难"的问题，但解决此项问题的最终路径应当落实在破产程序上。虽然负责执行的人民法院可以裁定终结本次执行，但申请执行人依然可以申请恢复执行，如果被执行人无法进入破产程序，执行案件就会一直存在。所以，各级人民法院应当积极推动执转破的实施，努力打通"执行难"问题的"最后一公里"。

4.保障各方主体权益与社会公共利益

执转破制度的制定也是保障各方主体的合法权益和社会公共利益的需要。

（1）在民事执行程序中，很多规定体现了优先保障债权人利益的理念，但是对债务人而言则更多的是需要承担义务。在债权人向人民法院申请执行后，法院不会再对生效法律文书的内容进行实质审查。一方面，体现了对已经生效的法律文书的信任与尊重，另一方面，也体现了优先保障债权人利益的执行理念。

(2) 针对债务人，《中华人民共和国民事诉讼法》(以下简称为民事诉讼法) 中虽然有规定其权利，但更多规定的是关于债务人的义务。债务人应当按照人民法院的执行通知履行自身应该履行的义务，否则法院有权使用强制执行措施，而且还有权对其作出处罚。因此，债务人在执行中更多的是要履行义务，而非享有权利。强制执行，当事人之权利义务已确定，为迅速实现债权人之权利，自应偏重债权人利益之保护，不宜使债务人与债权人处于同等之地位。换言之，债权人和债务人之间的实体权利义务已经在诉讼、仲裁程序或者其他程序中进行了充分的论证，且已经由生效的法律文书得以确认，无须再在执行程序中增加当事人以及人民法院的负担，否则会造成权利救济过剩的现象。

在破产制度诞生之初，秉持的也是保障债权人利益的理念，但随着法律的不断完善以及破产免责制度的产生，破产理念经历了从债权人本位—债权人债务人的利益平衡本位—社会利益与债权人债务人利益并重的一个演变过程。最初，破产程序是债权人使其债权获得清偿的一种工具，债权人可以通过破产程序最大限度地挖掘债务人的财产并可以借助一切手段来实现债务清偿，此时债务人的地位非常之低。在破产免责和有限责任制度诞生之后，债务人只对债务承担有限责任，此时立法开始着眼于追求债权人利益的公平分配并开始考虑到社会的公共利益。

我国企业破产法追求的价值理念是公平清偿原则，保障的是债权人整体的利益，而非只是单个债权人的利益。执行转破产程序的制定，可以将执行案件中的个别清偿变为破产程序中的集体清偿，维护债权人整个的利益，使其获得公平清偿。此外，在执行程序中，有时也会出现大量债权人得不到清偿的情况，此时就会影响当地经济的稳定，很有可能会损害到社会的公共利益。而将执行案件转入破产程序，虽然每个债权人得到清偿的比例有限，但所有债权人之间是公平的，这样可以在一定程度上维护社会的公共利益。所以，执转破可以保障各方主体权益和社会公共利益。

四、破产管理人的任命

在某些情况下，当一家公司申请破产或被判破产时，法院或破产监管机构可能会任命一位破产管理人来管理和监督破产程序。"破产管理人是指破产案件中,在法院的组织和监督之下全面接管破产财产并负责进行保管、清理、估价、分配的专门机构。"①

破产管理人的主要职责是代表公司的债权人,确保破产程序按照适用的法律和规定进行,并维护债权人的权益。破产管理人在破产程序中扮演着重要的角色,他们负责管理和监督破产过程,以确保公平和合法地处理公司的债务,并最大限度地保护债权人的权益。他们的职责涵盖资产管理、债权人协调、程序监督、调查和报告等多个方面,他们的存在促使破产程序顺利进行。

五、资产清算或重组

破产程序是指当一家公司无法偿还其债务或满足其财务义务时,所采取的法律程序。根据具体情况,破产程序可以采取不同的形式。以下是两种常见的破产程序形式。

(一) 清算

在某些情况下,当公司无法继续经营或没有希望进行重组时,破产程序可能会采取清算形式。清算是指将公司的资产变现,并将所得的现金用于偿还债务。这个过程由一位破产清算人负责管理。清算程序涉及以下主要步骤。

第一,资产评估。清算人会对公司的资产进行评估,确定其价值。

第二,资产变现。清算人会将公司的资产转变为现金。这可能涉及出售固定资产、库存、知识产权或其他财产。

第三,债权人分配。在清算完成后,所得的现金将根据债权人的优先顺序进行分配。首先是优先债权人,如银行或政府机构,将首先获得偿还。其次是担保债权人和普通债权人。在某些情况下,股东也可能有权获得一部分剩余资金。

(二) 重组

在其他情况下,公司可能会选择进行重组以恢复其财务健康。重组的

---

① 李博.我国破产管理人监督制度问题研究[J].法制博览,2023(08):121.

目标是通过重新安排债务、削减开支、出售资产或重新组织经营活动来减轻公司的财务负担。重组可以采取以下形式。

第一，债务重组。公司可以与其债权人达成协议，重新安排债务偿还计划。这可能包括延长偿还期限、减少利率或削减部分债务。

第二，资产出售。公司可以出售部分或全部资产以筹集现金，并用于偿还债务或满足经营需求。

第三，业务重组。公司可以对其经营模式进行调整或重新组织，以提高效率和盈利能力。这可能包括裁员、关闭亏损部门或寻找新的商业机会。

在重组过程中，通常会涉及法院监督和债权人的批准。重组计划需要得到债权人的支持，并在法庭审查后获得批准。

需要注意的是，破产程序的具体形式取决于不同的司法管辖区和国家的法律制度。因此，在实际情况中，破产程序可能会有所不同，并受到当地法律的规定和程序的影响。

第二章　破产管理人工作流程实务

在商业和金融领域，破产管理是一种重要的机制，用于重新组织债务人的财务状况，保护债权人的合法权益，并为经济恢复提供机会。破产管理人在这一过程中扮演着关键角色，他们负责协调各个环节，确保程序的顺利进行，以实现最大限度的利益平衡和债务清偿。本章介绍了破产管理人工作流程中的实务，具体包括团队组建和内部管理、债务人的接管工作、债务人财产调查、债权审查、催收欠款、债权人会议、破产清算的控制活动分析。

第一节　团队组建和内部管理

一、管理人团队的人数确定

企业破产法第22条规定：管理人由人民法院指定。债权人会议认为管理人不能依法、公正执行职务或者有其他不能胜任职务情形的，可以申请人民法院予以更换。指定管理人和确定管理人报酬的办法，由最高人民法院规定。

管理人的组成，根据企业破产法第24条规定：管理人可以由有关部门、机构的人员组成的清算组或者依法设立的律师事务所、会计师事务所、破产清算事务所等社会中介机构担任。人民法院根据债务人的实际情况，可以在征询有关社会中介机构的意见后，指定该机构具备相关专业知识并取得执业资格的人员担任管理人。

对于具体管理人团队人数，法律没有限定性的规定。但有些省高院作出了明确规定，建设专业化破产管理人队伍，管理人机构的内设固定破产团队原则上不得超过3人，每个破产团队核心成员不超过5人。管理人机构内设的每个固定破产团队的成员至少10人，且与管理人机构签署3年以上劳动合同、聘用协议或者合伙人协议并专门服务于该团队人员不少于70%。

与管理人机构签署3年以上破产业务专项顾问（服务）合同的非本机构的律师、会计师或者其他人员，可以作为管理人机构内设的固定破产团队组成人员。每个参与办理破产案件的执业人员只能备案在一家管理人机构的一个破产团队，不能兼任两个或者两个以上管理人机构（破产团队）的执业人员。

二、团队内部分工

社会中介机构应于被指定担任管理人之日起3日内将工作团队人员名单报法院备案。团队人员名单应附身份证、执业证照副本及其联系方式。管理人实际履职人员应与团队报备名单一致。管理人工作团队组建后，应及时与法院面商工作。因案件审理需要，法院对管理人团队人员的组成与分工提出指导性意见的，管理人应当作出安排。

管理人团队应当指定负责人，负责人对外代表管理人，对内全面负责管理。团队组成人员应当保持稳定性，管理人在中止执行职务前团队负责人原则上不能变更，其他工作人员发生变更的应当及时报法院备案。

(一) 负责人

律师事务所应当指定负责人负责管理人团队、从业人员及业务的管理工作，主要履行以下职责。

第一，主持团队相关工作。

第二，拟订团队的管理计划和方案。

第三，拟定团队内部管理机构设置方案。

第四，拟定团队规章制度。

第五，拟定团队人员名单及分工。

第六，履行律师事务所授权的其他职责。

(二) 从业人员

律师事务所管理人业务从业人员由负责人拟定，经律师事务所审核后方可确定。律师事务所可任命相关专业人员，协助负责人开展相关工作。

管理人业务从业人员应当具有相应的职业技能和履职能力，不宜从事管理人业务的人员有以下情形。

第一，因故意犯罪受过刑事处罚。

第二，曾被取消、吊销相关专业资格或执业证书。

第三，因执业、经营中故意或者重大过失行为，受到行政机关、监管机构或者行业自律组织行政处罚或者纪律处分之日起逾期未超过3年。

第四，因涉嫌违法行为正被相关部门调查。

第五，执业许可证已被强制或自行申请注销。

第六，因不适当履行职务或者拒绝接受人民法院指定等，被人民法院从管理人名册除名。

第七，缺乏担任管理人所应具备的专业能力。

第八，缺乏承担民事责任能力。

第九，丧失民事行为能力。

第十，因健康原因无法履行职务。

第十一，有重大债务纠纷。

第十二，履行职务时，因故意或者重大过失导致债权人利益受到损害。

第十三，不服从律协及律师事务所管理。

第十四，存在其他不宜从事管理人业务的情形。

律师事务所应当加强破产案件管理人团队建设，不断加强团队专业人员、业务能力的培养及管理，积极培育和践行社会主义核心价值观，建立良好的团队文化氛围和正确的价值导向。

三、内部管理制度的制定

(一) 管理人的工作制度

律师事务所或律师收到人民法院指定管理人决定书之日起七个工作日内应制定相应的管理人工作制度，包括管理人工作规范、会议议事规则、财务收支管理制度、证照和印章管理制度、处理突发事件应急预案、档案管理制度、保密制度等，并报人民法院批准后执行。

(二) 管理人的业务制度

进入人民法院公布的机构管理人名册的律师事务所或律师，应当结合本律师事务所的实际情况，制定本律师事务所或律师担任破产案件管理人业务的相关制度。管理业务制度包括(但不限于)以下方面。

第一，管理人团队组成及分工负责制度。

第二，管理人业务培训制度。

第三，管理人业务操作流程制度。

第四，管理人工作底稿管理制度。

第五，管理人报酬分配与风险承担制度。

(三) 管理人成员制定制度

进入人民法院公布的机构管理人名册中的律师事务所的成员，除应当配合本律师事务所制定前款规定的相关制度外，还应当配合本律师事务所制定与律师个人担任破产案件管理人业务有关的制度。

四、内部管理制度的贯彻

律师事务所或律师接受人民法院指定担任破产案件管理人后，为有效履行管理人职责，应当根据初步掌握的破产案件的具体情况，制订管理人工作计划。管理人工作计划的内容包括(但不限于)以下方面。

第一，破产案件所要求管理人履行的具体职责。

第二，为履行该职责而指派的管理人团队成员。

第三，负责人及其具体分工。

第四，接管债务人企业的方案。

第五，各项工作计划完成的时间、思路、步骤和程序。

第六，有关人员及其他中介机构的聘用计划、管理人报酬。

第七，管理人执行职务费用预算。工作计划应全面完整、切实可行。

管理人可以根据工作的进展情况对工作计划做必要调整。管理人团队负责人根据工作需要召集和主持管理人工作会议，必要时可以邀请人民法院的法官和要求债务人法定代表人及其他有关人员参加。

第二节 债务人的接管工作

一、接管方案的制订

"管理人接管的效率和效果直接影响破产案件的审理,关系到债权人能否公平有效受偿、债务人能否依法有序退出或成功重整。"[1] 接管是一项非常复杂的工作,面对不同的企业,不同的经营管理模式,不同的资产形态,不同的人员组织结构,不同的破产背景、维稳形势、经营状态等,需要结合实际制订不同的接管方案。不同的企业,资产形态也不相同,比如工业企业,主要资产形态是厂房、土地、生产设备、原材料等;商业、贸易、运输、物流等这些类型的企业,资产形态更是多种多样,针对不同的资产形态,采取的接收方式和管理方式就会不同。

二、接管方式及时间

接管是管理人的首要职责,完成接管后,管理人才能掌握债务人企业的财务、业务等各项情况,才能在接下来的一系列程序中为管理人作出决策提供依据,比如决定债务人是否经营,未履行完毕的合同是否继续履行,通知债权申报及审核债权,制订分配方案、处置方案乃至清偿。可以说能否完成接管是破产程序能否正常推进的基础条件。但在实践中,接管往往面临重重困难,通常需要很长的时间才能完成,甚至无法完成,其间管理人往往需要与债务人的负责人员反复沟通释明,有的案件中,即使人民法院参与也无法实现有效接管,严重地阻碍了破产程序的运行。因此,有必要建立一套强制接管体系来应对各种"接管难"的情形。

我国一般采用强制接管体系,这种完善的接管体系可以树立司法权威,避免使破产程序成为债务人逃废债的"合法手段"。破产法的立法目的之一就是保护债权人合法利益,管理人若长时间难以对破产企业形成有效接管,在无法接管期间,债务人实际控制人可能会转移、隐匿、毁损资产以及资料,更有甚者,还可能在此期间实施不法行为。另外,程序拖延期间债务人

---

[1] 朱绚凌.破产强制接管制度的构建与路径优化:以强化管理人履职保障为视角 [J].法律适用,2022(09):117.

的财产还有可能发生贬值，这些都会损害债权人利益。强制接管机制的设立，有利于法院和管理人快速作出反应，推进程序，以最大限度维护债权人的利益。

强制接管可以采取两种启动方式：一是依管理人申请，二是人民法院依职权启动。在实施强制接管时，妥善安置债务人企业人员，如债务人企业停止经营，可以安排员工待岗或解除劳动合同，在破产程序中再支付补偿金等，如债务人企业能够继续经营，则需对管理主体进行相应变更。无论债务人企业是否经营，对于必要的留用人员，应当签订书面文件；对于抗拒接管或不配合管理人工作的员工，视情况可以予以解雇；对隐藏、转移、变卖、毁损债务人财产或资料的直接责任人员采取强制措施，包括训诫、罚款、拘留等，涉嫌刑事犯罪的，要移送相关部门追究刑事责任。

接管债务人的财产，一般应当自管理人收到指定决定书之日起30日内完成。确因客观原因无法完成的，经书面报告法院许可，接管期限可适当延长。

三、接管清单制作

管理人需审查所接管财产的真实性和完整性，清点核对后制作接管清单，按不同财产类型记明财产的名称、数量、编号、价值、外观现状等财产信息。数量众多、难以清点的原材料或者半成品等财产，可以采用存储箱/柜等方式计数，并留存相关影像资料。接管完成后，债务人有关人员和管理人均应在接管清单上签字确认。债权人代表参与见证接管的，一并签字确认。上述人员拒绝签字或无法签字的，管理人应在清单上记明情况和原因。接管清单应提交法院存卷。

四、交接书和交接清单制作

（一）接管债务人资产

1. 接管不动产

接管不动产包括但不限于国有土地使用权、房屋所有权、在建工程等。管理人接管后，根据该不动产的实际情况，应分别采取自行管理、委托他人管理等方式。

2. 接管动产

接管动产包括(但不限于)机器设备、存货、办公设备用品、交通设备等。接管机器设备、存货时应考虑如何进行清点以及存放的问题，债务人相关人员进行现场实物清点，根据清点情况，在盘点表的基础上双方编制动产移交清单，并签字确认。如某商贸公司破产清算案中的红酒、茶叶等资产的接管，须重点考虑保管、储存等问题。如在某房地产开发公司破产清算一案中债务人的不动产涉及在建工程，因工程已停工多年，管理人基于工程的现状，与工程的总承包人和负责基坑降水承包人签订协议，委托他们负责现场的维护、看管和降水的相关事宜。包括(但不限于)机器设备、存货、办公设备用品、交通设备等。接管机器设备、存货时应考虑如何进行清点以及存放的问题，债务人相关人员进行现场实物清点，根据清点情况，在盘点表的基础上双方编制动产移交清单，并签字确认。对于办公设备可视设备的实际情况以及运输成本、后续存放问题，考虑是否做零星资产现场处置，并做好相关的手续。接管交通设备，应将交通设备的钥匙、发票、行驶证、保险单、养路费票证、车船使用税完税证一并接管，如有需要管理人可到车辆管理部门查询车辆登记档案，了解车辆的实际停放地点及车是否经过年检、被查封、是否能正常行驶。

3. 接管货币资产

接管货币资产包括(但不限于)库存现金、银行存款、其他货币资金等。银行存款的接管，除资金外还包括基本存款账户、一般存款账户和专用存款账户的开户银行、账户、密码；对银行存款、其他货币资金等需到相关金融机构或部门进行核实，并根据盘点、核实情况制作移交清单，由双方签字确认。如相关有款项的银行账户已经被限制，则管理人须依法要求相关方解除限制，将款项划转至管理人账户。

4. 接管无形资产

接管无形资产包括(但不限于)著作权、专利权、商标权、商业秘密权(经营秘密权和技术秘密权)、专有技术权及其他特许权，由债务人的法定代表人和相关负责人对相关权证及附属文书、图纸等资料进行整理移交，管理人制作移交清单，双方签字确认。

(二) 交接清单

第一，印章。包括：①公司公章；②财务专用章；③合同专用章；④发票专用章；⑤海关报关章；⑥财务负责人名章；⑦部门印章；⑧分支机构印章等。

第二，证照。包括(但不限于)：①营业执照、分支机构营业执照，非三证合一营业执照的，还应交付税务登记证、组织机构代码证；②经营许可证、报关证、法定代表人登记证、开户许可证、贷款卡、企业信用等级证(包括正副本和电子文本)等。

第三，会计凭证、账簿、财务报表、原始票据、密码信封等各种财务资料。包括(但不限于)：①电子账套(含加密狗)；②总账；③明细账；④现金日记账；⑤往来账；⑥银行存款日记账等会计账簿；⑦会计凭证；⑧银行账户对账单及回单；⑨发票；⑩财务报表；⑪银行票据；⑫纳税申报表；⑬历年审计资料；⑭历年所得税汇算报告；⑮评估资料；⑯验资报告等其他财务资料。

第四，人事资料。包括：①职工花名册；②人事档案；③劳动合同；④用工手续；⑤劳动保险；⑥职工联系方式；⑦电子文档；⑧管理系统授权密码等。

第五，文书资料。包括(但不限于)：①主管部门设立批准文件；②公司章程；③股东协议；④验资报告；⑤各类公司文件；⑥各种会议记录；⑦会议纪要；⑧对外合同；⑨公证文书等法律文书及各类决议；⑩管理系统授权密码；⑪土地使用权证；⑫房屋所有权证；⑬不动产权证；⑭商标权证书；⑮专利证书等。

第六，实物动产。包括(但不限于)：①运输工具；②交通工具；③机器设备；④办公设备和用品；⑤存货(包括成品、半成品、原材料)等。

第七，不动产。包括(但不限于)：①房屋所有权；②在建工程及其他地上附着物等。

第八，诉争案件。包括(但不限于)：①诉讼；②仲裁；③执行等各类案件。

第九，对外投资。包括(但不限于)：①非公司企业出资；②有限责任公司股权；③非上市股份公司股份；④合伙型（或合同型）联营投资权益及所设立的分公司；⑤分支机构；⑥全资子公司；⑦参股子公司；⑧控股子公司。

第十，货币资产。包括（但不限于）：①库存现金；②银行存款；③外部存款；④银行汇票存款；⑤银行本票存款；⑥信用卡存款；⑦信用证外部保证金存款；⑧住房资金管理中心所存的房改售房款；⑨其他货币资金及公款私存等。

第十一，有价证券。包括（但不限于）：①应收票据（商业承兑汇票、银行承兑汇票）；②基金；③债券；④股票等。

第十二，应收债权。包括（但不限于）：①应收账款；②其他应收款；③预付账款等。

第十三，无形资产。包括（但不限于）：①土地使用权；②著作权；③专利权；④商标权；⑤商业秘密权（经营秘密权和技术秘密权）；⑥专有技术权；⑦其他特许权等。

第十四，应付债务。包括但不限于：①短期借款；②应付票据；③应付账款；④预收账款；⑤应付职工薪酬；⑥应交税款；⑦应付利息；⑧应付股息；⑨其他应付款等流动负债和长期借款；⑩应付债券；⑪长期应付款等长期负债。

管理人接管破产企业移交清单包括：①接管告知书；②印章移交清单；③证照移交清单；④财务资料移交清单；⑤人事档案移交清单；⑥文书资料移交清单；⑦诉讼（含仲裁）案件移交清单；⑧不动产移交清单；⑨动产移交清单；⑩货币资产移交清单；⑪有价证券移交清单；⑫对外投资移交清单；⑬债权移交清单；⑭债务移交清单。

五、继续履行合同与否的判断

破产申请受理前债务人订立的合同，应区分情况处理，具体如下。

第一，债务人已履行完毕而相对方尚未履行完毕的合同，管理人无权依照企业破产法的规定解除，债务人享有的债权属于债务人财产。

第二，相对方已履行完毕而债务人尚未履行完毕的合同，因继续履行构成对个别债权人的违法清偿，管理人有权解除合同，但继续履行不构成个别违法清偿的除外。

第三，债务人和相对方均未履行完毕的合同，管理人有权依据企业破产法第18条第1款的规定选择解除或继续履行。管理人决定继续履行合同的，相对方有权要求管理人提供担保，管理人不提供担保的，视为解除合同。破产申请受理后，因管理人或债务人请求相对方履行双方均未履行完毕合同产生的债务，属于共益债务。

(一) 所有权保留合同

关于所有权保留下的买卖合同，其在破产语境下的适用具有一定的特殊性。当尚未完成分期付款的买受人破产时，其管理人享有选择权。如果选择解除合同，则买受人不再保有对标的物的占有权，与之相应，出卖人享有取回所有物的权利，并可以向买受人请求损害赔偿，此损害赔偿请求权将作为普通破产债权申报受偿。买受人在返还标的物后，有权要求出卖人返还已支付的分期购买价款。如果管理人选择继续履行，那么买受人依据合同享有的权利将成为债务人破产财产的一部分。

买受人在购买物品时也有责任承担合同义务，并继续支付剩余的购买款项。如果买受人未能及时支付剩余的购买款项，那么根据德国法律，出卖人有权解除合同并收回物品。需要注意的是，企业破产法解释（二）第37条规定，如果买受人的管理人决定继续履行合同，并且买受人已支付总价款的75%以上，即使买受人违约，出卖人也无权收回物品，这一规定明显偏离了所有权保留制度的初衷。所有权保留制度的立法目的是通过保留所有权的方式来保证购买款项的实现，如果因为设定了75%的限制规定而排除了出卖人的收回权，那么所有权的保留就没有任何价值。尽管该条款同时规定未支付的剩余购买款项可以作为共益债务优先受偿，但在破产财产不充足的情况下，即使作为共益债权处理，仍存在无法完全清偿的风险。

因此，我国企业破产法应当借鉴德国的相关规定，赋予出卖人以取回权。当所有权保留下的出卖人破产时，其管理人并不享有选择权，仅能继续履行该合同。原因在于，设定所有权保留的目的是以所有权换取价款请求权，在买受人未支付全部价款前所有权不发生移转，因而当买受人愿意支付剩余价款时，管理人应当继续履行该合同，这既契合于该制度的设计本意，也是尊重非破产法规范原则的具体表征。假使允许管理人解除合同以取回所有物，可能会使出卖人通过破产程序而获得意外之财，造成双方当事人利益的严重失衡，这种结果显然与所有权保留制度的担保属性，以及买受人的期待权都是冲突的。

（二）劳动合同

劳动合同的处置涉及劳动者的切身利益，甚至事关社会稳定大局，破产法应当对其予以特别对待，关于管理人待履行合同解除权的一般性规定对其并不适用。当用人单位破产时，原则上劳动关系不受破产程序的影响而应继续存在，管理人不享有企业破产法第18条规定的选择权。理由在于，破产程序的启动并不一定导致企业主体资格的消灭，若一概将其劳动合同解除，既不公平也不合理。

事实上，随着市场机制的发展，将企业资产连同就业员工一并转让给他人的情形日趋普遍，即便是在破产清算中，也可以通过将企业整体出售的方式完成资产变现，这种区别于传统的将企业财产拆分变现的模式被称为"转让型清算"。因而，维持劳动合同的存续具有现实上的可能性。进一步而言，保证劳动合同不受破产法的影响，一方面，能够在用人单位希望保有劳动者的情形下避免重新订立合同，造成额外的缔约成本，维持劳动关系的稳定性；另一方面，也能阻遏企业假借破产之名行解雇之实，若在此情形下赋予管理人以解除权，恐将不当激励管理人进行投机活动。

《德国破产法》上也存在类似规则。依据《德国破产法》，在破产程序启动后，债务人的雇佣关系继续存在，意味着作为雇主的债务人仍然需要继续雇用员工，并以破产财团给付工资和报酬。管理人不享有不受限制地解除劳动合同的权利，但其可以对合同解除产生影响——合同终止期限会缩短，终止期限最长为3个月，而不取决于是否集体合同或单个合同中规定的较长期限。

值得注意的是，管理人在依照解约期限解除劳动合同时，须具备法律上的解约事由，尤其是必须符合社会公平观念。换言之，管理人必须在社会性考量和企业需求间取得妥善的平衡。若管理人解除劳动合同不满足法定要求，雇员可以自收到解雇通知之日起3周内，向劳工法院提起诉讼。当雇员破产时，管理人同样被排除选择予以继续履行或解除合同的权利，因为劳动合同的履行具有典型的人身依附属性，劳动合同的维持应以充分尊重雇员的个人意愿为前提，任何人都不得强迫雇员劳动，故而在雇员不愿继续履行合同的情况下，应排除管理人的管理处分权。同理，劳动合同是雇员获得收入来源的关键所在，雇员发生破产的事实并不影响其继续提供劳动，因此在雇员愿意继续履行劳动合同时，管理人亦不得解除合同。

（三）居住型商品房买卖合同

从本质上来说，合同法是关于保护合同当事人正当期待的制度安排，但合同法的目标在特定场合下需要让位于破产法政策。就居住型商品房买卖合同而言，当出卖人破产时，应当限制其管理人解除合同的权利。这是因为，与出卖人的商业利益相比，保护待履行合同下的相对人的生存权益更具有优先顺位。如果买受人破产，则应允许其在利益衡量的基础上作出是否继续履行合同的选择。需注意的是，此处商品房买卖合同的解除受限情形仅针对以生活居住为目的的消费性购房者，故而实践中大量存在的名为房屋买卖实为抵债/担保的合同或投资型购房等，并不具有被优先保护的特殊利益，不能据此获得排除管理人解除合同的权利。

同样，对于出卖人系债务人而买受人是相对人，且相对人已经占有出让标的的不动产买卖合同，《美国破产法》也规定不能强制剥夺合同相对人对不动产的占有或权益。如果不动产买卖合同在债务人申请破产时仍然处于待履行状态，而管理人又拒绝承继该合同，那么买受人就享有两种选择：①将该合同视为已终止的合同；②继续占有。如果买受人选择将该合同视为已终止的合同，那么就必须放弃对不动产的占有。但与此同时，对于因管理人拒绝承继而遭受的损失，买受人将获得相应的破产债权，并且在已经支付的那部分价金范围内，为担保价金的取回，买受人将自动取得在债务人的不动产权益上的优先权。买受人如果选择继续占有不动产，就必须付清合同所约定的所有到期价金，但买受人有权主张用债务人的不履行而遭受的损失抵销前述价金。除了管理人必须如约将房屋产权过户至买受人之外，债务人和管理人将不再负有任何合同义务。

此外，应当强调的是，如果买受人于破产程序启动时尚未占有债务人之不动产，其便不享有前述选择权。在管理人拒绝承继时，买受人仅获得担保其已经支付的价金的优先权,同时买受人被赋予了针对债务人的损害赔偿请求权,此种请求权视为对破产财团的申请前债权。

第三节 债务人财产调查

一、破产财产

(一) 破产财产的概念界定

1. 破产财产和债务人财产

破产财产由三部分构成:① 宣告破产时企业经营管理的全部财产;② 破产企业在破产宣告后至破产程序终结前所取得的财产;③ 应当由破产企业行使的其他财产权利。当时的破产财产与现行法在时间范围上一致,是对宣告破产后债务人财产的称谓。破产申请受理时属于债务人的全部财产,以及破产申请受理后至破产程序终结前债务人取得的财产,为债务人财产。同时,债务人被宣告破产后,债务人财产称为破产财产。

债务人财产的引入体现了我国破产立法理念的变革,该概念不仅涵盖破产债务人被宣告破产后的债务人财产,也将破产和解程序和重整程序中的债务人财产包括在内,能较好地概括破产清算、和解与重整三类程序下债务人财产的不同状况,因此其内涵更为全面。而破产财产是区别于和解程序与重整程序,专门应用于清算程序的一个概念。也就是说,如果破产申请受理后,进入重整程序或者和解程序,重整或和解一旦成功,破产财产这一概念根本不必出现。

破产财产是破产申请后直接进入清算程序或重整失败进入清算程序或和解失败进入清算程序的债务人财产。就现在的立法体系而言,单独将破产财产也就是破产宣告后的债务人财产分离出来,与债务人财产严格区分。在我国清算程序中,单独定义破产财产是没有必要的。因为破产财产不仅包括破产申请受理时债务人所有的全部财产,还包括破产申请受理后至破产程序终结前债务人取得的财产。也就是说债务人财产范围的确定是一个过程,其边界是流动的。破产财产是宣告破产后的债务人财产,可以判定的是破产财产继承了债务人财产特征，其范围仍然是在不断变化中的。或者说破产财产并不是描述最终用于变价分配时已然确定了的可分配财产范围的静态概念，而是描述在破产宣告后，在债务人财产范围上继续变动直到最后用于变价分配的债务人财产的动态概念。而进入破产财产这一概念所指的财产变动的阶段，破产财产的范围与破产宣告前债务人财产的范围相比几乎没有扩大的可能性，而其减少的部分主要是破产期间需要随时支出的破产费用和共益债务（《中华人民共和国企业破产法》第43条）这一部分基本可以忽略不计。所以"这两个法律概念只是表明财产的主体在破产程序的不同阶段的法律地位不同，但从财产的意义上讲并没有本质的区别"[1]。

债务人财产这一概念完全可以描述破产宣告后的财产状态。同时，债务人财产这一概念极易被误解成债务人经营管理下的财产，而且在破产法领域，学理上也从来没有过这样的术语。因此，为了消除这种误解，同时与学理以及国际上其他国家保持一致，将债务人财产改为破产财产。也就是说将破产财产定义为破产申请受理时债务人所有的全部财产，以及破产申请受理后至破产程序终结前债务人取得的财产。

2. 破产财产和破产财团

与我国不同，德国使用破产财团的概念，其指的是破产债务人在破产程序开始之时所拥有的以及破产程序进行期间所取得的全部财产，是一个集合概念。

对于破产财产和破产财团的区别，国内学术界主要存在"等同说""部分差异说"和"完全差异说"。支持"等同说"的学者认为破产财产与破产财团之间的差别只是语言使用的差别，并没有实质性差别。

根据"部分差异说"，虽然"破产财产"和"破产财团"之间基本上具有相同的含义，但仍存在一些细微的差异。我国选择采用"破产财产"这一术语是因为它符合我们的语言习惯，更容易为广大民众所理解和接受。

"完全差异说"观点与前述观点迥然不同，它认为二者之间的差别是实质上的差别。破产财产只能作为权利的客体，而破产财团则可以成为权利的主体。该观点出现的原因主要是"破产财团权利主体说"的兴起，该理论认为破产财团可以成为权利主体，享有民事权利。

---

[1] 乔芳芳. 论破产财产范围 [D]. 南京：南京大学，2018：5.

"完全差异说"认为破产财产是具体的、分散的、微观的,例如债务人的全部财产和在程序中获得的新财产。而破产财团是抽象的、概括的、宏观的集合性概念,指的是破产程序中的债权人集体组织。因此,根据"完全差异说",破产财产不能成为破产法的主体。

(二) 破产财产基本范围的确定

"确定破产财产的范围乃破产债权公平清偿的关键性因素"[1],破产财产基本范围的确定主要表现在三个方面:一是由破产财产特性所决定的事实范围;二是法律规定的时间节点所确定的时间范围;三是破产财产所处空间决定的空间范围。下面以中德两国破产财产制度比较为例。

1. 事实范围

(1) 我国破产财产的特征。我国破产财产的特征主要由企业破产法第30条及其司法解释(二)进行规定。

第一,该财产为债务人所有。所有可归于破产财产的财产标的皆须为债务人所有。如果其他人可基于某种物权或者人身权对该项财产主张权利,那么该项财产则不可归入破产财产。最常见的例子就是债务人基于借用、寄存或者仓储等法律关系对他人之物享有占有或使用的权利,他人对该项财产享有取回权,我国企业破产法司法解释(二)对不属于债务人财产的财产标的进行了明确的列举。

第二,具备财产属性并以清偿为目的。所谓财产属性,是指可归于破产财产的财产标的是区别于人身权的所有权或其他主观财产权利。破产财产是一种特殊的财产,其以实现债权人平等清偿为目的而存在。如果在破产申请提起之初就已经预见性地不能清偿破产费用和共益债务,那么破产程序就无法启动,破产财产也就无从谈起了。民法里的财产是指债务人可变现的财产权利的总和。破产法上的财产不仅限制在所有权,更有甚者是指向债务人所有的主观权利。我国企业破产法司法解释(二)以明确列举的方式表明,可以用货币估价并可以依法转让的债权、股权、知识产权等应列为债务人财产,也就是破产财产。

---

[1] 于新循,王赛男.我国破产财产除外制度的检视与构想:以基础权利为中心[J].四川师范大学学报(社会科学版),2019,46(02):68.

第三，时间节点。根据企业破产法第30条的规定，不但破产申请受理时债务人所有的全部财产属于债务人财产的范畴，破产申请受理后至破产程序终结前债务人取得的财产也归属于债务人财产。该规定更有利于债权人实现清偿目的。

(2) 中德比较。《德国破产法》上对破产财团特征的规定与上述我国破产财产的特征有相类似之处，但是又包含一些我国破产法立法和法律实践没有涉及的问题。

在《德国破产法》中不存在分歧的是，人身权利不属于破产财产的范畴，但问题是有些权利是财产权和人身权的结合。例如，包含自然人姓名的商号或商标，其既存在财产权属性，又存在人身权属性。德国主流观点认为，包含自然人姓名的商标或商号可归属入破产财团的范围，因为其财产权属性超过了人身权的属性，只是在实践中出于对人身权属性的保护，规定只有在取得破产管理人同意的情况下才允许向第三人转让，该主流观点对我国的法律实践能够起到一定的指导作用。

德国法律规定的债务人对财产标的取得时间必须是破产程序启动前或启动后结束前（《德国破产法》第35条）。程序结束这一时间点对破产财团范围的确定至关重要，因为不但破产程序启动前已经归债务人所有的财产可以纳入破产财团，一直持续到程序结束时债务人新取得的财产也要纳入破产财团，该时间点是为二者之间的重要分界。债务人在破产程序中取得的财产在德国破产法律制度中有一个专门的概念，叫作"新取得的财产"。某项财产标的是否在破产程序结束时已经取得，一般在个案中很难判断。《德国破产法》的判断标准主要是：新取得财产的法律基础是否在破产程序启动前或者持续中已经存在，且债务人基于此法律理由而最终获得该财产标的。

另外，《德国破产法》对破产财团的规定还有一些其他的重要特征，具体如下。

第一，可扣押。德国存在自然人破产制度，为了保障其社会再生的能力，《德国破产法》第36条将债务人不能扣押的财产标的排除出破产财团。

因为破产法中的执行是对破产财团整体的执行，所以其中任何一项财产标的对所有债权人来说都应该是可以扣押的。如果其中某项标的仅仅对特定的债权人来说是可以扣押的，那么该项财产标的则不能列为破产财团。

一项财产标的在破产程序期间的可扣押状态可能发生改变，这就存在两种可能：如果该项财产标的在破产程序持续期间不能扣押，那么将不能被纳入破产财团；如果该项财产标的在破产程序持续期间由不可扣押改变成可以扣押，那么该项财产标的须纳入破产财团。

第二，破产管理人未行使排除权。与我国不同，德国赋予了破产管理人一项排除权。破产管理人可以将某些本属于破产财团的标的通过行使排除权将其排除出破产财团的范围。该项排除权在德国旧的破产法中已经得到了承认。但是现行破产法却并没有对其进行更加细致的规定。

我国自2006年起施行的企业破产法第30条对债务人财产作出了定义，但该定义之后没有任何补充条款，因此在法律实践中的可操作性不高。2013年的企业破产法司法解释（二）的第1条至第4条对企业破产法第30条作了相对细致的解释。但是在企业破产法司法解释（二）的补充规定中其列举项过于笼统，虽然为破产财产的范围提供了方向，但是在涉及每项权利的时候却不够细致。

（3）针对破产财产范围的确定，在沿用我国企业破产法及相关条文对债务人财产的规定的同时，《德国破产法》的相关规定对我国也有一定的借鉴意义。

对于某些同时具备财产权性质和人身权性质的权利，要看哪种性质在该权利上的表现更加明显而对该权利进行界定。我国在理论和实践中尚没有对此专门的讨论，但应防患于未然。

财产标的是否可以被扣押，是自然人破产制度中需要重点考虑的问题。与德国不同，我国目前并不存在自然人破产制度。但是随着市场经济的发展以及社会征信制度的逐渐建立，自然人破产制度势在必行。近几年国内自然人破产制度建立的呼声很高，并且学界持续有文章对其制度构建提供建议。对于财产标的是否可以扣押的问题也亟须解决。德国在破产法条文中规定了一些特别适用于破产法的情况，其他一般情况指引适用《德国民事诉讼法》的规定。我国现行破产法没有对这方面的问题进行特别的规定，实践操作上是适用《中华人民共和国民事诉讼法》（以下简称民事诉讼法），但破产法上没有明确的指引适用条款。我国破产法应对财产标的是否可以扣押的问题——不仅应当包括那些特别适用于破产法的情况，而且还要包括一些普遍适用的——进行全面的规定，暂时不需要规定对民事诉讼法指引适用的条款。因为我国民事诉讼法还在完善过程中，指引适用的效果有限。

《德国破产法》所赋予破产管理人的排除权对我国立法来说是一项很好的借鉴，因为若将一些没有价值或者变卖价值可能超过管理、处分费用的财物排除出破产财产，对破产财产来说是一种消极的增长，这样不但节约了程序成本，而且破产债权人的利益也会得到更好的维护。举例来说，对于设定了担保物权的标的，如果标的的变价不能清偿担保物权人的债权，德国的破产管理人便会行使排除权将该财产标的排除出破产财团，这样就排除了债权人在就担保物未受完全清偿时，未受清偿部分参与破产财团分配的可能。但同时也应该赋予债权人抗辩的权利，防止破产管理人权力的滥用。

2.时间范围

（1）固定主义和膨胀主义是关于破产财产时间范围的两种立法观点，在全球范围内对破产制度的规定存在差异。固定主义认为破产财产的范围以破产申请的受理为界限，包括在破产申请受理时，债权人拥有且可被强制执行的财产。然而，固定主义认为不包括在破产申请受理后取得的新财产。

相反，膨胀主义认为，破产财产的范围应当包括破产申请受理后取得的新财产。这意味着，除了破产申请受理时债权人已经拥有的财产外，还包括在破产程序进行期间或之后取得的财产。

需要注意的是，固定主义和膨胀主义的讨论是在自然人破产制度存在的前提下进行的。自然人破产制度是针对个人而非公司或其他组织的破产程序。这两种立法观点对于界定破产财产的时间范围有着重要的影响，决定了债务人在破产程序中所涉及的财产范围。

不同国家和地区可能会采用不同的立法模式，其中一种可能更接近固定主义，而另一种则更接近膨胀主义。这样的立法差异可能会对破产程序的进行和债权人的权益产生影响，因此在具体的破产案件中需要遵循当地的法律规定和司法解释。

上述两种立法观点各自具有优点和缺点。根据破产法的立法原则，债权人的利益应当优先于债务人的利益，因此债权人应得到倾向性的保护。从这个角度来看，膨胀主义似乎更符合破产法的原则。

膨胀主义立法模式的优势在于将破产申请受理后取得的新财产纳入破

产财产的范围。这样做的好处在于，债务人在破产程序中所取得的新财产也能用于清偿债务，从而增加了债权人的追偿机会。同时，由于存在"剩余债务免除制度"，债务人的最低生存保障和社会再生能力并不会受到威胁。

因此，膨胀主义立法模式更符合当前破产法和时代的要求。它更加注重债权人的权益保护，同时也考虑到债务人的生存和再生能力。通过纳入新财产，膨胀主义能够更全面地处理债权和债务之间的关系，从而实现破产程序的公平性和有效性。

然而，固定主义立法模式也有其优点。固定主义将破产申请受理时已存在的财产作为破产财产的范围，更加明确和确定，减少了新财产的争议性和复杂性。此外，固定主义能够保护债务人在破产程序前获得的财产，避免对其产生过度的干扰。

在实际的立法和司法实践中，各国和地区会根据具体情况选择适合自身国情的立法模式，平衡债权人和债务人之间的权益，确保破产制度的公正和效果。

（2）中德比较及立法建议。德国在破产法立法方面经历了一项重要的变革。根据1879年开始施行的《德国破产法》第1条规定，破产财产仅限于破产程序开始前债务人所有的全部财产，新取得的财产不在破产财产的范围内。这种立法模式被称为固定主义。

然而，在1999年开始施行的现行《德国破产法》中，对破产财产的定义进行了完全不同的规定。根据新的法律规定，债务人在破产申请受理后至破产程序结束前所新取得的财产被纳入破产财产的范围。这种立法模式与固定主义有着明显的区别，被称为膨胀主义。

这一立法变化的背后是对破产债权人利益保护和债务人社会再生能力的考虑。通过将破产程序期间债务人新取得的财产纳入破产财产，现行法律更加注重债权人的权益保护，确保他们能够获得尽可能多的清偿机会。与此同时，这种立法模式也考虑到了债务人的社会再生能力，不会过分削弱其生存和恢复的能力。

这样的立法模式更符合破产法的原则，即债权人的利益优先于债务人的利益，并能够更全面地解决债权和债务之间的关系。通过纳入新取得的财产，破产程序能够更公平和有效地进行，以实现债务人和债权人之间的平衡。

这一变化表明,德国在破产法立法上不断调整和改进,以适应社会和经济的变化。这也提醒我们,在具体的破产案件中,需要遵循当地的法律规定和司法解释,确保破产程序的公正性和有效性。

固定主义和膨胀主义两种立法模式在公司法人领域的区分确实没有太大意义。根据企业破产法第30条的规定,债务人财产被定义为在破产申请受理时债务人所拥有的财产,以及在受理后至破产程序结束前所新取得的全部财产。从定义上来看,我国将破产程序开始后债务人新取得的财产纳入了债务人财产,也就是所谓的破产财产的范围,这表明我国采取的是膨胀主义立法模式。

然而,前文提到的矛盾之处在于,我国实际上并没有自然人破产制度。自然人破产是指个人在无法偿还债务的情况下,根据破产法程序进行债务清算和重新组织的一种制度。与之相对,公司法人在面临破产时通常采取的是清算程序或者重整程序。

尽管我国自然人破产制度仅在深圳试行,但企业破产法的规定仍然包含膨胀主义的理念,并将程序开始后债务人新取得的财产纳入了债务人财产的范围。这是为了保护债权人的利益,确保他们能够尽可能多地获取到债务人的财产以进行清偿。

因此,尽管固定主义和膨胀主义这两种立法模式最初是针对自然人破产制度而提出的,但在公司法人领域中,我国的立法更倾向于膨胀主义。这反映了对债权人利益保护的重视,同时也说明了我国破产法在适应经济和社会发展的过程中的不断完善和调整。

将我国的破产财产时间范围上的立法模式描述为膨胀主义立法可能有一定牵强之处。尽管我国目前自然人破产制度实施范围有限,但企业破产法中明确规定了破产申请受理后债务人新取得的财产纳入破产财产的范围,这一规定至少表明了我国立法倾向的方向,为未来建立自然人破产制度奠定了基础。

在债务人财产的定义方面,尽管目前的法律现状与企业破产法的规定不符,但并没有必要刻意将其修改为"破产申请受理时债务人所有的全部财产"。相反,我们需要着重完善社会征信制度,并逐步构建自然人破产制度。这意味着建立起以个人为主体的破产程序，允许个人在无法偿还债务时进行债务清算和重新组织，从而实现债权人的利益保护和债务人的社会再生能力。

完善社会征信制度，可以更准确地评估个人的信用状况和还款能力，为债务人提供更多的帮助和机会，同时也保障了债权人的权益。此外，还需要建立相关的法律框架，明确自然人破产的程序、条件和效果，为债务人和债权人提供适当的保护和救济措施。

因此，尽管当前的立法模式在描述我国破产财产时间范围上可能存在一些不适应的地方，但我们可以将其视为一个契机，为构建自然人破产制度铺平道路，并在完善社会征信制度的基础上进一步完善相关法律和制度，以更好地平衡债务人和债权人的利益，进而促进经济和社会的可持续发展。

3. 空间范围

(1) 属地性原则和普遍性原则。对破产财产的范围确定的空间标准来说，最重要的是破产财产的标的所处的位置。原本一项财产标的是否属于破产财产应当由其财产性质决定，但是实践中跨国贸易及跨国公司的不断发展，使得财产所处的位置也成为判断某项财产标的是否成为破产财产的标准。

破产域外效力主要发展出两种理论——属地性原则和普遍性原则。该两种理论的发展主要围绕三个问题：财产所处的位置、所适用的法律以及国外破产裁判文书在国内的承认与执行。

属地性原则强调一国对于本国境内财产固有的管辖权，该理论在破产财产上的表现为，破产宣告的法律效力仅及于债务人在本国领土内的财产，位于他国的财产不受本国破产宣告的影响。位于别国的财产仍属于债务人，相关当事人可以根据财产所在国的法律再次启动破产程序。而普遍性原则强调所有财产无论其位于何方，都应纳入破产财产的范围。因为破产程序存在的目的是使债权人得到平等清偿，为了该目标更好地实现，处于国外的财产也应该纳入破产财产的范围，无论外国的法律是否有相反的规定。

(2) 德国破产财团范围确定的空间标准。现行德国法遵循的是普遍性原则。其法律依据是《德国破产法》第335条和第35条。破产程序启动之时位于国外的债务人财产应被列为破产财团。但是德国法院的相关判决是否能够在财产所在国得到承认，还需要按照财产所在国法律的规定。至于国外法院对处于德国境内财产的判决在德国是否能够得到承认也经历了一段曲折的历史。

1879年《德国破产法》第237条第1款规定，国外债务人陷于破产时，出于对债权人保护的考虑，其在德国境内的财产可以被执行，德国帝国法院在1882年作出了一个符合该条款的判决，承认外国破产程序在德国的效力。

在21世纪之交理论发生转向，国家主权思想盛行，属地性原则占据上风。而德国联邦最高法院在1985年7月11日作出的判决对《德国国际破产法》来说是一个转折点，此判决后普遍性原则在德国基本确立起来，现行《德国破产法》第335条将该原则确立下来，明确承认了外国判决对德国境内的财产有效力。

但是因为德国法院的判决经常得不到外国的承认，普遍性原则在实践中很难实施下去。为解决这一难题，德国与部分国家签订了双边或多边协议。另外，无论德国的判决能否在国外得到承认和执行，破产管理人都应努力交涉使德国破产程序中处于国外的债务人财产得以执行。同时，债务人也有义务对此作出积极努力。

(3) 中德比较及立法建议。企业破产法颁布之前我国并没有专门的法律条文对域外破产问题做出具体的规定。只是在广东、深圳等对外经济比较活跃的地方出台了一些地方性法规，但其大多是实行严格的属地主义原则。也有些被赋予了企业自主选择权，然后由政府进行审查批准，其条件比较严苛，实际上也是采用了属地主义。企业破产法第5条规定，依照我国企业破产法开始的破产程序对债务人在国外的财产发生效力。对国外法院作出的发生法律效力的破产案件的判决、裁定，涉及债务人在中华人民共和国领域内的财产，申请或者请求人民法院承认和执行的，人民法院依照中华人民共和国缔结或者参加的国际条约，或者按照互惠原则进行审查，认为不违反中华人民共和国法律的基本原则，不损害国家主权、安全和社会公共利益，不损害中华人民共和国领域内债权人的合法权益的，裁定承认和执行。

从该规定看，我国对于本国债务人在国外的财产采取的态度是普遍主义原则，而对于国外破产程序下债务人位于我国的财产采取的是有条件的普遍主义原则。外国的判决是否能够在我国得以承认并执行需要考察两国之间是否存在双边或多边协议或互惠关系，如果存在，还需经过我国人民法院的审查。

德国法在欧盟法的框架下，与其他欧盟国家之间有关裁判的承认和执行基本不存在问题，所以对其他国家而言其态度也比较开放。再者，德国无论是在欧盟还是在世界的经济地位都较高，自我保护的能力也较强。而我国在经济共同体方面的建设显然还没有达到欧盟水平，从实践来看，我国国际经济发展水平不高，自我保护的能力还相对较弱，所以出于对本国债权人利益的考虑，防止本国债权人在国外破产程序中受到不公正的待遇，同时减轻本国债权人在外国破产程序中的风险，采取这样的立法方式，有利于国家经济的安全。但是需要认识到的是随着世界经济一体化的进程加深，各国之间经济交流更加密切，如果在破产程序中只注重保障本国债权人、债务人的利益，则国外债权人债务人的利益就会受损，长此下去不利于国际交流合作和国际经济的发展。而且如果坚持属地主义原则，会造成重复诉讼的出现，增加债权人的诉讼成本，这些都会阻碍经济的发展。这就迫切要求我国在破产程序的适用上采用普遍主义原则立法。同时要加强与各国的经济合作，加强经济交流圈的建设，真正做到所有债权人、债务人之间的公平对待。

二、债务人财产状况调查

(一) 债务人财产状况调查范围

管理人接受人民法院指定后，应当对债务人财产状况进行调查。管理人对债务人财产状况调查的范围，包括(但不限于)以下内容。

第一，债务人的出资情况，包括出资人名册、出资协议、公司章程、验资报告及实际出资情况、非货币财产出资的评估报告、非货币财产出资的批准文件、财产权属证明文件、权属变更登记文件、历次资本变动情况及相应的验资报告等。

第二，债务人的货币财产状况，包括库存现金、银行存款及其他货币资金等。

第三，债务人的债权状况，包括债权的形成原因、形成时间、具体债权内容、债务人实际状况、债权催收情况、债权是否涉及诉讼或仲裁、是否已过诉讼时效、已诉讼或仲裁的债权的履行期限等。

第四，债务人的存货状况，包括存货的存放地点、数量、状态、性质及相关凭证等。

第五，债务人的设备状况，包括设备权属、债务人有关海关免税的设备情况等。

第六，债务人的不动产状况，包括土地使用权、房屋所有权、在建工程的立项文件、相关许可、工程进度、施工状况及相关技术资料等。

第七，债务人的对外投资状况，包括各种投资证券、全资企业、参股企业等资产情况等。

第八，债务人分支机构的资产状况，包括无法人资格的分公司、无法人资格的工厂、办事处等分支机构的资产情况等。

第九，债务人的无形资产状况，包括专利权、商标权、著作权、许可或特许经营权情况等。

第十，债务人的营业事务状况。

第十一，债务人与相对人均未履行完毕的合同情况。

第十二，债务人财产被其他人占有的状况。

管理人无法全面调查债务人财产状况时，应当向人民法院、债权人会议或债权人委员会说明原因，必要时可以申请人民法院调查。

（二）债务人财产状况调查方法

管理人应当勤勉尽责地完成对债务人财产状况的调查，及时向人民法院申请通过该院网络执行查控系统查询到的债务人财产信息，同时，通过各种途径完成调查工作。具体查询途径如下。

第一，债务人的工商内档可到市场监督管理局查询大厅查询打印。

第二，债务人的银行流水可到企业的开户行查询打印。

第三，债务人的债权债务、存货、设备等状况可通过查阅接管的材料以及询问债务人相关人员进行调查。

第四，债务人的不动产状况可到房地产权登记中心进行查询打印。

第五，债务人的车辆状况可到公安局交通警察支队车辆管理所进行查询打印。

第六，债务人的证券信息可到证券登记结算公司查询打印。

第七，债务人的无形资产状况可登录中华人民共和国国家知识产权局网站、中国商标网、中国版权保护中心等相关网站进行查询打印。

对于债务人财产，债权人可向人民法院申请强制执行，在强制执行阶段人民法院会调查债务人的财产。债务纠纷在诉讼阶段，是不能向人民法院申请调查债务人财产的。债权人只需要提供证明债权债务关系成立的证据。

(三) 债务人转移财产的对策

作为执行依据的法律文书生效后至申请执行前，债权人可以向有执行管辖权的人民法院申请保全债务人的财产。人民法院会依法对债务人的财产进行调查、查封、划拨，待人民法院批准强制执行后，保全裁定应当立即执行，债权人可向有执行管辖权的人民法院申请执行前的财产保全，以维护自身的权益。对于这种财产保全，一般情况下是无须申请人提供担保的。因为此时双方的权利义务关系已经生效，当事人之间的债权债务关系明确，不存在因申请错误给被申请人造成损失的情况。发生债务纠纷，通常不需要债权人申请调查债务人的财产，只需要提供存在借贷关系的证明即可立案，判决后债务人拒不归还欠款的，债权人可以向人民法院申请强制执行，在执行阶段人民法院会调查债务人的财产，并冻结、查封债务人的财产。

(四) 债务人财产调查的基本方法

1. 对债务人相关人员的询问

在进入破产程序后，债务人的相关人员特别是法定代表人依法应当配合管理人的调查工作，管理人应当通过制作询问笔录的方式对债务人的财产状况进行首次书面调查，调查重点应当包括债务人的库存现金数量和保管人、银行账户的开户情况和余额、应收款项的基本情况、存货的基本情况、对外投资的基本情况、固定资产的基本情况、在建工程的基本情况以及无形资产的基本情况等，此外，应当同时书面调查确认债务人股东的出资实缴情况。根据对债务人相关人员的询问，应当要求债务人根据陈述的情况向管理人提供相关书面材料，比如库存现金保管人员的联系方式、应收款项相对方的联系方式及证据材料等。需要特别说明的是，无论是债务人自行申请破产还是债权人申请破产，破产管理人一般情况下都能够复印债务人向人民法院提交的各项材料，其中的财务报表或者审计报告也可以作为破产管理人对债务人相关人员进行询问的基础材料，以提高询问的效率和质量。通过首次书面调查，破产管理人能够基本确定债务人财产的范围，并据此制订下一步调查工作方案。

2. 法律尽职调查

法律尽职调查主要是指管理人持相关手续到第三方相关部门调取与债务人有关的各项档案资料。在接受人民法院指定后，破产管理人将依法接管债务人的印章、证照等重要文件资料，同时，破产管理人还应当刻制管理人公章、法人章等印鉴。按照法律规定，破产管理人凭借刻制的管理人公章、法人章以及法院受理破产案件的相关法律文书，有权到相关部门调取与债务人有关的各项档案资料。但实践中，由于相关部门对企业破产法的规定不甚了解以及各地府院联动机制建立程度不同，破产管理人有时需要以债务人的身份，持相关手续进行调查，必要时还必须提请人民法院出具相关司法协助文书进行调查。通过法律尽职调查，破产管理人一般能够取得债务人的工商登记档案、不动产登记档案、车辆登记档案等基础档案资料。需要指出的是，债务人动产抵押登记情况应当从市场监督管理部门调取，但往往与登记设立档案调取分设在不同的部门或窗口，破产管理人应当仔细询问和调查，以免出现遗漏和返工。

3. 从债权人处发现财产线索

人民法院在裁定受理债务人提出的破产申请后，依法应当进行公告，债权人有权按照公告内容向破产管理人依法申报债权，破产管理人在接收的债权申报材料中很可能获取债务人的财产线索，比如债务人的银行账户信息、不动产基本信息等，通过与债权人持续不断地沟通并与债权人建立良好的信任关系后，债权人凭借对债务人的熟悉，也可能为破产管理人提供债务人的财产线索，获取财产线索之后，管理人便可运用自身的职权，对债务人财产开展深入的调查。从债权人处发现财产线索对于"人去楼空"类破产案件的财产调查是一项比较重要也比较实用的调查方法。

4. 通过互联网搜索财产线索

随着科技的迅猛发展，互联网作为一种调查工具也已经得到社会的普遍认可和广泛应用。破产管理人在履行职务过程中也应当注重对互联网工具的运用。实务中，笔者所在的团队在接受法院指定后，首先便会通过企查查、天眼查等系统对债务人的基本情况做一次初步的梳理,此外,利用互联网系统对债权人的涉诉文书、应收账款质押、知识产权情况都能够进行比较详尽和切实的调查。获取这些线索,有利于破产管理人抽丝剥茧般对债务人财产进行深入调查,在债务人不配合管理人工作或者债务人相关人员均下落不明的情况下,互联网调查也是非常有效的。

5.结合破产审计的深入调查

对于债务人具备审计条件的破产案件,管理人一般需要委托审计机构对债务人的财务状况进行全面审计清查。破产审计完全不同于企业年报审计,破产管理人选择审计机构应当将审计团队是否有破产审计清查经验作为考核的一项重要因素,不应仅考虑审计费用而不顾工作质量。负责任的破产审计清查报告应当能够成为破产管理人进行财产调查和债权审查的重要依据。通过破产审计清查,能够获取债务人更为真实的财务报表,在此基础上,管理人可以通过对债务人相关人员的进一步询问、收集资料等方式,将对债务人各项财产调查工作落到实处。在破产审计清查的基础上,还可能帮助管理人通过行使撤销权、确认相关行为无效等方式对债务人财产进行追收,有利于维护全体债权人的利益。

第四节　债权审查

一、破产债权确认

(一) 破产债权的概念与特征

1.破产债权的概念

我国企业破产法第107条对破产债权作了简要的表述,学理界通常概括性地认为它是形成于法院受理破产申请前,在经过法律审查后进行申请确认,同时在破产财产中能够被强制执行而得到清偿的一种财产性请求权利。而这一权利,通常体现的是作为民法上的一种债权,换句话说就是权利人基于某种法律关系而请求义务人作出或者不作出某一种行为的权利。通过以上关于破产债权概念的描述,从其性质角度看,还可以作出实体上与程序上之分，所谓实体上的破产债权是指基于破产申请受理之前的合同、侵权等法律行为而产生的民事上的一种债权，该类型权利不以破产程序开始后及时进行了申报为纳入破产债权权利范围为前提，认为只要有真实的债权产生缘由即可认定为破产债权；程序上的破产债权通俗地概括为：因破产这一程序的正常开始，导致出现的债权，即依法定程序进行了申报，并获得公平清偿的财产性请求权就是破产债权。

从实体这一层面来看，破产债权即在破产受理之前就已经形成的对某一特定的债务人所享有的金钱方面的抑或是能够为金钱表达的一种请求权，学理上称为实质意义上的破产债权。另外，从程序这一层面来看，破产债权是按照破产程序要求进行了申报的普通财产性的请求权利，并遵循程序规定获得清偿，学理上称为形式意义上的破产债权。不同国家（或地区）对于这一概念有不同意义上的理解，其中，美国在其破产法典中对破产债权作出了法律规定，所谓的破产债权指的是一种在金钱上给予支付的请求权，既不管其是否进行了担保，也不管其是否已经到期。可见美国立法对于破产债权概念范围界定是较为宽松的，不纠结于破产债权的来源是实体问题还是程序问题。除此之外，根据企业破产法第107条中对破产债权作出的界定，可知我国破产法对破产债权含义的认定比较倾向于实体方向，以人民法院接受申请的时间作为基准，凡是在此之前因合法原因对破产的债务人持有的债权都称为破产债权，而不是以是否提出债权申报，并获得清偿作为认定破产债权的前提。

2.破产债权的特征

（1）实质性特征。

第一，必须是可以为货币数额描述的财产性权利。破产程序设定的意义在于保护合法债权人的财产性权利可以依据符合法律规范的步骤得到公正、公平、有序的受偿，那么在要求破产人即债务人进行清偿时，无论自己的债权之前是不是货币表现形式，都必须折算成货币数额进行申报，否则无法完成准确的额度确认。总而言之，那些不能被货币数额进行量化的财产性的请求权利就无法被称为破产债权。

第二，必须是属于根据法律可对其实施强有力执行的一种债权。通常来说，普通的债权分为可以被强制执行的与无法被强制执行的，通常无法被强制执行的类型主要有：违法、违规的不具有法律效力的债权、不在有效诉讼时效范围内的债权等。破产程序其本身意义就是强制执行破产人拥有的金钱类和非金钱类的所有财产，从而使合法、有效存在的债权得到合理受偿。所以要成为破产债权，就一定得具备能够得到强有力执行的特征，这样合法、有效存在的债权才能通过该程序得到公平清偿。

第三，必须是在破产申请被受理前成立。人民法院在接受破产人申请的那一日，也就是在这一程序开始进行的那一天，人民法院会提出破产管理人对该财产进行接收和管理的要求。至此，债务人就丧失了对有关财产进行运营、管理的权利，之后发生的任何债务性行为，都不应让他承担任何责任，因此，正如企业破产法作出的规定，我们应将破产债权合理地界定为债权人在破产程序正式开始之前就已经拥有的债权。

(2) 形式性特征。在进入破产程序之后，债权人的破产债权得到公平清偿需要满足严格的程序要求。首先，要按照相关的时间规定按时进行申报，之后通过破产管理人对其进行审查、债权人会议对其核查以及人民法院最终作出确认裁定后，才能被认定是能够进入破产程序，并获得清偿的破产债权。没有按时提出申报的债权，虽然在这一程序结束之前仍然能够提出补充性的要求，然而其受偿效果将会大打折扣。若债权人的债权没有进行申报，那么该破产债权人将不能进入破产程序行使债权人权利。同时，在破产清算环节，如果债务人并没有其他任何保证人抑或是具有连带责任的债务人，那么这将势必变成长期无法行使的权利。相反，如果按照破产程序要求，及时进行了破产债权申报，但不能通过破产债权确认程序的要求，则债权人也不能参加之后的破产程序。

(二) 破产债权确认的概念与重要性

1. 破产债权确认的概念

对于债权人在程序进行之前因合法的合同、侵权等民事行为对破产人持有的债权，通过破产债权确认步骤的要求后，债权人才能加入破产程序中，才能行使其在破产这一程序里本应享有的其他权利，直至其合法债权得到合理、公平的清偿。因此，破产债权确认这一工作在破产程序里扮演着至关重要角色，它决定着进行申报的债权能否取得公平清偿。关于破产债权确认的概念论述，理论界存在着两种观点：一种是广义上的观点，另一种是狭义上的观点。从广义的角度看，破产债权的确认包括破产债权申报、记录、审查等全部流程；从狭义的角度看，只是指对破产债权内容及其他相关材料的真假进行确认。

按照企业破产法第57、58条的规定，我国的立法对破产债权确认的定义也是属于广义的概括，它将确认环节规定为一个完整的程序，包括破产管理人对其进行审查、债权人会议的进一步核查以及人民法院最终作出裁定或人民法院就存在异议的债权内容进行审理来确定申报的破产债权是否真实有效。

2. 破产债权确认的重要性

各个国家对企业破产进行立法的初衷，都是如果负有债务的一方现有财产无法对全部债务给予完全偿还时，通过科学合理的程序，将己方仅存的财产公平合理地向债权人进行分配，从而确保债权人的债权获得公正、合理的清偿。当然，在债权人根据自己的债权额度公平受偿财产的同时，也需公平合理地承担得不到部分清偿的损失。损失的分担，事实上是对债权人权利得以行使结果的一个反馈。

一切享有债权一方的受偿源头，即为负有债务一方的全部可执行的财产，债权人如果想要行使权利，并且能使其得到清偿，那么就必须获得对负有债务一方全部财产的执行的名义，然后通过具体的执行程序获得清偿。债务人进入后续的步骤后，当债权人的债权经过严格的确认程序审查后，依然被认定为是真实、有效的破产债权时，即获得了对债务人财产强制分配的执行名义，然后依据其债权额度公平接受分配。那么从以上操作程序来看，债权人能否得到自己应得的那部分债权的清偿，关键就在于自己的债权能否被确认为债务人的破产债权，也就是说破产债权确认发挥了承上启下的关键性作用。简言之，这一工作能否做好，直接关系到整个破产程序的质量，只有通过确认程序对申报的债权进行严格把控，方可明确债务人债务的真实情况，方可使真正的合法债权人受到最大限度的债权保护，方可体现企业破产制度公平清偿宗旨的应有之义。

在一些相关的法律实务中，破产程序都是以对债权进行确认这一环节为重心开展工作。从我国现行法律法规来看，对这一债权的确认直接关系到享有债权的一方能否有资格参与债权人会议,并进行投票表决的权利,甚至影响到其在具体的财产执行中能够获得多少偿还。因此,根据破产债权确认在具体程序中的基础性作用,将其定义为核心程序是完全没有问题的。

(三)我国破产债权确认制度的完善策略

1. 无异议破产债权确认的主体

明确破产管理人为破产债权确认的主体。随着我国市场经济的快速发展,依法建立优质高效的市场退出机制是实现企业优胜劣汰,保证市场经济持续高速发展的重要保障,更是实现国家治理深化依法治国的伟大实践。随着供给侧结构性改革的深入,产业结构性调整的推进,将有越来越多的市场主体退出市场,但由于市场退出机制的不完善,也将出现越来越多的"僵尸企业"。破产法应在当事人主义的原则和框架内,提高对破产案件规范和高效特征的认识。破产债权确认作为破产程序中的核心环节,从根本上决定着破产程序的质量与效率。我国企业破产法规定了管理人审查债权,第一次债权人会议核查债权表,对于无异议的债权,人民法院裁定确认;有异议的债权可以起诉到人民法院寻求司法救济。在实务中,人民法院对无异议的债权进行的裁定确认大多数是程序性的确认,并非扮演一个真正的破产债权确认主体角色,因此,我国现行的破产法在这个程序中并未明确具体的破产债权确认主体。

将我国破产债权确认的主体明确为破产管理人这一市场主体,大胆推动无异议破产债权确认走向市场化,凸显私权利处分的自由性,具体理由如下。

(1)一个破产案件接收的破产债权申报有可能是成百上千的,现行的破产法只是粗略地规定了在破产债权确认环节中破产管理人、债权人会议、人民法院的职能定位,根据此规定破产管理人是最先接触到那些申报材料的,同时也是最了解案件具体情况的。人民法院没有过多的司法资源去审查那些申报材料,通常仅针对最后的结果作程序性确认裁定。债权人会议职能也是在破产管理人对申报的债权进行了审查、登记后才能发挥。因此,从实践情况来看,在整个破产债权确认环节,破产管理人占据了完全的主体地位,实务中,确认债权的实际权利也确实有交由破产管理人行使的情形。

（2）我国破产法规定了担任破产管理人必须符合一系列的指标要求和选任要求。破产管理人凭借其专业的素养和中立的角色定位担任破产债权确认主体，为快速推进破产债权的确认，奠定了很好的人力基础。如果仍然将破产债权确认主体设定为债权人会议，就可能出现专业素养不高、能力不足的情况，最终可能对破产程序的整体造成恶性的影响。如果将破产债权确认主体明确为人民法院，那么其法律职业素养毋庸置疑，但是就要面对众多破产案件中的众多案件细节需要审查与有限的司法资源之间的矛盾，尤其是那些受理破产案件较多的人民法院，这显然是不可能去调和的。另外，破产债权确认的实质是破产管理人接管债务人财产后对债务人之前的债务的确认行为，法律向债权人和债务人都赋予了在破产债权确认中因对确认结果有异议，向破产管理人提出异议甚至是提起破产债权确认诉讼的权利，那么对于无异议破产债权这一私权利的确认，人民法院应尽可能不做干预，只要当事人承认就应当允许。

（3）相较于现在的确认流程，将破产管理人明确为破产债权确认主体，可以避免召开债权人会议的麻烦，虽然在理论上召开债权人会议可以充分反映债权人意见，但是在实际操作中，债权人会议召开时，依据现行的企业破产法规定，只要是提出破产债权申报的主体都可以参加，那么就加剧了债权人会议最后形成统一意见的难度，甚至会无休止地出现其他的问题，从而影响破产程序的整体效率。破产程序对效率的要求是非常高的，晚一天结束破产程序就可能会给正当债权人的债权清偿增加一份风险，甚至是损失。因此，将破产管理人规定为破产债权确认主体就可以简化破产债权确认环节，同时也可以更好地完成破产工作。

综上，破产管理人制度的设立，为经营不善、资不抵债或明显缺乏偿债能力的企业提供了一条法定市场退出机制，破产管理人制度的市场化，是依据现代经济发展的需要应运而生的，当下提升破产管理人在破产债权确认中的作用是大势所趋。破产管理人的中立地位决定了其不代表任何一方的利益，仅为履行法定职责，能够保证申报债权的公平受偿。故破产管理人凭借其专业的素养、中立的地位完全可以胜任破产债权确认主体的角色，从而高质量、高效率地完成破产程序，最大限度地保障债权人的权益不受损害。同时，破产管理人作为破产案件的具体实施者，其执业能力和效率的高低将给破产案件的进程带来最直接和最重要的影响。因此，对破产管理人选任与管理体制的回头看和向前看自然是破产立法和司法改革的重中之重。

2. 异议破产债权确认程序的优化

(1) 简化破产债权确认诉讼程序。根据破产程序对效率的高度要求，应加快提高审理破产债权确认案件的速度。

第一，在诉讼程序中，应采取人民法院职权主义为主，当事人辩论主义为辅的原则，以加快审理的进程。具体而言，在人民法院裁定受理并开始审理异议当事人提起的债权确认诉讼过程中，在涉及债权人会议记录、债权登记表、破产企业运营财务报表以及经济合同等纸质或电子证据的收集时，人民法院应充分发挥职权主义，主动要求有关当事人提供相关材料，对拒不提供协助者，按照民事诉讼法有关妨害民事诉讼的规定进行处理。在此过程中，对于双方争议的债权性质、数额和范围等，人民法院应积极引导当事人在法庭上充分辩论和质证，围绕争议核心进行辩论，以提高此类案件审理的效率。

第二，简化审前程序，加速进入实质审理程序。首先，对于涉及破产债权确认诉讼过程中的文书送达，可在符合法律规定的前提下，尽量使用电子送达；其次，对于比较复杂的债权确认案件，在正式开庭审理之前，由人民法院组织庭前证据和意见交换，以保证庭审的顺利进行。

(2) 明确破产债权确认诉讼主体配置模式。针对当前实务中，我国人民法院在异议破产债权确认诉讼当事人配置不统一的情形，建议确定破产管理人在确认诉讼中的主体地位，同时根据具体诉讼情形，完善程序中无独立请求权第三人的配置。具体理由如下。

破产债权确认的相关当事人（包括债权人和债务人）对破产管理人提供的债权表记载的债权内容有异议的，可向破产管理人提出异议。当异议被驳回时，根据我国企业破产法的规定，有关当事人可以向组织本破产程序的人民法院寻求异议破产债权确认司法救济，即通过提起诉讼的方式，让人民法院进行审理，并作出最终的确认判决。债权审查和结果的登记由破产管理人这个中立的主体作出，债务人一方并没有参与，主要是针对破产管理人就债权登记表的内容提起的诉讼，所以应将破产管理人作为被告。同时，由于无论债权人和债务人中任何一方针对债权表登记内容提起确认诉讼，都关系到对方的利益平衡问题，因此参考民事诉讼法中的规定，当债权人对自己的债权内容登记提起诉讼确认时，破产管理人担任被告的同时，将债务人列为无独立请求权第三人。相反，债务人起诉时，可将有关债权人列为无独立请求权第三人。当债权人因为对其他债权人的登记有异议，而提起诉讼时，可以将该债权人和债务人都列为无独立请求权第三人参与诉讼。当债权人和债务人对同一记载内容都提起了诉讼时，每起案件都应根据自己的情况进行当事人设定，如果符合合并审理的要求，则合并审理以提高诉讼效率和节约司法资源。

(3) 扩大异议破产债权确认诉讼的受案范围。虽然我国企业破产法为对破产管理人编制的债权表登记的债权内容存在异议的当事人开辟了可提起破产债权确认诉讼的司法救济渠道，但是此种救济明显不够充分，在日后的立法中应积极拓宽异议破产债权确认诉讼的受案范围，将那些债权表中没有登记的债权也纳入可提出异议和诉讼的范围，只有这样才是符合现实需要的。

(4) 异议破产确认司法救济诉讼时效的明确化。

第一，破产管理人对债权进行审查确认时，当事人因为破产管理人未对其债权进行登记或者对登记的债权内容存在争议时，可以向破产管理人提出异议，当该异议被驳回时，当事人有权作为原告对争议的债权提起确认诉讼。当事人提出异议之后提起破产债权确认诉讼的期限不宜过长，否则就会使破产债权确认的工作久久不能结束，所以异议遭到破产管理人驳回后的1个月内提起破产债权确认诉讼比较合适。

第二，对于在第一次债权人会议核查破产债权时，对确认结果提出异议且异议被驳回需要向破产案件受理法院提起破产债权确认诉讼的情形时，应同第一条规定，仍然坚持异议前置，在异议被驳回之日起1个月之内可以提起破产债权确认诉讼。

第三，对于某些当事人确因客观情况不知道或已知道但因不可抗力因素而不能在规定的期限内依法提出破产债权异议的，应当作为特殊情况予以规定。原则上，异议当事人应在客观情况消失或不可抗力因素消灭之日起的1个月内提起破产债权异议。

(5) 加强异议破产债权确认诉讼自身的司法救济。我国法律为存在异议的破产债权确认提供司法救济的出发点是想尽可能地保障合法权利人的权益不受损害。但任何事情都有正反两面，破产债权确认诉讼在提供司法救济的同时，自身也可能为不法之人利用，比如通过虚假诉讼等方式获取法院调解书或其他生效法律文书，进而损害正当债权人或债务人的合法权益。因此，应加强因破产债权确认诉讼自身的司法救济，从立法上明确此处尽可能简化其程序的第三人撤销之诉或者审判监督程序的存在，同时加大对虚假诉讼参与人的处罚力度。

二、债权审查阶段

(一) 债权审查的基本原则

1. 债权审查的定义

破产案件债权审查是指管理人对破产案件中债权人申报债权的真实性、合法性、时效性以及性质、金额等进行审查的过程。管理人对债权的审查，是债权人会议核查以及人民法院裁定确认债权的前置程序。

2. 实质审查原则

管理人在审查债权时应当坚持实质审查原则，不仅要审查债权申报主体、债权申报材料的形式要件是否符合法律规定，还需要对债权形成的相关事实及证据、债权的性质、债权金额、债权的时效性、担保情况、是否存在欺诈、可撤销情形等内容进行实质审查。管理人可以根据审查需要通知债权人补充材料或者说明情况。

(1) 公平原则。破产案件债权审查认定应当遵循统一标准、实体与程序并重、保障实质公平。

(2) 自愿处分原则。破产案件债权审查认定债权应当在债权人申报的范围之内，不得超出债权人申报的金额和范围。

(3) 法律适用原则。破产案件债权审查认定债权适用法律、法规，应当查明效力和适用范围，遵守上位法优于下位法、特别法优于一般法的原理，优先适用企业破产法和相关司法解释。

部门规章、地方政府规章、行业监督管理机构或者具备行业监督管理职能的机构制定的规则及其他规范性文件，不违反上位法规定的，可以参照适用。

(二) 债权审查的对象和方法

1. 审查对象

管理人在审查债权人申报的债权时，应当审查申报债权是否具有执行依据。已经生效法律文书（如法院生效判决书、裁定书、调解书，仲裁机构、劳动仲裁机关生效裁决书、调解书等）确定的债权，管理人应予以确认。

经管理人审查，发现债权人据以申报债权的生效法律文书确定的债权错误，或者有证据证明债权人与债务人恶意通过诉讼、仲裁或公证机关赋予强制执行力公证文书的形式虚构债权债务的，应当依法通过审判监督程序向作出判决、裁定、调解书的人民法院或者上一级人民法院申请撤销生效法律文书，或者向受理破产申请的人民法院申请撤销或不予执行仲裁裁决、不予执行公证债权文书后，重新确定债权。

2. 审查方法

管理人可按照以下方法审查债权。

（1）为统一债权审查尺度，保障破产程序公平，在债权审查之前，管理人可以预先制定《债权审查规则》，该《债权审查规则》应当符合现有的法律、法规、司法解释、司法判例及立法精神。

（2）将债权人提交的债权申报材料与原件进行核对。

（3）证据材料保存在政府有关部门的，管理人可以向有关政府部门调查核实。

（4）对于复杂、疑难的债权，可聘请注册会计师就申报债权相关的财务资料进行审计和调查。

（5）要求债务人通过自查方式提交债权审查意见。

（6）必要时可以向债务人的法定代表人、企业管理人员、财务人员进行必要的询问，并制作询问笔录。

（7）要求债权人提供补充资料及书面说明。

（8）向债权人进行调查和询问，并制作调查或询问笔录。

（9）要求债权人与管理人、债务人进行对账。

（10）向有关部门和单位发出征询函。

（11）可以聘请相关的专业咨询机构提供有关认定债权的参考意见。

(12) 其他有利于查明债权的方法。

债务人相关人员下落不明、不反馈意见、不提交证据材料，或者财务记录不明的债权，管理人可以根据债权人申报材料和管理人依法取得的其他材料予以审查认定。

3. 债权审查举证规则

管理人对破产债权的审查不应完全依赖债权人提供的证据，管理人为审查债权有权自行调查与收集、整理证据。

(三) 债权审查的内容

1. 主体审查

在破产程序中，管理人对债权申报主体进行审查，其中的重点是确定债权申报主体是否具备适格资格。如果债权是通过债权转让等方式继受取得的，管理人还需要仔细审查债权转让协议和债权转让通知书的真实性，以及是否已对债务人产生法律效力。

这种审查是为了确保债权的合法性和有效性。管理人需要核实债权转让协议和债权转让通知书的真实性，以确认它们是由合法授权的当事人签署并按照法律程序正确执行的。这样做是为了防止虚假的债权主张或未经授权的债权转让的情况出现。

通过审查债权转让协议和债权转让通知书的真实性和法律效力，管理人能够确保仅承认真实、有效的债权主张，维护破产程序的公平性和合法性。这有助于保护债权人的权益，并确保破产财产的合理分配和清偿债务的进行。

2. 时效审查

管理人还需要审查申报债权的时效性，这包括诉讼时效和执行时效等。诉讼时效是指依法规定的向法院提起诉讼的期限，而执行时效是指债权人依法申请强制执行的期限。

在审查时效性时，管理人会仔细核对债权主张是否仍在法定的诉讼时效或执行时效范围内。如果债权已经超过了诉讼时效或执行时效，并且没有合法的时效中断或中止证据，那么这样的债权将不会被确认。

时效性审查的目的是确保诉讼和执行的合法性和有效性。法律对诉讼时效和执行时效设定了明确的期限，旨在保护债务人的权益，防止债权人无限期地追求债权。如果债权已经超过了法定的时效期限，债权人将失去通过法律手段追求债权的权利。

通过进行时效性审查，管理人能够排除已经失效的债权主张，确保破产程序中只有合法有效的债权被认可和执行。这有助于维护破产程序的公平性和法律的适用性，确保债务人和债权人的权益得到妥善处理。

3. 证据审查

管理人应当按照民事诉讼证据的相关规定对债权人的申报材料、债务人的反馈材料以及财务账册等进行审查。此外，管理人还可以获取其他证据材料，并对其进行审查。如果需要进一步的证据支持，管理人有权向人民法院申请调查取证。

在审查过程中，管理人会仔细研究债权人提交的申报材料，核对其完整性和准确性。同时，管理人也会审查债务人提供的反馈材料以及财务账册，以了解债务人的财务状况和债权主张的合法性。此外，管理人有权获取其他证据材料，如相关合同、协议、银行对账单等，以支持对债权主张的审查和确认。如果在审查过程中发现有关争议或疑点，管理人可以向法院申请调查取证，以获取更多的证据来解决疑问或证明事实。

通过审查和调查取证，管理人能够全面了解债权主张的真实性和合法性，确保在破产程序中公正地对待债权人和债务人的权益。这有助于维护程序的公平性和法律的适用性，确保债权的确认和破产财产的合理清偿。

管理人在审查证据时，还应注意以下事项。

（1）管理人对证据审查的范围包括债权人提供的证据和管理人从接管资料中获取的证据。

（2）对人民法院的判决书、调解书和仲裁机构的裁决书进行审查，主要审查判决书、裁决书是否发生法律效力，判决书、裁决书是否已经送达给债务人，债务人是否提出上诉或者申诉，债权人是否申请了强制执行，以及第三人是否提起了撤销之诉等，必要时应向法院和仲裁机构进行核实。

（3）管理人对与债权申报审查有关的全部证据，应当从各证据与申报事实的关联性、各证据之间的联系、证据的真实性、合法性等方面进行综合审查判断。

4. 事实审查

在审查债权时,管理人需根据债权人的陈述,结合已认定的证据,查明是否存在一定的法律事实,并确定该法律事实是否能够引起债权的发生。此过程中,管理人应通过查明的法律事实来确定债权的种类和性质。若管理人所查明的债权种类和性质与债权人所申报的不一致,管理人可以告知债权人进行相应的申报变更。

管理人在审查债权时,需要综合债权人的陈述和提供的相关材料,并结合其他证据进行核实。通过查明一定的法律事实,如合同的存在与履行、借款的发放与偿还、担保的设立与履行等,管理人能够确定债权是否符合法律要求,从而决定是否认可该债权的发生。此外,管理人还要对已查明的债权进行分类和确定其性质。例如,确认债权是否属于货币债权、担保债权、劳动报酬债权等,以便在破产程序中进行合理的债权排列和清偿安排。

如果在审查过程中发现债权人申报的债权种类和性质与管理人查明的不一致,管理人有责任通知债权人进行申报变更。这样做是为了确保债权申报的准确性和一致性,以维护破产程序的公正性和合法性。债权人应当按照管理人的要求及时进行申报变更,以确保其债权得到正确的认定和处理。

5. 金额审查

管理人应根据合同、判决书、裁定书等债权文书中约定或确定的债权计算依据,对构成申报债权金额的本金、利息、违约金、定金、罚息、逾期付款利息、滞纳金等进行审查。对于债权人未按照债权文书约定或确定的债权计算依据计算债权金额的情况,管理人不会确认超出债权文书约定或确定的部分。

在审查过程中,管理人应仔细核对债权人计算的本金和相关利息、违约金、罚息、滞纳金等项,并与债权文书中的约定进行比对。如果债权人计算的金额超过了债权文书的约定范围,管理人将不予确认超出部分的债权金额。此外,对于债权人在破产申请受理后产生的利息、罚息、违约金、滞纳金等金额,管理人也不会予以确认。这是因为破产程序受理日之后的债权计算主要是基于破产程序的特殊规定和处理原则,而不再考虑利息、罚息等附加费用。

如果债权申报是以外币进行的,管理人将按照破产受理日的市场汇率中间价进行折算。此外,如果债权申报的债权不是以金额计算的,管理人有权要求债权人重新申报,并按照市场价格进行计算。

通过对债权金额的审查和确认,管理人能够确保债权申报的准确性和一致性,维护破产程序的公正性和合法性,以便进行合理的债权排列和清偿安排。

6. 不属于破产债权的情形

债权人申报的下列债权不属于破产债权。

(1) 破产申请受理后,债务人欠缴款项产生的滞纳金,包括债务人未履行生效法律文书应当加倍支付的延迟利息和劳动保险金的滞纳金。

(2) 破产案件受理日以后的债务利息。

(3) 债权人参加破产程序所支出的费用。

(4) 债务人的股权、股票持有人在股权、股票上的权利。

(5) 超过诉讼时效的债权,以及超过法律规定的期限未申请强制执行的债权。

(6) 债务人开办单位对债务人未收取的管理费、承包费。

(7) 管理人或债务人在破产程序内解除合同,合同相对方申报的超出实际损失的赔偿请求或者要求返还定金的加倍部分。

(8) 政府无偿拨付给债务人的资金,但财政扶贫、科技管理等行政部门通过签订合同,按有偿使用、定期归还原则发放的款项除外。

(9) 其他依据相关法律法规不属于破产债权的债权。

第五节　催收欠款

一、催收数额的确定

管理人在向次债务人清收债务人债权时,先要确定次债务人及债务人的债权金额。可以从以下两个方面确认次债务人及债务人的债权金额。

(一) 向债务人的有关人员询问

企业破产法第15条规定,自人民法院受理破产申请的裁定送达债务人之日起至破产程序终结之日，债务人的有关人员承担这些义务：根据人民法院、管理人的要求进行工作，并如实回答询问。债务人的主要负责人或者财务人员、销售人员对债务人的债权情况最为清楚，管理人在履职过程中，对熟知债务人债权情况的人员做询问笔录，并根据询问笔录收集证据，确定次债务人及债权金额。

(二) 聘请会计师事务所对债务人企业进行审计

对于财务账簿健全的债务人，管理人可以聘任会计师事务所对债务人进行应收账款审计，根据审计报告，落实每笔债权相对应的证据资料，分析判断是否具备债权形成的形式要件。对于财务账簿不全的债务人或者无产可破的债务人，在召开第一次债权人会议时，由债权人会议表决是否对债务人进行审计，债权人同意不对债务人进行审计的，管理人可不进行审计；若债权人决议要求对债务人进行审计而债务人已无产可破，无法支付破产费用的，审计费用由各债权人按照债权比例承担。在确定次债务人及债务人的债权金额后，管理人编制对外债权清收统计表，由管理人成员分工进行清收。

二、催收文书写作

催收函，即对于管理人能够取得联系的次债务人，可直接向次债务人发出书面通知，要求次债务人于限定的时间内清偿债务。若次债务人向管理人履行清偿义务，则管理人的该项债权追索职责即为履行完成。若次债务人对债权债务关系有异议的，应当在收到通知后的异议期间内向管理人提出，异议是否成立由管理人审查决定。

三、如何判断是否要诉讼催收

企业破产法规定，管理人应履行管理和处分债务人财产的职责。《最高人民法院〈关于审理企业破产案件若干问题的规定〉》规定，债权人通过债权人会议或者债权人委员会，要求管理人依法向次债务人、债务人的出资人等追收债务人财产。管理人无正当理由拒绝追收，债权人会议依据企业破产法第22条的规定，申请人民法院更换管理人的，人民法院应予支持。

另外，清算组应当向破产企业的债务人和财产持有人发出书面通知，要求债务人和财产持有人于限定的时间向清算组清偿债务或者交付财产；破产企业的债务人和财产持有人有异议的，应当在收到通知后的7日内提出，由人民法院作出裁定。破产企业的债务人和财产持有人在收到通知后既不向清算组清偿债务或者交付财产，又没有正当理由不在规定的异议期内提出异议的，由清算组向人民法院提出申请，经人民法院裁定后强制执行。该规定在未经诉讼程序确认债务人债权的情况下直接裁定强制执行，在实务中已不适用。

根据清收通知的回复情况，管理人要进一步确定是否需要通过诉讼程序清收。次债务人在收到通知后，既不向管理人清偿债务，又无正当理由未在规定的异议期内提出异议的，由管理人向法院提起债务清偿的诉讼。管理人决定采用诉讼方式清收时，应当考虑以下因素。

（一）诉讼时效

《最高人民法院关于适用〈中华人民共和国企业破产法〉若干问题的规定（二）》第19条规定，债务人对外享有债权的诉讼时效，自人民法院受理破产申请之日起中断。债务人无正当理由未对其到期债权及时行使权利，导致其对外债权在破产申请受理前一年内超过诉讼时效期间的，人民法院受理破产申请之日起重新计算上述债权的诉讼时效期间。对于诉讼清收的债权，管理人应依据该条规定核实清收债权是否在诉讼时效内。

（二）债权金额

债权金额较大的债权，直接影响债权人在后期财产分配阶段的受偿率，管理人应重点调查这类债权的具体情况，获取相关证据，结合其他情况制订具体追收方案。若债权金额微小但债权诉讼成本较高，则不适宜通过诉讼途径追收，管理人应当在债权人大会向债权人报告。

（三）债权的证据

管理人在接管债务人财产后，可以依据审计报告，深入调查每笔债权相关财务凭证中的合同、转账凭证等证据文件，对于证据充分的债权，管理人可直接提起诉讼；对于证据明显不足且诉讼成本又高的债权，管理人应当向债权人会议报告，由债权人会议决定是否诉讼。

(四) 次债务人的偿债能力

次债务人的偿债能力，关系到未来执行中是否具有执行回款的可能性。管理人可以通过公开信息渠道调查次债务人的相关财产信息，如通过相关工商信息网站调查次债务人的对外投资情况、涉诉情况、执行案件情况，了解次债务人是否有不能履行债务的案件记录等。

在综合判断以上因素后，若管理人认为次债务人的债权证据较为充分，且未过诉讼时效，次债务人不具备偿债能力方面的消极因素时，管理人可依法直接采取诉讼途径追收，积极行使管理人对债务人财产的追索权。

第六节　债权人会议

一、破产债权人会议制度的概述

(一) 债权人会议的含义

债权人会议的存在是为了确保债权人能够有效参与破产程序。由于破产程序中不同国家的债权人会议职能不一、与其他组织的关系不尽相同，因此各国对债权人会议的立法纷繁复杂，世界各国对于债权人会议的界定尚不一致。我国对债权人会议的界定是全体债权人参与破产程序进行权利自治的临时议事机构。债权人会议的主要职能是在破产程序中作出决议推动破产程序的进行以及对破产管理人进行监督，它的权利界限和行使方法受到法律的直接限制。

从参与主体的角度分析，在整个破产程序进行的过程中，债权人会议只是一个自治组织，不具备单独作为民事权利主体的资格。债权人会议是为了反映全体债权人的共同利益而设立的组织，对内通过少数服从多数的方式作出决议推动破产程序有序进行；对外负责协调债权人与破产程序的其他参与主体，如破产人、破产管理人和人民法院等之间的关系，组织交涉讨论对策。而一旦脱离了破产程序，债权人会议和其他主体之间就不存在法律关系。虽然债权人会议在破产程序中是依法必须存在的，但它只是一个临时的组织,并非长期存在。同时,债权人会议虽然能够依法作出决议,但它本身并不具备执行力,作出的决议最终要交由破产管理人来执行。

从影响范围的角度分析,债权人会议既可以狭义静态地被定义成为一个由全体债权人组成的程序组织,也可以被广义动态地看成破产程序中的一个由多主体参加的集合性程序活动。无论着眼于哪个方面,债权人会议都有对内和对外两个作用。虽然对概念的不同解读反映了学者的不同观点,但对债权人会议具体所指对象并不存在特别大的争议。

(二) 债权人会议的意义

1. 有利于破产程序高效科学地开展

原本各债权人之间并没有什么联系,但破产企业使他们存在了共同的利益,每个债权人都清楚,企业一旦破产,那么追索全部债权的可能性微乎其微,但希望能得到清偿的态度是不变的。正是由于存在破产债权人会议制度,破产债权人才能被最广泛地召集起来,得出一个相对来说更容易被全体债权人共同接受的决议,使债权人的意志得以更充分的表达,才能参与到破产程序中重要事项的表决,更有效地行使债权人的合法权利。破产债权人还可以通过债权人会议制度影响甚至决定整个破产程序的进程。破产债权人会议的性质应是对内协调各主体的关系,进行统一的意思表示的临时机构;对外帮助最广泛的债权人主体参与进破产程序,作出决议、与其他主体发生法律关系并对他们加以监督的有机整体。同时设立债权人会议,还能够起到预防破产程序中部分债权人不合法、不规范行为的作用,从而保障全体债权人的合法利益不被损害,为破产程序的顺利推进保驾护航。

2. 有利于平衡破产程序中各个参与主体之间的利益冲突

在破产程序中召开债权人会议可以总结全体债权人的意见,作出一个大家都能接受的决议,维持各主体之间的利益平衡,减轻各主体对破产工作的阻碍,推动破产工作高效合理地运作,以期经过破产程序后各主体的利益诉求都能得到最大限度的满足。同时能够对破产程序中的工作进行监督,通过监督破产管理人和清算组的行动,最大限度保护全体债权人的权益。破产程序进行得好坏能够决定债权人获得的受偿比例,而债权人能够得到的清偿比例直接反映了债权人的利益在破产程序中是否真正得到了保护。设置债权人会议还能大大提高破产程序的工作效率，破产程序中的工作效率越高，债务人财产的贬损程度越低，债权人能够获得的受偿份额也就越大。

3. 设立债权人会议，能够通过提高效率来确保诉讼经济原则的实现

在破产程序中，虽然对外可以将所有债权人看成一个整体，与债务人存在着债务关系，但是对内，各债权人的利益需求却是各不相同的。鉴于破产企业资不抵债的状况，债权人基本都不可能收回全部的债权。债权人之间的反损益关系状态势必会展现出来，这种关系一定会引发债权人内部的利益矛盾。虽然这种矛盾并不会影响债权人对外的一致性，而一旦放任这种矛盾的发展还是会在一定程度上影响破产程序的有序推进。债权人会议正是在这种条件下应运而生，它能通过收集展现全体债权人共同需求的方式来更好地满足全体债权人的利益要求，同时也是民主集中制原则在我国立法中的一种体现。

(三) 债权人会议的性质

学术界对关于债权人会议的性质众说纷纭，但归纳起来主要有以下学说：认为债权人在宣告破产后构成强制、自动的法人组织的法人说；主张全体债权人都是债权人会议的成员且处于平等地位的自治团体说；着眼于债权人之间共同利益存在的团体机构说；认为债权人会议是被人民法院召集才成立的事实组织的临时机构说；受公司法影响把债权人会议同股东大会作类比的最高权力机关说。这些学说从不同角度出发，各有其存在的道理。

债权人会议的性质应该是自治团体说、团体机构说和临时机构说的结合。从宏观的角度分析，根据债权人内部工作方式和对外法律关系，从它的设立意义、设置作用、职权功能的角度出发，结合我国实际情况，客观地、理性地加以分析。从全体债权人内部考虑，债权人会议是一个协调内部各主体的关系，进行统一的意思表示的自治团体；从整个破产程序的角度分析，债权人会议则是一个能使最广泛的债权人主体参与进破产程序中，作出决议并对其他主体发生法律关系并加以监督的团体机构；与此同时也不能忽视债权人会议组织存在的临时性，它并不是作为一个实体真正贯穿于整个破产程序。

(四) 债权人会议与相关主体间的关系

1. 债权人会议与债务人

我国企业破产法第 61 条规定了债权人会议拥有决定债务人是否继续营业决定，是否通过债务人财产的管理方案、变价方案和分配方案等职权。从经济学角度看，在一般情况下企业的所有权、控制权和剩余索取权被企业股东所享有，这时无须动用剩余索取权，职工工资就可以如期发放，债权人的债权也乐意按照约定的时间和数额清偿。但如果进入了破产程序，破产企业的财产实际就由全体债权人所有，通过召开债权人会议作出决议的方式决定如何处分，此时破产企业的实际控制权收归债权人所有，可以参与决定企业是不是可以继续经营存续下去，以及以什么样的方式继续经营。

债权人会议还可以取代债务人的股东会和股东大会，作为企业的决策机构来决定破产企业重大事项。比如企业破产法第 15 条规定了在整个破产程序中，债务人必须列席债权人会议并承担如实回答债权人的询问的义务。由此可见在破产程序中，债权人会议是可以取代原破产公司的法定代表人的法律地位就破产公司的具体事项作出有效决策的。

2. 债权人会议与人民法院

破产程序的法律属性影响决定了法官在破产程序中的作用，只有先研究法官在整个破产程序中的作用，才能了解债权人会议和人民法院间的关系。由于破产程序具有以下特征：首先，缺乏原告和被告这两个诉讼主体；其次，破产程序中只存在债权异议和债权不明的争议，而程序本身并不处理诉讼争议，只解决债权人之间能否公平合理地受偿的问题；最后，人民法院在破产程序中的作用与一般民事程序中的作用不尽相同，在破产程序中人民法院通常只作出裁定和决定，制作裁定书和决定书，而很少作出生效判决。因此，通常将破产程序归入非诉讼程序。

正是由于破产程序是一项非诉讼程序，人民法院在破产程序中就不应占据主要地位，应该只起到一个监督指导的作用，主要由债权人会议和破产管理人主导推进破产程序的进行，决定如何处理破产相关事务。只有在债权人会议的决议存在错误和破产管理人的行动需要被规范时，法院才能站出来帮助他们回到正确的轨道上，以保障破产程序合法、合理地推进，作出的决议被科学、高效地执行。根据企业破产法第70条的规定，债权人、债务人以及出资人，能够在人民法院受理破产申请后、宣告债务人破产前，直接向人民法院提出申请，要求对企业进行重整。

3. 债权人会议与破产管理人

在破产程序中，债权人会议实际享有债务人财产的处分权，破产管理人拥有的则是破产事务的具体执行权。从表面来看，债权人会议作出的决议实际上由破产管理人执行，形成了一种代理与被代理的关系。但是，债权人的利益实际上由破产管理人来实现，破产管理人拥有处理破产清算事务的权利，债权人的撤销权和抵销权等权利也由破产管理人实际行使，而清算结果却是由全体债权人来实际承担。因此，简单地将破产管理人与债权人会议之间的关系定性为代理与被代理关系是不准确的。

我国破产法将债权人会议与破产管理人之间的关系规定为监督与被监督关系。首先，债权人会议并非直接拥有破产财产的管理权和处分权，因此也就不能将本不属于它的权利授权给破产管理人，破产管理人对破产财产的管理权和处分权是由法律明确规定的；其次，破产管理人在执行其职权时具有一定的公法性，它必须抱持着中立的立场，公平地为债务人、债权人、破产企业职工、取回权人等主体的利益作考量，从宏观的角度保障国家的利益。因此，债权人会议与破产管理人之间是一种监督与被监督的关系。

二、完善我国债权人会议制度的策略

"自债权人委员会制度引入我国破产法以来，有关该制度的规定内容较为概括与模糊，存在法律地位不明、与破产程序其他参与主体间协调机制模糊、重整程序应履行的相关职权缺失以及工作经费等相关费用缺乏规定等不足及需要完善之处，导致债权人委员会制度未能充分发挥其维护债权人集体利益、降低破产程序成本及维护破产程序公平公正的制度价值，一定程度上影响了破产法应有功效的发挥。"[1]

---

[1] 许胜锋.我国破产程序中债权人委员会制度的不足与完善[J].中国政法大学学报，2018，67(05)：110.

(一) 完善债权人会议的召开方式

我国经济已经转向了高质量发展阶段。随着我国市场经济的发展，破产案件也逐渐变得更加复杂。案件涉及债权数额巨大，债权人数量多，已经成为破产案件中普遍存在的问题。而且实体债权人会议的召开流程本就烦琐，即使再加以细化也很难满足大数据时代的经济发展。我国目前只在企业破产法司法解释（三）第11条中明确规定了网络投票的表决方式，因此完善债权人会议召开方式的一个较为行之有效的办法是在破产法司法解释中，明确引入网络债权人会议这种召开方式。

1. 网络债权人会议的优势

（1）网络债权人会议是有法理依据的。根据最高人民法院《关于企业破产案件信息公开的规定（试行）》第11条规定：人民法院、破产管理人可以在重整信息网召集债权人会议并表决有关事项，网上投票形成的表决结果与现场投票形成的表决结果具有同等法律效力。这使得网络债权人会议的开展成为一个合法行为。

（2）组织会议的成本大幅降低。从费用成本看，现场会议租用场地、设置安保、维持后勤保障等需要支付数额不小的费用；按照企业破产法的规定，债权人会议所需费用应被归入破产费用中，从债务人财产中收取，这就使得本就不足额的债务人财产进一步减少，从而影响全体债权人的利益；从时间成本出发，网络会议则能够有效回避地址错误、邮寄费时等风险，债权人使用账号密码即可参与会议，身处异地的债权人也不用亲赴现场；网络直播、电子计票等环节还能够节省会务费用以及时间成本。

（3）网络会议可以有效减轻组织压力。在网络会议模式下，广大债权人无须现场参会，会务组织方仅需在会前做好网络技术准备。现场组织简便易行，有效避免了现场签到、秩序维护等问题，大大减轻了组织方的会务压力。在债权人会议参会人数多，需要表决的议程多，且耗时长的情形下，采取网络会议方式，统票计票工作由系统自动统计完成，并全程留痕，不可更改，可以确保计票准确、快捷、合法、公正，确保债权人会议的各项议程能够被圆满地完成，从而顺利推进破产重整工作的进程。

（4）提高会议出席率。网上参会打破了地理位置和距离的局限，债权人可在指定时间在网络环境下登录会议网址进行参会，而不必前往会场，只需一台计算机或智能手机在网络环境下登录会议网址进行参会，无论身处何地，足不出户即可参会，不必为出席会议支付任何费用，节约了债权人参会时间与资金成本，也能够最大限度地覆盖广大债权人，提高参会率。

（5）可以实现充分保障债权人程序参与权的目的。债权人可以通过同步直播、文档下载的方式听取报告并查阅文件资料，可以通过网络投票的方式及时表达自身诉求并行使权利。相比于现场会议和书面会议，债权人的程序参与权可以得到更直接有效的保障。投票关系到每一位债权人的切身利益，网络债权人会议会提前公示管理人拟订的重整计划草案等会议文件，债权人可以下载打印阅读或在网上直接阅读，有更多时间独立思考和决策；解决了现场会议因为时间仓促，且容易受其他债权人的影响，难以独立思考、独立投票的困难。

网络会议方式对计算机和网络技术条件有一定要求，仅靠人民法院或管理人团队尚达不到，因此需要聘请专门的技术机构或人员进行辅助支持，如委托网络技术部门提供技术支持。一般委托破产信息网技术支持服务部门，技术支持内容包括：设置登录账户密码、编写计票程序、现场会议直播上传、网络会议全程维护等。

2. 网络债权人会议的理论基础

网络债权人会议是指依托由最高人民法院建立的"全国企业破产重整案件信息网"，采取网上签到、数据直播、电子投票表决的方式通过数据手段召开债权人会议。由于归属最高人民法院的官方平台，网络债权人会议的权威性就有了保障，其已经开始被各地的破产企业债权人所认可，成为许多破产案件中召开债权人会议时会特别考虑的举行方式。网络债权人会议与传统的债权人会议相比，更有助于各个债权人之间的独立思考、独立投票，而且成本更加低廉、更加高效，也更有安全保障。投票、表决等活动都是每个债权人可以个别行使的民事权利。如果一个债权人表示不参加网络债权人会议、不进行网络投票表决，那只能代表放弃个人的权利，并不能对整个网络债权人会议或者其他债权人依法参会、作出投票表决的权利造成影响，但网络债权人会议所作出的表决依然会对全体债权人造成影响。

债权人会议是一个临时机构，从全体债权人内部考虑，债权人会议要协调内部各主体的关系，进行统一的意思表示；从整个破产程序的角度分析，则要使最广泛的债权人主体参与进破产程序，作出决议并对其他主体发生法律关系并加以监督，因此在整个破产程序中的作用是不容小觑的。

(二) 完善债权人委员会的制度

1. 明确处罚权

债权人委员会作为一个日常监督机构，要切实有效地行使监督权，就要为监督权设立相应的保障机制，也就是给予债权人委员会对监督过程中发现的不规范现象一定的处罚权力。例如，可以通过司法解释等手段将一部分处罚权力明确给予债权人委员会。这样一来不仅能够使破产管理人对债权人委员会有所忌惮，更加尊重债权人委员会监督权的行使，让其认识到如果它不接受债权人委员会的监督，并且无法给出相应的合理理由时，就要承担相应的法律责任，受到管理权限或经济层面的处罚；而且通过给予债权人委员会明确的处罚权，可以更好地保障监督权的行使，处罚权作为监督权的后续关联权力，它们在整个破产程序中的作用是相辅相成的，这样在债权人委员会行使其监督权时破产管理人就会有所忌惮和收敛，从而达到保障全体债权人合法权益的目的。

处罚权的具体内容可以包括但不限于：债权人委员会可以自行更换破产管理人或者申请法院对其进行解职后重新任命；针对有问题的破产管理人主要负责人，债权人委员会可以不经过债权人会议直接申请法院进行一定的警告或者对其处以罚款等措施。

2. 完善人员构成

根据我国破产法的相关规定，债权人委员会的组成人员基本被限制在债权人代表、职工代表和工会代表这三种类型当中。但是在整个破产程序中，尤其是破产财产的管理处分等工作中存在许多法律、经济、管理等方面的专业问题，由于绝大多数债权人自身在处理破产案件方面并不具备专业素质，也没有熟练掌握与破产案件相关的必要知识与技能，因此在管理人实施监督权的时候，债权人委员会可能会对一些做法表示难以理解甚至完全不能接受，这很有可能导致破产程序难以推进，破产财产被进一步浪费，最终受到侵害的还是债权人本身的利益。

可以借鉴《美国破产法》中的相关规定：在选任债权人委员会成员时适当引入具有相关专业知识的人，比如律师、审计师等，使其运用所掌握的专业知识和技术完善债权人委员会的职能，由律师对法律程序进行审核或是会计师对清算程序进行监督。这些专业人才应该是与破产程序中的任何一方主体之间都不存在利益牵连的，这样才能保证他们全程站在一个公正中立的立场监督参与破产程序，从而展现破产程序的公正效率价值。

3. 完善职权职能

债权人委员会是在债权人会议闭会期间监督破产程序有序进行的常设机构，它的职能是进一步保护债权人的合法利益不受侵害。但司法实践中债权人委员会实际拥有的积极权利只有听取破产管理人报告的权利。破产管理人在尽到报告义务的同时还应向债权人委员会说明采取这种处理方式的目的、意义、行为根据和结果可能性；债权人委员会应当在必要时代替债权人会议对破产管理人进行合理合法的监督，二者协调合作才能形成一个完整的债权人自治体系。同时也应更注重债权人委员会的咨询职能，债权人委员会作为一个常设机构，相对于债权人会议来说更加了解破产程序的整个过程，掌握着更多关于破产程序的信息。因此，需要更加重视债权人委员会的提议，在其认为有必要再一次召开债权人会议时应当听取其建议，在会上也应认真考虑债权人委员会提出的各项观点。

还可以参考《美国破产法》中的规定：设立由债权人和股权持有人组成的法定委员会；债权人委员会有权调查债务人的财务状况，包括资产和发债；有权监督债务人在破产程序中的行为；核实债务人的经营状况；知晓其他与破产程序有关的事项的权利；还有权参与制订和执行破产重整计划。借鉴其先进经验，可以通过司法解释的手段对债权人委员会的职权进行增补，赋予债权人委员会制订计划的建议权、增加债权人委员会的监督职权，使得债权人委员会在破产程序中的地位更加清晰、职权更加明确，不再仅仅作为债权人会议的一部分，而是在破产程序中作为常设机构来更有效地发挥作用。

4. 明确与其他主体间的关系

债权人委员会在运作过程中，不可避免地涉及其与债权人会议及管理人等主体之间的法律关系问题，只有厘清债权人委员会与这些主体之间的法律关系，才能更好地理解债权人委员会的定位，债权人委员会制度才能更好地发挥作用。笔者认为三者在实行各自的监督权利时应当做到"由浅入深，循序渐进"。

我国的破产程序监督机制参考了世界其他各国对破产监督人的设置，构建的是一个崭新的、具有我国特色的，由债权人委员会作为主要监督机构，债权人会议和人民法院对其工作进行辅助的破产程序监督主体机制。在设立这套机制之前，由于债权人会议并非一个常设机构，一直由人民法院对破产程序的开展进行监督，虽然公正性能够得到有效保障，但人民法院本身是一个审判机构，对于破产程序中烦琐复杂的各种事务，人民法院不可能做到面面俱到的监督。

债权人委员会作为债权人会议的常设机构同时也是破产程序中的一个重要的监督机构，应该负责日常状态下破产程序的监督工作。只有在债权人委员会发现问题确实重大，债权人委员会依其职责已经无法对问题作出有效应对处理的时候，才能申请再一次召开全体债权人会议，由监督职能更强大、更全面的债权人会议来展开监督。但当问题不仅关乎债权人的重要利益，甚至会影响到整个破产案件的进程的时候，则应该由人民法院这一破产程序中具有强权性质的监督主体来对其进行监督。破产程序中各种法律行为关乎参与破产程序的各个主体的方方面面，所以管理人在进行破产法律行为时应当尤为谨慎。

（三）完善债权人会议决议、异议救济机制

1. 完善决议机制

要明确区分管理人、债权人会议和人民法院这些主体的定位，只有了解区分了他们各自的职能，才可以准确要求他们各司其职，从而达到企业破产法立法之初所要达成的目标：首先，在面对关系到债权人财产分配的事项时，必须明确债权人会议在破产程序中起着主导作用，管理人实质上是执行债权人会议作出决议的主体，人民法院不应当主动干涉债权人会议的决议；其次，对于债权人会议不能作出决策的问题，应当退而求其次，依靠管理人来制订解决方案；再次，对于有关管理人利益的问题，鉴于管理人和债权人会议之间的立场相对，可以由人民法院作出中立裁判；最后，对于有关公共利益的问题，也应交给人民法院作出裁判。

要明确债权人会议能解决的问题先由债权人会议内部解决，充分体现债权人会议的自治性，无论是破产管理人还是人民法院都不能过多干涉；债权人会议不能解决的问题再由人民法院或管理人给出建议，保障破产程序的科学合理开展。或者考虑借鉴《美国破产法》中的"任意性分组方式"。这种方式更加灵活公平，能确保同组中所有债权人都享有同等的权利，以此为前提，不同的表决组可能会形成不同的意见。这种方法在形成最终决议上可能会产生一些阻碍，但是更有利于种类不同、持有债权不一的各种债权人的意见都能被听取，诉求都会被考虑，使得债权人会议的决议更容易被全体债权人认可，也更有利于保护中小债权人的利益。

2. 完善异议救济机制

债权人会议的决议具有普遍约束力，其决议效果是遍及全体债权人的。虽然债权人会议的职责是维护全体债权人的合法利益，但是要让债权人会议的决议达到使每一个债权人都满意的标准也是基本不可能实现的，如果债权人会议的决议侵害到了个别债权人的合法利益，则应该为他们提供相应的救济机制和手段。企业破产法第64条规定，如果债权人会议的决议违反法律规定，侵害了债权人的利益，相关债权人可以在决议作出之日起15日内向人民法院提出要求变更该决议的申请。

但是在司法实践中为了让这种救济机制变得更加明确并且易于操作，可以通过法律或者司法解释的方式制定相应的程序，对决议存在异议的相关债权人要先在规定期限内以书面的形式阐明根据和理由，提出要求人民法院撤销决议的申请。人民法院在审查了债权人提出的请求后，认为债权人的申请合理，能够证明决议确实侵犯了其利益的，应当裁定撤销有异议的决议，并责令债权人会议在规定期限内依法作出新的合理决议，如果申请理由不能成立、无法证明决议确实存在问题的，则裁定驳回。由于破产程序中债权人数众多，情况复杂，一个决议可能同时关乎数个债权人的利益，因此可以同时参考我国民事诉讼法中的规定，撤销裁定也对受到相同侵害的债权人产生效力，既可保障债权人的合法权益，又可节省司法资源。此外，还可以借鉴英美法系中的听证会制度，在作出决议后，债权人存在异议的，人民法院可以组织或利害关系人自行申请召开听证会，由有异议的主体向人民法院说明意见，由专业人士给出建议，更有助于债权人行使自己的权利。

三、债权人会议流程

(一) 筹备阶段

1. 会议前筹备

第一次债权人会议由人民法院召集。管理人应当向人民法院推荐债权人会议主席的人选，并就债权人会议主席人选的情况和推荐的理由作出说明。每次债权人会议召开之前，管理人都应当协助人民法院筹备债权人会议并及时向人民法院提交翔实、完善的债权人会议资料。

2. 大规模债权人会议的维稳工作

坚持在当地党委的领导下，努力配合政府做好企业破产案件中的维稳工作，为构建和谐社会提供司法保障。债务人进入破产程序后，因涉及债权人、债务人、出资人、企业职工等众多当事人的利益，各方矛盾极为集中和突出，一旦处理不当，极易引发群体性、突发性事件，从而影响社会稳定。

人民法院审理企业破产案件，一定要坚持在当地党委的领导下，充分发挥地方政府建立的风险预警机制、联动机制、资金保障机制等协调机制的作用，努力配合政府做好企业破产案件中的维稳工作。对于职工欠薪和就业问题突出、债权人矛盾激化、债务人弃企逃债等敏感类破产案件，要及时向当地党委汇报，并争取政府的支持。在政府协调下，加强与相关部门的沟通、配合，及时采取有力措施，积极疏导并化解各种矛盾纠纷，避免哄抢企业财产、职工集体上访的情况发生，将不稳定因素消除在萌芽状态。有条件的地方，可通过政府设立的维稳基金或鼓励第三方垫款等方式，优先解决破产企业职工的安置问题，政府或第三方就劳动债权的垫款，可以在破产程序中按照职工债权的受偿顺序优先获得清偿。

3. 债权人代表的选定

由于债权人代表的职务主要是对破产程序进行监督，维护债权人合法利益，因此实践中选任债权人代表的标准通常较为严格，一般符合这些条件更容易获得债权人会议的认可：① 能够代表特定类型的债权或者特定身份的债权人；② 行使职权较为便利(如与破产企业在同一地点)；③ 有履行职务的能力和条件；④ 有为债权人服务的意愿；⑤ 债权数额较大；⑥ 与债务人没有利益冲突。具体包括以下内容。

（1）债权已经确认，拥有代表权。

（2）兼顾各类型债权或债权人。由于债权人委员会设置的目的是能够更好地监督管理人工作、在债权人会议闭会期间履行债权人会议委托的职权，这就需要债权人委员会中尽量涵盖来自各个债权类型的代表，以保证其所代表的债权类别有表达诉求及行使监督职责的机会。

除根据债权类型划分之外，实践中亦有根据债权人身份进行划分的情况，如根据债权人的具体构成情况分配名额，涵盖了抵押权人、国有企业、非国有企业、特殊行业、国家税务等行政部门等，使债权人代表具有广泛的代表意义。特别应当注意的是，破产程序中担保债权和普通债权之间存在权利冲突。因此，债权人代表的选择应注重对上述两种权利冲突的调和。

（3）为债权人服务的意愿和意识。债权人代表应当自愿履行相应职务。为确定各债权人的意愿，可通过自我推荐和相互推荐并认可的方式确认各界别的候选人。

（4）地域因素（便利性）。一般而言，住所在人民法院所在地的债权人履职具有天然的便利性，但如果地域的分配不均衡，可能会导致外地债权人认为人民法院对当地企业进行地方保护，因此，应当考虑外地债权人的诉求，尽可能将候选人均匀分配。

（5）有履行职务的条件和能力。

（6）与债务人没有特定利益冲突。债权人代表在履行职责时，可能接触到有关债务人的商业秘密信息，而这些信息一旦泄露给竞争对手，将对破产财产不利，特别是债务人有继续营业行为的更要注意。为了保证债务人商业秘密不被泄露，在选择债权人代表时需要考虑保密原则，或通过签订保密协议予以避免。

（二）债权人代表的选任程序

第一，告知债权人代表是一个什么性质的机构、有哪些职权范围，让广大债权人了解债权人代表有什么权利和职责，以便结合自身的具体情况作出是否参选债权人的决定。

第二，可以采取管理人推荐和债权人推荐（自荐、他荐）结合的方式，确定债权人代表候选人。或者由债权人推荐，管理人确定候选人名单。管理人应当保证各个类型的债权都有差额候选人。

第三，由候选人就是否符合选任标准进行说明或者陈述，交由债权人会议最终表决。选举的债权人委员会成员名单经债权人会议选任通过后，由债权人会议主席提请人民法院书面决定认可。

(三) 债权人会议主席的选定

1. 法律解读

关于债权人会议主席的职权，企业破产法第59、60条、62条，《最高人民法院〈关于审理企业破产案件若干问题的规定〉》第46条的规定，主要包含这些内容：第一，应人民法院、管理人、债权人委员会等主体的要求召开债权人会议；第二，负责主持债权人会议，以及主持债权人会议过程中的程序性事项；第三，负责就债权人会议召开事项与法院、管理人、债权人沟通。

关于主席的选任，企业破产法第60条规定：债权人会议设主席一人，由人民法院从有表决权的债权人中指定。债权人会议主席将主持债权人会议。根据本条，破产案件中的债权人会议主席产生方法是由人民法院依职权指定，排除了债权人在这一问题上的异议权。人民法院指定债权人会议主席的法定标准只有一个，即有表决权的债权人。许多地方性指引均规定由管理人向人民法院推荐并说明推荐理由，实践中通常认为管理人可以向人民法院推荐债权人会议主席人选，但需说明推荐理由。

2. 债权人会议主席的选任标准

根据债权人会议主席的决定权归属以及其职权，可以看出当前法律明确规定的选任标准仅有一项，即该债权人必须有表决权。至于法院最终会从符合法定标准的债权人中选择何人作为债权人会议主席人选，一定程度上取决于管理人的推荐。

法律没有明确规定债权人会议主席必须由所占债权份额来确定。在实践过程中，债权人会议主席多由债权份额最大的债权人担任，或者综合考虑债权人各方面的条件由最适合的债权人担任。

债权人会议主席从事的工作大多为程序性事项，通常认为具备下列条件，更为适合担任债权人会议主席：①债权人会议主席具有一定管理、财务或者法律知识；②有较强组织、沟通能力；③愿意为全体债权人承担公益性工作；④召集主持债权人会议较为方便；⑤能够持续稳定地履职。

3. 选任程序

详见债权人代表的选任程序，但不需要交由债权人会议决策。经推荐环节和筛选环节后，由管理人确定等额或差额候选人交由人民法院决定。

4. 债权人会议文件及注意事项

第一次债权人会议准备的资料主要包括：①会议议程、会场纪律；②债权人签到表、会议笔录签名表；③管理人工作报告；④债权审核原则、债权初步审核表；⑤债务人财产管理方案财产变价方案；⑥管理人报酬方案；⑦表决票、债权核查单、询问单。

第一次债权人会议后，管理人可以依据工作进展情况和需要，向人民法院再次书面提议召开债权人会议。管理人提议召开债权人会议的，应当向人民法院说明提议召开债权人会议的时间、地点和讨论议题等。

管理人执行职务，应当接受债权人会议和债权人委员会的监督。管理人应当列席债权人会议，向债权人会议报告职务执行情况，回答债权人会议成员的询问。债权人会议、债权人委员会要求管理人对其职权范围内的事务作出说明或者提交有关文件的，管理人应当执行。

5. 现场会议的注意事项

债权人会议无论是否由管理人提议召开，均由管理人通知。管理人应当将债权人会议召开的时间、地点、讨论议题等，提前15天通知全体债权人。与债权人行使表决权有关的会议资料至少在会议召开3日前发放给债权人。会议通知可以采取邮寄、传真、电子信件、当面送达等安全有效的方式。管理人应当保留相关的会议通知记录。

6. 网络会议的注意事项

网络会议表决存在的合理性和合法性。

(1) 合理性。对于债权人人数众多且无法现场参加会议或无须参与现场会议又不想丧失表决权的情形，采取通信方式表决既保护了法定赋予债权人的表决权，又有效节省了债权人的时间和路程成本，具有现实的合理性。

(2) 合法性。企业破产法司法解释（三）第11条第1款规定，债权人会议的决议除现场表决外，可以由管理人事先将相关决议事项告知债权人，采用通信、网络投票等非现场方式进行表决。采取非现场方式进行表决的，管理人应当在债权人会议召开后的3日内，以信函、电子邮件、公告等方式将表决结果告知参与表决的债权人。

第一，不设会场前提下，仅采用网络会议表决须取得债权人会议同意。参加债权人会议是债权人的合法权益，在不损害其他人利益的前提下，债权人可以决定是否参会。同理，如果债权人会议通过了后续债权人会议采用通信方式表决形成决议的形式，那么采用通信方式表决就应当是有效的。

第二，会场充分的前提下，采用网络会议表决作为补充会场，指的是债权人主观上有选择是否参与会议（可为现场会议或网络会议）的权利，如主观上选择不参与会议的，其仍可选择采用通信方式进行表决表达其意志；而不是被动地只能接受某种参会方式没有替选方案，如无法参加的，即丧失了应有的参会权；无论现场会议还是网络会议，均可保证债权人破产程序的参会权。此种情况下，通信方式表决作为补充表决手段，提升了债权人会议出席率，极大程度上为更多的债权人表达自己的意志提供了便利。

第七节　破产清算的控制活动分析

一、公司破产前审计

"公司破产清算审计是对处于非持续经营状态的公司进行的专项审计，与普通的审计业务相比具有较强的复杂性和特殊性。"[1] 属于国有企业的公司欲申请破产时，应该向上级相关部门主动提交书面申请材料，只有在上级部门了解了具体情况、核实了上报资料、最终认同许可的情况下，待其主管部门同意公司破产意向之后，方可向法院提交申请破产。公司需要在申请破产前聘请注册会计师完成一次破产前审计。此次审计针对的是公司申请破产日的财务报表，主要考察公司的财务状况，查明是否存在资不抵债等公司财务状况明显恶化的事项。法院通过查阅公司上报的各项资料，来判断该公司是否符合公司破产立案的条件和标准。人民法院首先要对公司的实际状况进行

---

[1] 王继晨.企业破产清算审计实践探讨[J].中国乡镇企业会计，2020(10)：160-162.

调查，获得相应的支撑依据；其次进行全方位、多角度的分析并依照公司破产的标准来检验上报的材料。

非国有公司的破产清算中，公司管理层需要召集持有公司股份的相关人员并召开股东大会，共同决定是否提起破产申请。经过大会商讨，如果公司管理者和所有股东均表达赞成意见，那就需要聘请注册会计师做一次破产前审计，主要审计依据是会计报表，考察公司的财产状况和经营状况，以期更好地服务于接下来的后期业务，为后面的破产清算工作打好基础。

(一) 公司破产前审计的内容与重点

破产前审计主要是核验与公司财务状况有关的会计要素账面情况，大多数由欲提交破产申请的公司或债权人作为委托人。破产前审计报告的使用人一般是审计的委托人，对一个公司的财务状况是否出现危机作出不偏不倚的判断，有助于上级部门、人民法院分析和受理破产案件。本阶段审计的重点如下。

1. 公司资产状况审查

(1) 对应收款项的余额进行核对及查实。向破产公司往来的债务方发出询证函，确认应收款项明细"借方"金额的正确性，同时以新的标准范畴整合应收款项明细"贷方"余额和应付款项的明细"借方"余额，准确设定不同账龄的区间，同时完善账龄分析。

(2) 对固定资产的账实是否相符的核验。对固定资产进行实地盘点，对一时难以查明原因且无法实施相应调整的，须在待处理固定资产损益科目列示，待下阶段向上级请示后予以核销。核验固定资产的折旧，主要验证折旧年限、折旧方法等是否合规合法。对账外及盘盈的固定资产，须核实并解释其中缘由，在报告中予以披露。

(3) 对银行存款的账面金额予以查验及核实。向破产公司的有关开户银行发出询证函，并核对往来银行对账单，核验银行存款余额的存在性、真实性与正确性，通过与银行对账单比对确认的未达账，须及时入账。

(4) 对存货的数量进行盘点、金额进行核验。公司存在商品已到凭证未到等情况不算少见。审计时应做好相应的账务处理，如果难以找到潜在亏损的原因，须通过待处理流动资产损溢科目列示，待下阶段向上级请示批准后进行核销。

2.公司负债状况审定

（1）审核应付款项发生的实际情况及有关金额、对象、证据，同时该交易或事项如果存在财产担保的情况，需要破产公司提供相应的证据。

（2）对于重大债务的确认，须核实好银行贷款的本金、贷款期限及贷款利息，计算出欠贷本息合计，收集各方财产担保凭证和可靠依据。

3.公司所有者权益审定

通过以上对资产、负债的实际情况的审计结果以及调整后的未分配利润，可以确认公司所有者权益的真实金额是多少。对非国有公司的破产前审计，须确认该公司注册资本、实收资本、资本公积的存在性和准确性。该阶段审计的目的只是给相关部门提供破产公司于破产前的财务状况、经营成果的参照，因此应核销、转销的项目，如待摊费用等都未进行相应的调整和处理，在出具审计报告时可以单独进行列项表示。

（二）公司破产前审计的注意事项

破产前审计仍然须根据独立审计准则的原则和要求，严格实施审计必经的各个程序。如向相关单位发出询证函后，由于存在回函率很低的情况，若得到无效的反馈，应该执行替代程序。对存货、固定资产盘点时须考虑资产的使用性能、外在状态等。这个阶段的审计与一般的年报审计类似，需依照相关规则实施审计。严格审核财务会计报表的真实性、合法性、准确性，是否存在虚增负债、多计成本费用、少计收入及税金等行为。

我国企业破产法规定法院受理破产案件前6个月至裁定公司破产之日的期间内，若破产公司存在这些行为则该行为被定义为无效：①隐匿、私分或者无偿转让资产；②非正常压价出售财产；③对原来没有财产担保的债务提供财产担保；④对未到期的债务提前清偿；⑤放弃自己的债权。

特别关注公司在非货币性交易和债务重组时是否存在非正常压价行为，并应该明确正常处理坏账和放弃债权的差异。对于破产公司非正常压价出售存货的情况，可核实主营业务收入、主营业务成本和其他业务收入等科目。对于破产公司非正常压价处理固定资产的情况，可通过审计固定资产清理来进行核实。

二、破产财产变价方案的表决与实施

(一) 破产财产的变价

破产财产的变价,是指管理人按照债权人会议通过或者人民法院裁定的破产财产变价方案,将债务人非货币财产以拍卖或者经其他方式转变为货币财产的行为。债务人财产的处置变价是破产清算程序的核心问题,破产财产是全体债权人实现债权的基础,唯有制订良好的变价方案并且后续有效实施,实现债务人资产变现价值最大化,才能在后续分配环节提高各类债权人的资产清偿率。资产处置变价工作事关每个债权人的切身利益。管理人在破产资产处置时,应当以尽可能提升债务人财产价值为原则,维护全体债权人的合法权益。

(二) 破产财产变价方案的表决

管理人应当及时拟订破产财产变价方案,提交债权人会议讨论。管理人应当按照债权人会议通过的或者人民法院依照企业破产法第65条第1款规定裁定的破产财产变价方案,适时变价出售破产财产。变价出售破产财产应当通过拍卖进行。但是,债权人会议另有决议的除外。破产企业可以全部或者部分变价出售。企业变价出售时,可以将其中的无形资产和其他财产单独变价出售。国家规定不能拍卖或者限制转让的财产,应当按照国家规定的方式处理。对于不适宜拍卖的破产财产,管理人拟订破产财产变价方案时可以提出管理人自行组织变卖、招标转让、协议转让、委托出售或者在破产分配时直接进行实物分配等变价方式。对于债务人的季节性商品、鲜活、易腐烂变质以及其他不宜长期保存的物品(包括保管成本较高的情形),管理人可在法院宣告破产前经人民法院同意后及时变价处置,并保管好处置的价款以用于支付破产费用、共益债务和后续的破产分配,从而更好地维护债权人的利益。

(三) 破产财产变价方案的实施

第一,变价原则。阐述本方案确定的财产变价原则。

第二，破产财产状况。分别列明经审计、评估的破产人货币（有价证券）资金、应收账款和预付账款、对外债权、对外投资、存货、固定资产、无形资产等各类破产财产的状况。

第三，变价预备措施。对拟公开拍卖财产遭遇流拍时的预备处置措施。

第四，破产财产变价方案。各类破产财产的处置措施包括：① 对外债权、对外投资的处置，经调查后发现确无追回可能或追收成本大于债权本身的，报请债权人委员会审议，予以核销处理；破产人的债务人已破产的，依法申报债权；其他对外债权、投资的处置方案。② 存货、固定资产、无形资产的处置。一般采取拍卖方式进行变价。需要采取拍卖方式之外的变价措施的，列明相应的变价措施。③ 其他破产财产的处置。

第五，设定担保权的特定财产的变价处置方案。

三、破产财产分配方案的表决与实施

（一）分配方案的表决

管理人应当及时拟订破产财产分配方案，提交债权人会议讨论。破产财产分配方案应当列明这些事项：① 参加破产财产分配的债权人名称或者姓名、住所；② 参加破产财产分配的债权额；③ 可供分配的破产财产数额；④ 破产财产分配的顺序、比例及数额；⑤ 实施破产财产分配的方法。

管理人拟订的破产财产分配方案应当提交债权人会议审议。出席债权人会议的有表决权的债权人过半数通过，并且其所代表的债权额占无财产担保债权总额的二分之一以上的，破产财产分配方案即为通过。债权人会议通过破产财产分配方案后，由管理人将该方案提请人民法院裁定认可。债权人会议通过破产财产分配方案的，管理人应当提请人民法院认可。债权人会议没有通过的，管理人应当修改破产财产分配方案后再提交债权人会议二次表决。二次表决仍未通过的，管理人可以提请人民法院裁定认可。

（二）分配方案的实施

1. 破产财产分配方案

（1）参加破产财产分配的债权情况。简述参加破产财产分配的债权人人

数、各类债权总额等基本情况。另行制作《参与分配债权人表》，详细列明参与分配的债权人名称或者姓名、住所、债权性质与债权额等情况。

（2）可供分配的破产财产总额。分别列明货币财产和非货币财产的变价额；直接分配非货币财产的，列明非货币财产的估价额。

（3）破产财产分配的顺序、比例和数额如下。

第一，破产费用和共益债务的清偿情况。列明各项破产费用和共益债务的数额，包括已发生的费用和未发生但需预留的费用。人民法院最终确定的管理人报酬及收取情况须特别列明。

第二，破产债权的分配。列明剩余的可供分配破产债权的破产财产数额，依企业破产法第113条规定的顺序清偿。分别列明每一顺序债权的应清偿额、分配额、清偿比例等。

（4）破产财产分配实施办法如下。

第一，分配方式。一般以货币方式进行分配，由管理人根据各债权人提供的银行账号，实施转账支付，或者由债权人领取。

第二，分配步骤。列明分配次数和时间，拟实施数次分配的，应当说明实施数次分配的理由。

第三，分配提存。列明破产财产分配额提存的情况，以及提存分配额的处置方案。

2. 特定财产清偿方案

（1）对特定财产享有担保权的债权情况。

（2）可供清偿的特定财产总额。列明特定财产的变价总额。

（3）特定财产清偿方案。特定财产不足分配所有担保债权的，还应列明未受偿的担保债权数额。

（4）实施分配方案，具体如下。

第一，破产财产分配方案经人民法院裁定认可后，由管理人执行。管理人按照破产财产分配方案实施多次分配的，应当公告本次分配的财产额和债权额。

第二，提存与公告。管理人应当在破产财产分配方案中就破产财产分配的提存情形作出说明。

破产财产分配时，对于诉讼或者仲裁未决的债权，管理人应当将其分配额提存。自破产程序终结之日起满2年仍不能受领分配的,由人民法院将提存的分配额分配给其他债权人。

附生效条件或者解除条件的债权,管理人应当将其分配额提存。在最后分配公告日,债权生效条件未成就或者解除条件成就的,管理人应当将提存的分配额分配给其他债权人;在最后分配公告日,债权生效条件成就或者解除条件未成就的,管理人应当将提存的分配额交付债权人。

债权人未受领的破产财产分配额,管理人应当提存。债权人自最后分配公告之日起满2个月仍未领取的,视为债权人放弃受领分配的权利,管理人应当将提存的分配额分配给其他债权人。

第三章 房地产公司破产重整中的特殊问题

房地产公司破产重整中存在一些特殊问题需要关注。这包括建设工程优先权相关问题、投资者和购房人的权益保护、复工复建等。解决这些问题需要公司、政府和其他利益相关者的合作和协调，以确保房地产行业的稳定发展。

第一节 建设工程优先权人与购房户和抵押权人的优先顺序及理由

在发包人未按照合同约定支付工程价款的情况下，《中华人民共和国民法典》（以下简称民法典）第807条赋予了承包人请求对建设工程折价或拍卖的价款优先受偿的权利。但是，若该建设工程是商品房工程且发包人已经将商品房出售给买受人，并签订了商品房买卖合同，甚至已经将房屋交付买受人时，建设工程价款优先受偿权与商品房买受人权利的关系该如何处理。

一、建设工程优先权人与购房户和抵押权人的优先顺序

《最高人民法院关于审理建设工程施工合同纠纷案件适用法律问题的解释（一）》[（以下简称建设工程施工合同解释（一）]第36条明确规定建设工程价款优先受偿权优于抵押权和其他债权。建设工程价款优先受偿权属于旨在担保工程价款债权实现的担保物权，基于物权的对世性，其对第三人影响很大，依物权法律制度的一般原理，建设工程价款优先受偿权本应经过登记方可如此，但民法典第807条后段非但未作出登记的要求，反而依照建设工程施工合同解释（一）第36条以下的规定，赋予了建设工程价款债权优先于抵押权担保的债权受偿的效力。这使得有恶意的承包人有了钻法律空子的机

会,已公示且设立在先的抵押权也就此无力对抗设立在后的建设工程价款优先受偿权。

为破解该种不公正的困局,公平、诚信和禁止权利滥用等项基本原则有必要被运用,民法典第807条后段的适用范围应被限缩:针对发包人已就案涉工程设立了抵押权且已公示这一事实,倘若承包人对此已知悉或应知悉,却仍以提高建设工程价款数额的方式,对建设工程合同项下的建设工程价款债权加以变更,那么承包人的行为对抵押权人而言,既构成权利滥用,亦变相且不合理地突破了合同相对性。此时,既然抵押权人的正当权益遭受了侵害,那么于增加的建设工程价款的数额而言,法律就不应再全力地提供保护。这在法律适用层面表现为:就增加建设工程价款的数额部分,不应再机械地适用民法典第807条后段的规定,而应优先类推适用民法典第414条第1款的规定。

倘若承包人知晓发包人已就案涉工程设立抵押权且已公示,却仍以提高工程款数额的方式变更建设工程合同项下的工程款债权,那么法官可以通过适用民法典第154条的规定,认定发包人与承包人恶意串通,损害抵押权人利益的合同变更行为为无效,并在对恶意串通之要件事实的举证证明层面,遵循客观化的原则,以恢复建设工程价款债权的状态。由此引申出一个值得重视的问题:合同及其项下的债权本来具有相对性,无力拘束第三人,但当事人巧借担保物权制度,使其债权附着上担保物权,变相地突破了合同相对性,从而达到了对抗第三人的目的,甚至损害了第三人的正当权益。

民法典第807条规定,发包人未按照约定支付价款的,承包人可以催告发包人在合理期限内支付价款。发包人逾期不支付的,除根据建设工程的性质不宜折价、拍卖外,承包人可以与发包人协议将该工程折价,也可以请求人民法院将该工程依法拍卖。建设工程的价款就该工程折价或者拍卖的价款优先受偿。建设工程施工合同解释(一)第36条规定,承包人根据民法典第807条规定享有的建设工程价款优先受偿权优于抵押权和其他债权。第40条规定,承包人建设工程价款优先受偿的范围依照国务院有关行政主管部门关于建设工程价款范围的规定确定。承包人就逾期支付建设工程价款的利息、违约金、损害赔偿金等主张优先受偿的,人民法院不予支持。第41条规定,承包人应当在合理期限内行使建设工程价款优先受偿权,但最长不得超过18个月，自发包人应当给付建设工程价款之日算起。

除以上规定以外，《最高人民法院关于公路建设单位对公路收费权是否享有建设工程价款优先受偿权以及建设工程价款优先权是否优于质权的请示的答复》等文件也对建设工程价款优先授权与质权的优先顺序作出了回答。民法典第807条及建设工程施工合同解释（一）第35条的规定被视为建设工程价款优先受偿权的法律依据。在法学理论上，建设工程价款优先受偿权属于不动产优先权，具有物权性质，且优先于基于建设工程而产生的各类担保物权，在顺位上居于最为优先的地位。建设工程价款优先受偿权的立法合理性在于，建设工程价款在建设施工过程中产生，而建设施工本身融入了承包人的贡献，承包人的建设工程价款包含工人的工资部分，在承包人利益与一般担保权人利益的比较上，承包人应当优先取得建设工程价款，因此建设工程价款优先受偿权优先于抵押权。

二、建设工程优先权人与购房户和抵押权人的优先理由

（一）建设工程价款优先受偿权属于担保物权

建设工程价款优先受偿权属于优先权的一种。建设工程价款优先受偿权属于不动产优先权，具有物权性质，其物权性主要表现在对第三人产生强烈的效果，第三人不但不得侵害该权利，而且其不动产所有权、建设用地使用权、地役权、居住权、抵押权等物权以及债权都不能对抗该权利。

不动产优先权被赋予追及效力，因为这可避免债务人（或物的担保人）财产中的不动产被转让所导致的危险：①债权人可从受让人手中扣押不动产，并对其价款享有优先受偿权；②追及权使作为担保权基本效力的优先权得以保留，即使财产经债务人的同意而转让，同时在某些情况下排除追及效力。建设工程价款优先受偿权具有追及效力，这既不损害发包人的利益，也不损害受让建设工程之人的权益，但它要以建设工程价款优先受偿权属于担保物权为前提。建设工程价款优先受偿权构成担保须有双层法律关系，一层是被担保的主债关系，另一层则是担保法律关系。

建设工程价款优先受偿权作为担保物权，还有如下三个表征。

（1）具有从属性，或称附随性、依附性。学者认为先取特权与被担保债

权的发生同时成立，随着被担保债权的消灭而消灭。被担保债权转移时，先取特权也随之转移。对建设工程价款优先受偿权也应如此把握。

（2）具有不可分性。先取特权在得到被担保债权的全额偿还前不消灭，有利于债权人。由于建设工程价款优先受偿权的立法政策是周到地保护承包人的建筑工人的工资债权，赋予该权不可分性，因此能够体现立法政策。

（3）物上代位性。先取特权根据其标的物的买卖、出租、灭失或毁损，对债务人应得的金钱或其他物，可以优先受偿。因为建设工程价款优先受偿权属于担保物权，按照民法典规定，担保物权具有物上代位性。从利益衡量的维度考量，承认建设工程价款优先受偿权具有物上代位性有利于体现立法政策。

（二）建设工程价款优先受偿权属于法定担保物权

把建设工程价款优先受偿权纳入担保物权的体系之后，接下来要进一步确定它属于哪一种担保物权。

1. 建设工程价款优先受偿权不属于留置权

借鉴一般承揽合同中承揽人享有留置权的模式，把建设工程价款优先受偿权定性和定位在留置权的设计存在理论缺陷，亦难以为承包人提供周到的保护：①在我国，留置权的客体为动产，而由承包人完成的工程则为不动产；②作为留置权成立与存续的条件是留置权人必须占有标的物，而涉及发包人不付或少付工程价款的建设工程合同纠纷，通常发生在工程已经竣工验收被交付发包人的状态下。

2. 建设工程价款优先受偿权不属于法定抵押权

建设工程价款优先权属于法定抵押权的主张恐难成立，相关论证亦不充分。其理由有以下四点。

第一，除民法典第397条等极少数条款规定的法定抵押权以外，典型的不动产抵押权都以登记为生效要件，而民法典第807条及相关司法解释规定的建设工程价款优先受偿权并无此要求，建设工程价款优先受偿权随着建设工程价款债权的产生而自然设立。

第二，根据相关规定，建设工程价款优先受偿权所担保的范围不包括利息、违约金、损害赔偿金等利益在内，这与民法典第389条、建设工程施工合同解释（一）第 40 条第 2 款规定的抵押担保的范围不一致。

第三，民法典第 414 条和第 415 条就担保物权的优先顺位从整体上构建了"按照公示先后顺序"加以确立的规则，但是建设工程价款优先受偿权无论公示与否，都优先于抵押权担保的债权受偿。

第四，把建设工程价款优先受偿权划归抵押权，会使抵押权体系内部不尽和谐，例外过多。若将建设工程价款优先受偿权作为优先权之一种，视为法定担保物权，则这一制度能与其他特别法规定的优先权一起共同组成优先权体系。企业破产法第 113 条第 1 款规定的破产企业职工的工资债权优先权，《中华人民共和国民用航空法》第 218 条以下规定的民用航空器优先权，以及《中华人民共和国海商法》第 21 条、第 22 条第 1 款、第 25 条第 1 款规定的各类海事优先权均属于特别法上的优先权。

总体而言，建设工程价款优先受偿权优先于基于建设工程而产生的各类担保物权，在顺位上居于最为优先的地位，由此，多数学者将其定性和定位为优先权。其立法政策的合理性在于，承包人的建设工程价款包含工人的工资部分应当优先得到满足，建设工程价款优先受偿权优先于抵押权有助于实现这种立法政策。而且，建设工程融入了承包人的贡献，从一定意义上说，建设工程带有共有的意味，建设工程价款在建设施工过程中产生，在承包人利益与一般担保权人利益的比较上，承包人应当优先取得建设工程价款。

三、建设工程价款优先受偿权的请求主体

（一）实际施工人享有建设工程价款优先受偿权

对实际施工人是否享有建设工程价款优先受偿权的问题，理论上存在一定的争论。在持否定立场的观点中，有学者依据合同相对性将其排除在外；也有学者从实际施工人无建设资质或其超越建设资质从而导致合同无效的角度，得出其不应当享有建设工程价款优先受偿权的结论。持肯定观点的学者主要从实际施工人的存在十分普遍，理应保护其合法权益的立场出发来论证自己的观点。他们认为，建设工程竣工验收合格即表明法律认可实际施工人对工程价值的增值，据此应当赋予其建设工程价款优先受偿权。与理论

界存在争议一样,司法实务界对此也存在明显的分歧。

(二) 材料供应商不宜享有建设工程价款优先受偿权

有一种观点是材料供应商也可主张建设工程价款优先受偿权,其理由是他给建筑物提供了使其产生增值的材料。在材料供应商的债务人是承包人、次承包人、分包人或实际施工人时,他们之间形成买卖合同关系,承包人与发包人之间形成建设工程施工合同关系,次承包人、分包人或实际施工人与承包人形成买卖合同关系。建设工程价款优先受偿权仅为特例,系立法政策例外地为承包人所雇建筑工人的工资债权实现而专门设置的,因此不得随意扩张其适用领域。从工程实践看,财政部、原建设部在其2004年发布的《建设工程价款结算暂行办法》中就已经规定建筑工程和安装工程所需的费用,不包括应列入设备购置费的被安装设备本身的价值。

(三) 在违法分包情况下的分包人、次承包人不享有建设工程价款优先受偿权

虽然承包人作为建设工程价款优先受偿权的主体,包括总包人和依法分包关系中的分包人已成共识,但是对违法分包情况下的分包人、次承包人是否享有建设工程价款优先受偿权则存在争议。持肯定观点的学者主张应当从分包人所雇用的工人的工资债权实现的维度来考虑问题;持否定观点的学者则认为由于分包合同、转包合同因违法而无效,分包人与发包人之间、次承包人与发包人之间已无合同关系,并不存在合同情形下的建设工程价款债权,因此优先权也就无从谈起。

建筑工人的工资债权保护间隔着分包人与总包人、分包人与发包人之间的法律关系,次承包人与转包人、次承包人与发包人之间的法律关系,总包人、转包人从发包人处取得建设工程价款之后,是否实际付给建筑工人,亦未可知。总的来看,主张违法分包、违法转包时的分包人、次承包人不享有建设工程价款优先受偿权更为合理。

(四) 享有建设工程价款优先受偿权的承包人不限于建设工程施工合同中的承包人

享有建设工程价款优先受偿权的承包人，并不限于建设工程施工合同承包人这一类型，按照建设工程施工合同解释（一）第37条的规定，装饰装修工程的承包人也在其列，即此类型的承包人就装饰装修工程折价或者拍卖的价款也享有优先受偿权。在谁从事发包人委托的工作及其应获取相应的报酬这个法律评价中心问题上，装饰装修合同与建设工程施工合同具有类似性，甚至具有相同性。

对建设工程价款优先受偿权的主体是否包括勘察人、设计人，学界存在一定的争论。持肯定观点的学者认为，在有些情况下，建设工程价款往往涵盖勘察、设计的费用，尤其是在工程总包中，合同约定的设计费等费用已经包含在工程价款之中，与因建设施工而成立的工程价款同时结算、同时支付，在出现纠纷时强行分离计算，既不符合市场逻辑，又存在分离计算的技术性难题；既不合理，又不经济。如此，勘察费用、设计费用也应优先受偿，勘察人、设计人应为建设工程价款优先受偿权人。持否定观点的学者则主张，勘察、设计的成果是勘察文件、设计文件，即勘察、设计只产生文件、报告，不产生建设工程，所以勘察人、设计人不能就勘察费用、设计费用主张建设工程价款优先受偿权。同时，勘察、设计通常发生在建设工程施工之前，最晚发生在建设工程完工之前，费用数额也相对较小；另外，勘察人、设计人完全可以通过不交付工作成果的方式对抗发包人，无须法律像倾斜保护弱势群体那样赋权他们优先受偿。

第二节　购房户优先权的认定

购房人优先权制度的目的在于保护处于实质弱势地位的购房人的生存权，体现了立法者相应的价值判断，但是，购房人优先权制度背后存在购房人利益和抵押权人利益的冲突。《全国法院民商事审判工作会议纪要》确立的规则作为利益平衡的产物，绝非一味地偏向购房人而置抵押权人利益于不顾。相反，处理抵押权与购房人债权冲突时仍应遵循物权优于债权的一般原则，购房人优先权制度属于特殊情况下方可适用的衡平性规则。

一、购房人优先权规则的衡平属性

在英美法系，衡平法是指由大法官法庭的判决形成的一种重视法的实质目的而非仅注重形式的能动司法，其意在当条文表面含义不足以用于裁断案件，抑或依条文表面含义裁断将引起严重目的不合时，运用法律的原则和精神对案件加以处理。现有教义已经固定了司法者的价值判断，法官在适用规则时无须考虑规则背后的价值，只需直接适用现有法条即可完成当事人之间的利益分配。但如果依照现有教义进行判决将造成实质不公平的后果，就需要适用衡平法解决上述问题。在我国，虽然不存在英美法系的衡平法，但法官在裁断案件时，仍然需要从案件的社会后果出发，使案件的处理合乎公平正义的结果，哪怕达到此种结果所运用的解释方案并不完全合乎法律的形式理性。当然，我国作为成文法国家，法官在作出判决时仍需具备必要的规范基础，此时，购房人优先权规则作为裁判规范的一般抽象，就承担起了中国特色衡平法的角色。

由于我国物权法律体系规定担保物权具有优先受偿力，故在原则上，除非房屋上的抵押权未经登记公示，否则购房人的债权不得对抗属于物权的抵押权。但如前所述，在一些案件之中，案涉不动产承载了处于实质弱势地位的购房人的生存利益，如果不赋予购房人特定优先受偿的权利，将造成购房人人财两空的局面，既不利于保护弱势群体的生存利益，也无助于维护社会稳定。因此，在特定情形下，有必要打破物权优于债权的一般原则，使案件的处理更加合乎实质正义。

购房人优先权规则并非使得购房人的债权具有绝对优先受偿力的一般规则，而仅是一种矫正个案中可能出现的实质不公平后果的衡平手段，其旨在于具体案件中调整失衡的利益关系。该规则的适用，使得资本不再是唯一的决定性因素，民法的人文关怀精神由此而彰显，一般正义与个别正义亦得以兼顾。

综上所述，购房人优先权制度的背后是交易安全法益与购房人特殊利益的冲突，购房人优先权制度仅体现了在某些特定情形下对特定利益的评价和取舍，并能够以此作为标准，衡量当下案件中相互冲突的诸利益之间的关系，以谋求司法裁判的一致性与正当性。作为衡平的结果，优先保护购房人权益具有模糊性，仅为法官指明了一个方向，相应要求也仅是朝着这个方向进行价值判断，至于在这个方向上能够走多远，则完全倚赖于法官进行个案判断。

二、购房人优先权制度背后的利益冲突

购房人优先权制度虽使弱者的利益得到了保护，但该规则的确立也使抵押权的优先受偿力受到了限制与诸多质疑。批评该规则的学者认为，相应规则使抵押权的效力低于普通债权，造成担保物权作为物权的优先力受到贬损和降低，违反了物权优于债权的原则。

在应然层面，如果房地产开发公司有足够的财产清偿全部到期债务，换言之，即使认定购房人权利优先于抵押权受偿，导致抵押财产价值减少，抵押权人亦可要求房地产开发企业恢复抵押财产的价值、提供担保或者提前清偿债务。故实质上，购房人优先权规则需要解决的问题是，如何在抵押权人和购房人之间分配一房数用的风险，即分配房地产开发公司无法清偿全部到期债务或者破产的风险。相应问题涉及抵押权人和购房人的利益衡量，进而涉及价值判断，需要考虑的是优先维护抵押权人基于已登记的抵押权的公示公信的交易安全价值，还是优先满足购房人通过取得房屋进而维护生存权的特殊利益。

全面的自由竞争不可避免地会使弱势群体遭受巨大的风险与打击，因此，我国在利益衡量上倾向于保护弱势群体。但与此同时，因物权公示公信而产生的交易安全价值同样需要维护。购房人优先权作为一种债权，其无须公示便具有优先受偿力的特点使得其在实践中极易被滥用，最终损害交易安全。如果一味在利益衡量上倒向购房人，就容易导致抵押权人的利益随时遭受损害。实践中，涉及购房人优先权的案件多为群体事件，如果只支持购房人的诉讼请求，将使得抵押权人的利益受到巨大损害。如此，不仅无助于房地产市场的健康发展，也会导致开发商融资成本增加等不良效应。

因此，司法解释对于冲突利益的评价绝不是非此即彼的，其所作的价值取舍也并非偏向购房人而弃抵押权人利益于不顾。换言之，司法解释的真正目的在于保护处于实质弱势地位的购房人的生存权，而对于购房人购买的

不承载着生存利益的商品房，就没有适用购房人优先权规则的余地。购房人优先权规则不是具有普适性的一般规则，而是在特殊情况下方可适用的衡平性规则。

第三节　建设工程价款优先受偿权

建设工程价款优先受偿权，系建设工程施工合同解释（一）的用语，在理论上也被称为优先权、优先受偿权、建设工程价款优先权、建设工程款优先权。对建设工程价款优先受偿权在本质上是债权，但拥有优先于抵押权与其他债权的法定效力。从权利构造上来看，租赁权可以作为解释建设工程价款债权与优先受偿权为同一种权利的两个面的例证。

在租赁权中，承租人同时享有请求权和相关的优先权，并且该权利具有相应的排他效力：① 承租人享有对出租人的若干请求权，如交付租赁物请求权、修缮租赁物请求权等；② 承租人对租赁物的转让享有优先购买权，在租赁物所有权转移给第三人时，承租人在租赁期限内有权对抗租赁物的新所有权人享有的物的返还请求权、排除妨碍请求权等权利。

建设工程价款优先受偿权同时指向工程价款债权和优先权，前者为债权，后者是物权，二者同时产生，这一解释更符合逻辑及法理。其具体理由如下。

首先，无论是从请求权的角度还是从优先效力及对抗效力的角度看，租赁权的标的物都是同一个，即租赁物。同一个标的物上存在一种权利，该权利具有几个方面的法律效力，这符合一般人持有的权利观。与此有别，建设工程价款债权的标的物是工程价款，标的是给付工程价款的行为，而建设工程价款优先受偿权的标的物是建设工程合同项下的建设工程。存在于两个不同且各自独立的标的物上的权利，被视为一种权利，这不符合一般人心目中的权利概念及逻辑。

其次，租赁权的优先效力，仅仅发生在租赁物转让时承租人有权优先于第三人购买的场合，重在约束出租人，在出租人侵害承租人的优先购买权时成立违约责任；不具有阻止第三人取得租赁物所有权的效力，也就是说，这种所谓优先的效力不属于物权的优先效力。与此不同，建设工程价款优先受偿权具有物权的优先效力，不但可以对抗发包人对第三人所负有的一般债权，而且有权对抗存在于建设工程合同项下的建设工程之上的抵押权。

最后，租赁权的对抗效力，主要表现在承租人对抗租赁物的新所有权人关于返还租赁物、排除妨碍等请求，以及对抗第三人对租赁权行使的不法妨害、对租赁权的不法侵害。把这种对抗效力划归物权的效力，也仅仅是物权效力的一部分，远非全部，这也是租赁权仅为物权化而非物权的原因。与此有别，建设工程价款优先受偿权拥有较多的物权效力。

第四节　复工与续建

一、涉房破产公司在建工程续建的困境

在建工程续建是一项系统工程，尤其是进入破产程序后，要在法律的原则性规定和现实的复杂性操作之中贯彻落实依法公平清理债权债务的破产法理念绝非易事。目前实务中主要面临以下困境。

(一) 复工续建工程资金的来源问题

在建工程复工续建需要解决三大问题：首先是资金来源问题，其次是由谁将剩余工程续建完工的问题，最后是交房、办证等问题。资金问题是在建工程复工续建的首要问题，也是关键问题。复工续建资金从何而来，一家企业既已破产，其自身已无"造血功能"，且其资产状况和信用情况也很难通过金融贷款或民间借款的方式获得"新鲜血液"，因此需要政府、管理人和主要债权人合力寻找战略投资者，这在实务中绝非易事。

(二) 在建工程所涉法律关系错综复杂

涉房公司破产案件中，在建工程中复杂的法律关系是复工续建的难点，续建资金的性质认定、建设工程价款的优先受偿、抵押债权的优先受偿、预售商品房的权利归属、破产债权的清偿顺序、国有土地上非商品房业主的权利保障等问题都是在建工程续建过程中要解决的问题。

(三) 法院、管理人与政府间的协调问题

破产工作不只是法律问题，更是社会问题。破产工作中的许多事务已远超出法院的职权范围，尤其是房地产破产案件，涉及土地规划、房产过户、税费减免、工商注销登记、职工安置等问题，需要国土、住建、规划、财税、人保、消防等相关部门的配合。破产工作需要消耗大量的人力、物力、财力，尤其是涉房破产公司在建工程的续建，除由管理人负责实施外，更需要法院的指导协调、政府的支持配合，且仅政府一方就存在部门与部门之间的协调问题。实务中三者统一协调困难重重，各方在破产工作中的作用尚未完全整合。

(四) 在建工程中多元利益的平衡问题

涉房公司破产是一项系统性工程，牵涉主体广泛，触及利益多元。涉房破产企业的债权人包括职工债权人、税务征收机关、材料供应商、业主债权人、被拆迁人、建设工程承包商、融资债权人及其他债权人，其中金融债权关乎金融安全，建设工程债权涉及农民工的权益、业主债权人和被拆迁人的债权关系及其物权和生存权的保护，各种债权之间存在价值冲突和利益协商问题，必须谨慎对待。尤其业主债权人、建设工程承包商所牵涉的农民工和被拆迁人是人数众多且处于弱势地位的群体，在案件处理时必须注重利益平衡，充分考虑他们的合法权益。

二、破产房企在建工程续建之模式

在建工程的复工续建主要有以下路径。

第一，按照传统的资产处置方式将在建工程整体打包出售后由接盘人负责续建。此路径可较为简单便捷地实现涉房破产公司资产变现，但在目前房地产不景气的市场环境下，将在建工程直接变现的难度较大，且变现价值难以保障，会直接影响债权人受偿比例，甚至可能导致预售中已支付购房款的业主面临财房两失的局面，诱发社会不稳定因素。

第二，在破产程序中重新融资，对停工项目进行续建。此路径可以在全体已付款业主实现交房的基础上将剩余房源再次销售，增加其他债权人的可

分配财产，充分发挥企业剩余资产的价值。但是，此路径运作周期长，将使得全体债权人延期受偿，同时续建和后期销售过程中不能预见的风险较多。

第五节　购房人权益保障

一、未办理房屋所有权转移登记时的购房人权益保障

房地产开发公司申请破产，未办理房屋所有权登记的购房人仅享有普通债权，这严重损害了购房人合法权益。在进行破产清算过程中，尚未交付并未办理所有权转移登记时，应该注意各利益主体的利益平衡问题，尤其是要保障购房人的优先受偿权。

破产清算程序可以称作破产程序的"死亡之门"，进去的公司只能被解散并注销；破产和解程序则是可使企业生存或死亡的"生死选择门"，选择和解的公司既可以退出破产程序重新获得新生，也可以退出市场进入破产清算程序；破产重整程序，是尽最大努力挽救困境中公司的"新生之门"，进行破产重整的公司可以通过政府介入或者通过司法拍卖由其他公司接手，对债务人进行生产经营上的整顿和债权债务关系上的清理，以期摆脱财务困境，重获经营能力的特殊法律程序。

"房地产公司破产时，作为消费者的购房人、作为破产程序中的弱势群体，其权益保障又与社会稳定息息相关，无论管理人还是审判机关对该类群体的权益都应保障。"[1]为了最大限度地保障购房人的权益，法院应该慎重审查并且积极主动引导房地产开发公司进行重整。在重整过程中，应加强重整计划表决的信息披露。

二、购房人取得所有权后的权益保障

关于房地产开发公司在将房屋交付并且为购房人办理所有权登记后破产清算，购房人该如何保障自己的合法权益，我国现行法律关于此类问题的研究比较少，应通过对房屋质量缺陷风险、国外房屋质量保险责任、除外责任的分析借鉴来建立适合我国的房屋质量保险责任框架。同时，应结合国内

---

[1] 陈畅，陈文. 论破产程序中购房人的权益保障 [J]. 法制博览，2019(24)：69.

外法律规定来明确商品房的合理使用期限与保修期限、房地产开发公司的存续时间等问题，也可以尝试建立房地产开发公司的潜在责任保障基金制度、股东继续承担责任制度等一系列的保障制度。

第四章 公司预重整规则与实务操作要点

公司预重整规则的背景是经济环境的变化和法律监管的要求，其重要性在于提供了应对财务困境的规划框架，保护利益相关方的利益，并提高市场的透明度和可预测性。基于此，本章主要内容包括预重整制度的优势及价值、预重整的制度定位与衔接规则、预重整计划方案制订和流程管理、预重整期间的债务人保护。

第一节 预重整制度的优势及价值

一、预重整制度引入与构建的优势

破产法在市场经济中发挥着规范市场主体的退出、保障债权人公平受偿的传统破产清算程序功能，是市场经济法律体系中事关优胜劣汰的竞争机制的确立和社会资源合理配置的基础性法律制度。破产保护观念的普及，改变了社会对困境企业的态度，现代破产法逐渐开始采取以企业拯救为目标的再建主义取代以变价分配为目标的清算主义，如何通过破产法律制度的设计及时拯救具有复兴希望和重整必要的困境公司，成为破产领域关注的重点。

公司在以自由竞争为基础的市场经济环境中陷入阶段性财务困境是一种常见的现象，若因为一时的经营困境或外部不可控因素而导致不能实现外部债权人的债务清偿要求就被断然申请破产重整或清算，可能会导致对公司发展的破坏和市场资源的不合理配置，但通过改善公司资产负债结构并帮助其继续运行，反而能够帮助企业走出困境并实现社会价值的最大化。传统的公司拯救模式——破产重整已经在实践中暴露出较大的缺陷，一种介于司法重整与法庭外债务重组之间的混合程序——预先重整在实践中不断发展起来，成为拯救困境公司的新模式。

预重整，是指当事人在申请正式重整之前在庭外协商制订重整计划，在征集取得主要债权人表决赞同后，利用正式重整机制使预重整计划取得约束全体重整参与主体的法律效力，以帮助债务人尽快实现正常经营的一种困境企业挽救机制。"随着我国预重整实践的不断深入，预重整制度的优势越发明显。"① 预重整既吸收融合了法庭外重组和传统破产重整的优势，又克服了两者的弊端，是一种混合了当事人意思自治和司法干预机制的"混合程序"，具有独特的制度价值，成为拯救困境公司的新路径选择，客观上满足了建立多元化拯救公司选择的需求，对破产实践产生不可忽视的影响。

(一)预重整与重整制度相较的优势

"拯救公司再生的重整制度在破产法中一直占据重要的地位。"② 但在社会中依旧存在"破产可耻"的过时观念、司法重整程序严格及难以协调的债权人利益冲突的实践背景下，重整程序的实际运用效果并非尽如人意，重整程序能否真正帮助陷入财务困境的公司纾困，如何在限定时间内协调各类别债权人与出资人的利益，如何降低传统重整较高的时间和经济成本及提高重整效率等都是困扰破产当事人及破产执业者的问题。比如，在大型的破产案件中，在限定的时间内"仓促"制订的重整计划可能无法获得多数债权人的同意，无法重整就只能以清算结尾，因为重整的复杂性和利益的博弈使得债务人很难在法律严格限定的时间内商讨出具备可行性和竞争性的重整计划并得到债权人会议的认可。

因此，破产法的这一重大变化将会产生两种趋势：① 债务人卖出完整的公司或者转卖营业部门的趋势将会被加速；② 促使债务人更积极地选择预重整程序。预重整制度作为弥补困境企业拯救方式不足而产生的新机制，与传统重整相比具有以下优势。

1. 有效减少重整成本，提高重整的效率

让具有营运价值的市场主体拥有重整的契机，不再存在市场经营价值的债务人离开市场，是重整程序效率价值所在之处。然传统的司法重整程序耗时较长，有的长达数年之久，时间成本高昂。根据《中华人民共和国企业

---

① 白伟冰，杨雄壬.试论预重整制度的价值及其完善[J].法制与经济，2021，30(12):108.
② 张倩.预重整制度的法律构建[J].河北企业，2021(01):151.

破产法》（以下简称为企业破产法），仅谈判制订重整计划草案的时间就可长达九个月，前期的重整申请、异议、债权申报、召开债权会议及后期的重整计划执行等时间另算，由此可见走完完整的法庭内重整程序时间成本巨大。

运用预重整程序的重整案，可以大大短于司法重整的时间。重整时间的缩短及预重整计划在前期取得多数债权人同意，使得法院的后续审理程序显著加快，除非关键债权人在进入重整程序后反悔，否则重整程序仅需要对预重整方案进行司法化重整方案制订和审批，重整失败的风险大大降低。这对陷入困境的公司而言，无疑是一剂能快速生效的"强心针"。

2. 减少债务人的负面影响，保存企业价值

进入重整程序的债务人一般都会被要求公开相关信息并且要在法院、管理人等外部力量的监督下进行生产运营，商业交易要获得法院及其他相关方的批准，束缚颇多，这对机会可能转瞬即逝的商业经营来说并不是十分有利的选择。因此，公司在破产重整过程中一般无法继续正常的生产经营业务，将会面临丧失客户资源、销售体系紊乱、供应商关系不稳定等一系列商业风险。而预重整程序在前期的当事人协商过程中相对保密，能够在一定程度上帮助公司避免潜在的外部风险导致的经营危机。同时，便于困境公司继续保持相对稳定的营业状态，利于债务人和债权人、员工、商业合作伙伴等利益相关方的早期协商，避免因为信息缺失、猜忌等引发不必要的诉讼等问题，最大限度地减少对债务人的不利影响，确保有经营价值的经营体维持商业信誉和公司价值。毕竟在商业经营中，没有人会愿意选择濒临破产的公司作为交易方，而且很多债权人或供货商等合作商闻"破"心惊，会选择中止合作，进而加剧企业经营的困境，导致无形资产流失严重。

快速的预重整程序能够向外界表明该公司后续存在继续经营的价值，对于稳定外部债权人、供应商、消费者及内部工作人员等利益相关方的心理预期具有较强的证明作用，表明企业能够及时摆脱困境并尽快恢复正常的生产经营。

3. 降低企业控制权丧失风险，提高重整积极性

债务人进入破产重整程序后，因法院、管理人和债权人会议的存在和介入，会面临资产丧失和债权人控制企业资产及主导公司经营的法律风险，而预重整能够较好地保证债务人公司对自身实际运营权的控制能力。因为一旦

进入传统的重整程序，意味着不熟悉债务人基本情况和市场发展的债权人和法院将会在一定程度上介入并决定债务人的运营情况，管理层的经营行为将会受到较大限制，并且破产法庭很可能通过主要体现债权人和管理人意志的重整计划，使得企业不仅要面对丧失顾客和供应商的商业风险，还要面对丧失资产甚至在程序进行期间将资产置于债权人控制之下的法律风险。

而预重整是在重整程序启动之前进行，公司控制权此时仍掌握在债务人管理层手中，他们对公司的经营管理和面临的危机有着充分的了解和认知，与债权人相互熟悉，可以在和主要债权人、供应商、股东等利益相关方自由协商一致的前提下，根据公司复兴再建的需要，灵活调整企业经营行为，及时把握商业机会，并在一定程度上保证债务人管理层对公司的控制权和重整结果的可预期性。预重整的适用使得公司管理层对债务人的控制权不会因启动重整而发生变化，这无疑能够充分发挥并提高债务人及时主动进行重整的积极性。

(二) 预重整与庭外重组相较的优势

1. 具有司法强制力，解决"钳制"问题

庭外重组作为破产程序外的困境公司拯救机制，是债权人和债务人在没有司法干预的情况下，私下协商通过重组协议调整债权债务关系或资产结构的重组调整活动。它具有低成本、灵敏便捷、私密性强和减少司法负担等优势，便于债务人快速解决财务困境问题，成为代替法庭内重整的特殊机制。但这种重组协议本质上是双方自愿自主达成的债务处理合意，只能对赞成重组协议的债权人发生效力而无法约束未参与或反对重组协议的第三人，亦无法阻止异议债权人向法院提起诉讼或申请强制执行，再加上庭外重组没有系统明确的制度约束，会导致重组双方彼此因信息获取失衡而产生不信任，强制性和同一性不足，这就容易导致出现少数利害关系人的"钳制"问题——因为部分异议债权人的反对而导致重组协议无法通过，导致谈判陷入僵局，庭外重组因而失败。就我国现有的上市公司商业重组案例分析，耗时多年都没能重组成功的案例比比皆是，究其原因，重组的私法性质是造成重组失败的根源。

预重整程序恰能解决这一问题——将预重整前期磋商过程中债务人和

多数债权人达成的重组计划有效延伸至庭内重整中，利用正式重整程序中的分组表决和多数表决机制取得大多数债权人同意以通过重整计划，并在符合其他要求的情况下，使得法院在多数债权人的支持下，得以依职权批准重整计划或者通过强制批准制度，避免异议者阻碍有利于债务人复兴的重整计划的通过，使得重整计划获得司法强制力的保障以有利于全部预重整参与主体，从而有效避免和解决"钳制"问题。

预重整与单纯庭外重组的关键区别，就在于预重整的庭外磋商是在法律规则指引下进行的，通过谈判在当事人之间形成预重整方案并征集主要债权人的同意和表决赞同，债权人对预重整方案的表决效力向重整程序内延伸，在重整申请被法院裁定同意后一同提请法院审批以预重整方案为内容的重整计划，从而使得预重整方案获得司法强制力保障，解决"钳制"问题。

2.弥补庭外重组不透明的缺陷，公平清偿债权

因为私下不公开的协商可能造成部分债权在真实性与准确性方面令人存疑，进而使得部分债权人获取利益，损害其他参与主体的合法权益，尤其是在庭外重组被特殊利益主体控制的情况下，部分债权人获得额外特殊利益的可能性更大。

与此同时，盲目进行庭外重组的情形也应引起重视。因为庭外重组不具备透明科学的磋商合作机制，无法实现全体债权人都能得到公平受偿的价值追求，更无法避免滥用或盲目进行重组。而且，庭外重组只是看似"自由与平等"，实则效果有限，重组成功的概率相对较低，最终往往走向破产重整或破产清算。

二、引入与构建预重整制度的价值

(一) 对债务人的破产保护价值

对已濒临破产又有再生希望的债务人实施挽救其生存的预防破产是现代破产法的重要内容，破产重整制度的首要价值目标就是维持公司后续的经营价值，因而保留公司的有效生产经营能力并拯救公司于困境之中的重整程序成为破产法的重要机制。但在重整实践中，很多债权人或投资人在债务人启动破产重整之后，基于对债务人公司走向破产并丧失复兴可能性的担

忧，往往会对债务人公司价值保持较低的心理预期，看低公司资产或股权价值，进而贬损企业价值；或者认为债务人公司能够在国家力量的干预下重新振兴，进而炒作债务人企业的资产价值，高估债务人的经营价值，导致难以准确判断债务人公司的经营价值，无法真实呈现公司价值。

预重整制度的出现使得债务人企业在破产重整中保持相对稳定的预期，为评估公司价值提供相对稳定和客观的环境，利于各方平等协商作出相对客观、理性的市场价值判读，更好地对债务人进行破产保护和保障债权人等利害主体的合法经济利益。所以，预重整通过私力拯救与司法拯救方式的融合、参与主体私法自治和司法介入原则的结合，以较少的制度交易费用，借"集体化"的方式使得全体债权人的福利最大化。这不仅实现了在妥善解决具有拯救价值和挽救希望的困境企业再生问题的同时，最大限度地保护债权人、股东等利益相关方的利益，还在宏观层面稳定了经济社会秩序，实现了破产法公平和效率的双重价值目标。

在司法重整和庭外重组各有所短且不能有效实现破产法破产保护的目标时，预重整制度的出现不仅弥补了现有机制的不足还发挥了不同机制的功能互补和协同配套作用。预重整制度在司法实践中的备受青睐，以及最高法对预重整司法操作的支持也说明了其有适用和发展的广大空间，推出并适用预重整制度不仅是深化防范公司金融风险的重要举措，更是供给侧结构性改革过程中推动市场化破产程序的积极尝试，为困境公司的拯救和复兴提供了新的思路和方法。

(二) 对债权人的利益保护价值

预重整制度以实现困境公司复兴为追求，但同时也应注重保护债权人以及意向投资人的合法经济利益，从而实现破产法对各类主体的公平保护。预重整程序在实现困境公司拯救时，最终是要实现重整公司正常的稳定连贯的生产经营，实现公司资产的保值与增值，稳定债权人和意向投资人收回固有利益的预期的目标，并且从权利人权利救济的动态变化角度看，公司的有效救治会产生有利于权利人的正向激励功能，可以降低因公司危机的进一步加深而引发的资产贬损等风险，债权人的清偿率因为重整得以大幅提高，最大限度地保护债权人的利益。

减少债务人在困境拯救过程中的相关费用也是保护债权人现在及未来经济利益的选择途径。因为拯救困境企业所需费用在性质上属于共益债务，管理人在执行破产重整债务时是为了全体债权人的利益，是作为债务人的代表或代理来执行债务的，名义上所产生的债务仍应由债务人的财产承担，但作为进入破产程序中的债务人已经无法独自决定用自身财产来承担相关费用，实质上在企业拯救过程中所产生的共益债务最后是由全体债权人负担，因此如果必须进行企业的困境自救，那么能够选择一种可有效降低公司救助成本的方式亦是保护债权人利益的有效方式，预重整恰恰能够满足这样的要求。预重整程序能够通过进入正式破产程序前的困境公司债权债务关系梳理和谈判、商讨草拟预重整协议并组织投票表决等一系列工作，有效减少法院裁定正式重整后的所需的时间成本和费用成本，帮助债权人和债务人就困境公司的重整避免一段漫长而高价的重整期间，使得债务人和债权人能够在最大限度上减少成本开支，即减少最后由债权人共同承担的共益费用。

第二节 预重整的制度定位与衔接规则

一、我国预重整制度的定位分析

(一) 预重整制度的功能定位

1. 丰富我国破产法的企业拯救机制

在公司拯救文化的要求下，要完善我国现有的公司拯救机制，应当针对不同类型、不同体量的公司分别提供适合的拯救程序，使各类公司能够找到最为经济高效的脱困方式。在庞大的破产案件数量中，破产重整案件的数量极低，这反映了重整制度的使用率不尽如人意。究其原因，在于不能满足部分企业对破产法上公司拯救机制的需求。事实上，具体情况不同的公司适用于不同的公司拯救机制。对于暂时陷入轻度债务危机、债权人数量较少、债权数额不大的公司来讲，通过与全部债权人进行协商沟通，达成债务谅解协议并遵守执行，就能够解决债务危机，无须利用司法程序。而债权债务危机较为严重的公司，亟须通过启动重整程序来解除财产的扣押查封措施、终止对其资产的执行程序，否则将会造成资金链断裂、核心资产流失，公司无法继续维持生产经营，最终只能破产清算。

但还有很多公司属于介于这两者之间的情况。对于这一类公司来说，债权人数量较多，各自有不同的利益诉求，进行庭外重组可能会产生"钳制"行为，成功率较低；选择适用重整程序又存在危害公司声誉、重整不成被裁定破产的顾虑。以上程序选择方面的顾虑，反映了市场对新型公司拯救制度的需求，这就要求我国破产法对于公司拯救机制作出创新。预重整制度作为与庭外重组制度和重整制度并列的一种新型制度，结合了现有拯救机制的优势，实现了制度再造，丰富了我国破产法上的公司拯救机制，使各种机制有针对性地适用于不同调整对象。预重整制度的建立为不同公司提供了更加个性化的选择，破解了拯救机制供给不满足市场需求的问题。预重整制度的建立和适用，不是因为正式破产制度薄弱、效率低或不靠谱，而是由于预重整制度可以为正式的破产程序提供一种补充。

2.实现企业早期救治，提高拯救成功率

进入重整程序后，管理人接管债务人的财产和营业事务，债务人的行为将全部在法院和管理人的监管之下，再加上对企业商誉降低的担心，这一系列的限制会打击债务人申请重整的积极性，导致破产重整程序启动过迟。申请进入破产重整的很多企业已经没有挽救价值，或者实现挽救的难度极高。重整失败的原因包括：① 债务人已没有资产，为了拖延债权人强制执行其财产而进入重整程序；② 重整计划较为粗糙，缺乏可行性；③ 债务人与债权人之间沟通不畅，无法达成共识，引发破产诉讼。这些原因背后都存在启动程序较晚的问题，导致资产大量流失、磋商时间不足、重整计划制订仓促。

随着破产拯救文化的兴起，破产法的功能定位发生转变，从注重破产事后危机的应对逐渐演变为重视早期风险预防。尽早进入重整程序，可以使企业在资产未完全流失前、尚有挽救可能时通过重整重获新生；使债务人和债权人有充足的时间进行协商沟通，达成共识，在中介机构的帮助下制订较为完善、具有可行性的重整计划。因此，要想提高公司拯救成功率，必须激励困境企业尽早进入重整程序，在尚未"病入膏肓"时通过重整程序获得新生。

预重整能够实现困境公司的早期救治，提高公司拯救成功率。由于预重整的形式灵活，债务人在庭外重组阶段有较强的自治性，可以在不移交财产和经营管理权的前提下进行重整的磋商，不存在重整程序下控制权转移等担忧。同时，由于在庭外没有程序上的诸多限制，债务人能够以较低的成本组织债权人、意向投资人进行磋商，其启动程序的意愿较强，公司拯救方案的准备得以较早开始。各方谈判的时间充足，利益调整的空间还比较大，公司拯救成功率会更高。

(二) 预重整制度的法律定位

1. 厘清预重整的制度模式范畴

考察域外的司法实践可知，实际上并没有形成"预重整"这一抽象概念。预重整的实践主要有预先打包式重整、部分预先打包式重整、预协商重整等几种模式。我们应当明确何种模式属于预重整，何种模式并非预重整范畴。判断是否属于预重整应当考察其是否符合预重整的本质特征，其程序的适用是否符合预重整制度设置的目的。预重整制度表述为根据"自愿重组谈判"中债权人已接受的重整计划启动"简易重整程序"，由法院快速确认重整计划的效力。结合预重整的制度功能价值，可以总结出预重整的本质特征是一种庭外重组与庭内重整的耦合程序，债务人企业与利益相关方就重组事项达成协议，再通过正式的破产重整程序使该协议得以实施。符合以上特征的模式都应当纳入预重整制度的范畴。因此，预重整的范畴不应当局限于预先打包重整，还应当包括部分预先打包重整和预协商重整。

（1）部分预先打包重整的适用。对于很多公司来说，召集众多小额债权人的成本较高，达成一致意见的难度较大，并且债权总额占比较低，对于通过重整计划的作用力较弱。而部分关键债权人如金融债权人等，债权数额较大，表决权占比较高，对于重整计划最终能否通过有较强的影响力。与关键债权人开展预先的协商并得到其支持、达成庭外重组协议，能够提高预重整的效率，对于公司重整具有促进作用。因此，应当允许债务人在庭外阶段仅与部分债权人进行磋商。进入正式的破产重整程序之后，再向剩余部分的债权人征集投票。

（2）预协商重整的适用。预协商重整指的是债务人与利害关系人在庭外签署锁定协议,由利害关系人承诺进入重整程序后在债权人会议中对重整计划投出同意的表决票。预协商重整与预先打包式重整的主要区别在于,对重整计划的表决不能在庭外进行,进入破产重整程序后不能省略表决程序。在庭外不组织表决不代表不会对重整方案的制订进行磋商。实践中签署锁定协议之前,即债权人或者投资人在作出决策前会对债务人基本情况进行充分调查,就未来重整的计划与方案进行充分的磋商。为了增强互信,获取关键债权人和投资人的支持,债务人也许会承担更重的信息披露义务。另外,双方可以约定利害关系人对重整计划支持的条件,如果进入重整程序后相关情况出现变化,利害关系人可以撤回其同意的要求。

预重整不是一个既定的法律概念,而是基于破产实践需求产生的一类新型制度。在域外各国出现了不同的预重整模式,在我国的制度探索过程中更是出现了多样化的模式。

在划定预重整的内涵与外延时,应当重点关注预重整的制度实质和我国的实践需求。无论是预先包裹式重整、部分预先包裹式重整还是预协商重整,都符合预重整的基本特点,对提高破产重整的效率和成功率也有积极影响,因此法律不应当否定上述模式存在的合法性。

2. 明确预重整制度的法律性质

(1) 预重整是庭外重组与庭内重整相衔接的产物

预重整在形式和内容上与庭外重组、庭内重整都有相通之处,因此预重整与这两种制度之间的关系、预重整的本质成为研究预重整的关键问题。破产法上的重整制度设计已经定型,其规定背后有深层的意义,预重整制度本质上不能与重整程序画等号,不应该去打破破产法对于重整程序的规定与安排。预重整与庭外重组最大的区别在于,预重整的目的是通过重整程序落实工作成果,因此在庭外重组的阶段就应当以重整作为工作导向,工作标准应当尽量比照重整程序的要求。因此,在工作的方式方法上,就与单纯的庭外重组有了一些差别。

事实上,预重整制度是庭外重组与庭内重整相衔接的产物,本质上既不完全属于庭外重组,也不完全属于庭内重整,而是非正式程序与正式程序的结合体,是当事人在庭外自行谈判的基础上寻求司法保护的方案。在国家层面发布的规范性文件中,也是将三种程序并列的。只有明确预重整作为衔接制度的法律本质，才能突出预重整独特的制度价值，处理好预重整与庭外重组、庭内重整两种制度之间的关系，构建多元化的困境企业拯救制度体系。

预重整对庭外重组与庭内重整两种程序的衔接作用具体体现在将庭外重组协议的法律效力向庭内重整程序延伸。在旧有的庭内与庭外二元制的困境企业拯救机制中，庭外重组和庭内重整两种制度泾渭分明。庭外重组严格遵循当事人意思自治的原则，重组协议的法律约束力仅及于签署协议的相对方；庭内重整则可以通过债权人组多数决、人民法院强裁等方式将重整计划的法律约束力及于全体债权人，但是重整计划的起草应当在管理人组织的债权人会议上进行，受管理人和人民法院的监督。庭外重组协议不是按照重整的法定程序要求制定，无法直接获得法院对其法律约束力的确认，必须严格按照法定程序进行才有可能得到法院批准。但是预重整在一定程度上打破了两者之间的界限，在庭外达成重组协议后允许企业通过适用较为简易的重整程序请求法院批准，使庭外重组协议获得对全体债权人的法律约束力。庭外重组协议的效力也能在庭内重整程序中获得承认，是由于预重整在庭内和庭外两种程序之间搭起了桥梁，使两种程序实现高效的衔接。

预重整作为一种耦合程序，在整体上可以分为以下两个阶段：第一阶段是庭外重组阶段，第二阶段是庭内重整阶段。在庭外重组阶段，基本的制度规则与一般的庭外重组近似，即以当事人之间协商的结果制定重组协议。庭外重组阶段结束后，申请破产重整，进入庭内重整阶段，根据庭外阶段制定的重组协议制订重整计划，经由司法程序获得普遍的约束力。因此，预重整能够兼具私力脱困的灵活性和司法脱困的权威性。

为什么可以将两种不同的程序进行衔接构建新的破产法律制度？原因在于二者在制度功能与运行规则方面有相通之处：①制度的目的与功能相同，庭外重组和破产重整同属于企业拯救机制。与破产清算不同，两种制度的目的均在于通过一系列的制度安排，清理债权债务，实现企业脱困再生。②适用对象的情况相似。如果说破产清算适用于已经陷入极其严重的债权债务危机、无运营价值且无挽救希望的企业，那么庭外重组和破产重整共同的适用对象为具有挽救价值和重生希望的企业。③制度内容有重叠之处。庭外债务重组和破产重整都需要债务人与债权人就清偿事项进行协商安排等。因此，两种制度具有衔接的基础。

预重整本质上既不属于庭外重组，也不属于完全的破产重整程序。预重整只是一种全新的企业拯救路径，不会替代任何一种现存的企业拯救制度，只是为有需要的企业提供了一种新的选择。不过，预重整主要是一种自力脱困的方式，自治属性是其主要属性。作为一种与庭外重组、庭内重整并列的企业拯救机制，其最大的优点就在于庭外重组协议进入重整程序后的效力延伸，使庭外重组协议产生普遍的约束力。

(2) 预重整的当事人自治性

第一，预重整是债务人主动在庭外寻求自我脱困的方式，预重整程序的启动权不应当在法院手中。预重整程序的第一阶段是庭外的重组谈判，这就决定了预重整的启动是由债务人主动进行的。预重整的启动不需要经法院批准，而是由债务人基于对企业财务和经营状况的掌握，主动寻求脱困，能够充分发挥困境企业自救的主观能动性，丰富了企业寻求自救的法律途径。如果将程序启动的决定权交予法院，则企业申请启动程序的成本与不确定性将会增加，也会影响企业适用预重整进行自救的积极性。

第二，预重整工作开展的原则是自愿协商，司法权力对程序的影响减弱。特别是在进入破产重整之前，重整方案是由债务人、债权人、投资人等相关方在庭外协商起草的。法院在此阶段不会干预各方当事人的协商事项，此阶段产生的法律效力与庭外重组无异。甚至进入破产重整程序后，法院对于重整程序的介入也比纯粹的破产重整程序要少。比如，在纯粹的破产重整程序中，债权人会议在法院的组织下召开，各方进行重整计划的起草过程，法院都能够进行监督，各方就一些事项出现分歧也可向法院进行请示。而在预重整程序中，法院只是起到监督作用。如果各方在进入正式重整程序前，就重整计划的制订与表决已经达成共识，可以不重复进行表决。法院也只是对重整计划进行形式审查，以及对表决程序的合法、公正性等进行审查。

(3) 预重整是导向正式重整程序的制度

第一，预重整的最终目的是通过重整程序实现企业再生。预重整与单纯的庭外重组相比，最大的优势在于庭外形成重组协议采用"多数决"的表决规则，同时将重组协议写入重整计划，经债权人会议通过、法院批准后对所有债权人产生普遍约束力，避免了债权人"钳制"问题。为了使这种优势实现，必须经由法院进行确认，因此预重整第一阶段的庭外重组协商结束后，各方会积极申请进入正式的破产重整程序。

第二，预重整的制度设计应当导向正式重整。破产重整程序出于保护债权人等各方利益的要求，对于程序上的规定和限制较多，如向债权人进行信息披露的要求，以及征集表决时对表决程序的公平性要求等。法院在批准重整计划时会对相关事项进行审查，如果法院认为不符合法律规定则不予批准，裁定终止重整程序。而在预重整的模式下，申请进入正式的破产重整程序之后，为了提高效率，在程序上可以进行一定的简化，如免去在庭外就已进行的债权人分组表决等环节。但是，法院仍需要在最终审查批准重整计划的环节进行把关，对信息披露、重整计划的合法性与公平性、表决程序的公正性等进行审查，以保障债权人的利益和公共利益。

要想保证在后续能够通过法院审查，在开展预重整工作时，就不能完全脱离破产上有关重整的规定，在某些方面还须以重整程序的相关要求为指导开展工作。因此，预重整应当从制度设计着手，在顶层设计上引导企业更加规范地进行预重整，从而顺利导向正式的破产重整程序。

二、明确预重整衔接规则的特点

(一) 间接性和后置性

预重整是从破产司法实践中发展起来的制度，但是为了使预重整规范化，应当制定可供参考的制度，指引法院和参与预重整的市场主体。特别是在如今各地法院实践标准不统一的情况下，更需出台规则对司法实践进行统一。但是，预重整的法律规制与其他制度有所区别。预重整是在庭外重组、破产重整制度的基础上发展而来的，兼具司法属性和自治属性，与上述两种制度有着密切的关系。鉴于破产重整已经有了较为成熟的法律制度，预重整可以设置为具有间接性和后置性的法律规制方式。

间接性，是指无须对预重整的各个环节与程序进行正面的规定，可以在破产重整章节列入确认预重整效力的规定。原因在于，预重整的第一阶段是在庭外进行，遵循当事人自治的原则，在破产法上对庭外程序作出规定显然不合理。而预重整的第二阶段是进入重整程序，程序的进行主要依照破产法上的规定，只是为了提高效率省去一些重复性的工作。因此，预重整制度的建立无须进行直接、详尽的规定，而是在现有规定的基础上增加预重整所适用的特别规定。

后置性，是指在庭外阶段进行的过程中无须对相关行为进行法律上的评价，而是通过制定庭内、庭外程序的衔接规则，在进入庭内程序之后向前追溯，对庭外的工作成果进行审查并确认其效力。具体是指在进入正式的破产重整程序后，对根据庭外重组方案制订的重整计划进行审查，包括对庭外阶段信息披露、表决程序公正性等进行审查，倒逼债务人在庭外阶段以不低于破产法上的要求做好债权人的利益保护等工作。后置性的规则设计能够在保证程序合法的同时给予预重整参与各方充分的意思自治空间，是预重整规则的突出特点。

(二) 重整导向性

预重整作为一种耦合程序，分为庭外和庭内两个阶段。庭外重组阶段达成的重组协议，仅对签订协议的各方产生相对的法律约束力。如果要对全体债务人产生约束力以实现公司整体脱困，必须通过庭内重整阶段获得法律约束力。这就需要做好庭外阶段与庭内阶段的衔接。预重整制度构建的核心是将庭外重组与庭内重整进行衔接，以强化庭外重组的公信力和约束力。其中，强化公信力与法律约束力就是指通过庭内司法程序赋予法律效力，将庭外重组的效力向庭内延伸。因此，预重整规范构建的核心问题在于保证预重整方案通过破产重整程序获得对全体债权人的法律约束力。

(三) 兼具自治性与司法属性的双重属性

第一，预重整不能中止执行。首先，在预重整阶段，人民法院强制中止执行没有法律依据，不应突破立法上的规定，赋予人民法院在庭外裁定中止执行的权力。其次，将导致司法权力的过度干预。在预重整程序中，债务人、债权人处于主导地位，人民法院在预重整程序中所发挥的作用应当是消极的。如果赋予法院主动介入预重整的权力，将会严重影响债务人在预重整程序中的主导地位，自主协商难以进行，交易成本也会随之增加。最后，预重整阶段中止执行可能严重侵害部分债权人的合法权益。进入预重整程序的公司可能已经陷入一定的偿付危机，被债权人提起诉讼或仲裁。如果在没有进入司法程序的时候就中止执行，同时对庭外阶段也不加以时间限制，则中止执行的时间将会无限延长下去，严重损害债权人的合法权益。此外，还会有债务人假借预重整故意拖延清偿时间，暗中转移财产，引发道德风险。当然，如果债务人能够与申请执行人自主协商，在意思自治的基础上解除财产保全和中止执行程序，在程序上也是合理合法的，同时也会对预重整的进程产生积极的促进影响，应当予以承认和支持。法院可以为债务人与申请执行人的协商搭建沟通的渠道，但是不得利用公权力强迫申请执行人接受。

第二，不能强行指定临时管理人接管债务人企业。预重整制度的一个重要优势在于，债务人可以最大限度地避免司法程序对其日常经营的影响。如果在预重整阶段照搬破产重整程序中的规定，强制指定临时管理人接管债务人企业，则会严重打击债务人适用预重整制度的积极性，也丧失了预重整制度本身灵活、自治的特点。现在很多法院的预重整规则中没有自行管理的选项，而是由法院以随机或者债务人、主要债权人、重整投资人推荐的方式指定外部管理人。既然我国破产法允许债务人在管理人的监督下自行管理财产和营业事务，在预重整制度中即去掉债务人自行管理的必要。预重整阶段可以参照破产重整制度中的"债务人自行管理规则"，保证债务人企业的正常运行，管理人的主要职责是监督。由于预重整追求效率与自治，适合于债务人自行管理。目前，我国债务人自行管理规则的应用还处于起步阶段，将自行管理规则通过预重整的司法实践进行推广，也有利于债务人自行管理规则的完善。

第三，不应要求在预重整阶段拟订完整的重整计划。部分预重整在实践中的适用范围很广。在各类债权中，普通债权，特别是供应商债权一般较为分散，人数众多且金额较少，普通债权持有人一般也不倾向于进行谈判并达成债务清偿的谅解协议。相较而言，金融机构债权人则较为集中和大额，金融债权人的支持对债务人重整的成功与否往往具有决定性的作用。金融机构参与公司重整的经验丰富，对债务人重整的意愿更为积极。同时，很多债权人希望在预重整阶段将信息封锁在一定范围内，不愿使其影响自己的商誉和日常经营事务，因此部分预重整对他们来说是一种更好的选择。如果规定申请重整应当在预重整阶段草拟完整的重整计划并进行预表决，在实践中较难做到，还会不当地限缩预重整制度适用的范围。

三、预重整衔接规则的具体构建

（一）对预重整衔接规则进行法律规制的必要性

1. 提高利害关系人的预重整信心

在我国目前的司法实践中，预重整都是在政府或者法院的介入参与下进行的。法院或者政府的参与本身就能够给予相关利害关系人信心。原因在于：一方面，政府或者法院对预重整全程进行指导和监管，能够规范预重整期间债务人的行为；另一方面，利害关系人对预重整事项有疑问或者对债务人的行为有异议的，可以请求法院居中协调。因此，有人民法院和政府的公信力背书，使债权人、投资人等对预重整的结果有信心，也更加有动力支持和配合债务人开展预重整。

但是，政府或者法院的公信力背书并不是稳定的。为了统一预重整的法律效果，应当对预重整的法律规则进行规定。将预重整每个环节的程序以及相应的法律效力进行规定，使预重整程序的适用有明确的法律依据，增加程序的透明度。让参与预重整的各方对程序适用的法律效力有确定的预期，使其能够评估参与预重整的成本、收益和风险，这样有助于商业关系的稳定，能够增强所有参与方对预重整的信心，提高利害关系人参与、支持预重整的积极性。

2. 规范预重整中各方的行为

各地预重整的规则不同，人民法院对预重整中各方行为的规制也不相同。预重整制度固然具有灵活性，但是这种灵活性的前提是符合法律法规的要求。具体来讲，预重整的灵活性体现在债务人与利害关系人开展协商是在法庭外进行的。但是预重整作为一种半司法性质的公司拯救机制，应当建立法律保障机制，保障参与预重整相关各方的合法权利。

在庭外重组阶段，各方针对重组计划进行协商，还有可能组织预先的表决。由于表决的结果在重整程序中能够经法院审查批准后会对全体债权人产生普遍约束力，因此需要在庭外表决时就对表决程序加以规范，使之后续能够顺利通过法院的审查，获得法院的认可，发生法律效力。除此之外，任何侵害债权人利益的行为，如债务人信息披露不合法，存在欺骗、故意隐瞒等行为，都有可能导致程序上的瑕疵，存在不被法院批准的风险。为了规范预重整各方的行为，保障庭外阶段能够与庭内阶段顺利衔接，应当对预重整庭外阶段与庭内程序的衔接规则进行明确的规定。

(二) 预重整制度的适用条件

1. 不具备清算条件

重整制度的理论基础之一是在公司的营运价值高于清算价值，即公司继续营业的价值高于出售公司资产所获得的价值时，重整所获得的效益高于破产清算。现实中很多公司虽然面临着资金、财务困境，但是公司具有包括商誉、专利技术等在内的无形资产，还具有成熟的生产工艺、专业化的技术团队、稳定的供应商和销售渠道，而出售公司资产无法将上述价值变现，清算后公司主体资格的消灭将导致这些无形的价值全部丧失。

另外，在对公司剩余的资产进行出售时，资产的损耗折旧等因素也导致清算，变现所得往往不尽如人意。再者，很多陷入困境的企业，它们陷入困境的原因不是产业被市场淘汰，而可能是经营策略上出现失误，或者市场因素发生难以预料的变化，使其暂时性地陷入困境之中。一旦摆脱财务上的困境，恢复正常经营，创造的经济效益可以很快使企业重回正轨。出于上述优势，重整制度获得市场的青睐。

而反过来讲，当公司的营运价值远远低于清算价值时，便不具备进行重整的必要，这种公司一般称为"僵尸公司"，具体是指公司的生产已经处于停滞或者半停滞的状态，财务方面连年亏损，出现严重的资不抵债情况，主要靠政府的政策性补贴或者银行续贷勉强维持生存。即使强行通过重整进行营业重组和债务清理，依然不具备盈利能力，日常经营持续恶化、难以为继，只会导致人力、物力和司法资源的浪费。因此，适用重整程序的公司应该具有挽救希望及挽救价值，人民法院在审查是否受理重整申请时，应当将债务人公司是否具有挽救希望和挽救价值作为考察因素。

预重整是导向重整的程序，其最终目的是使公司进入重整程序，完成公司的重生。因此，预重整同样应当提前作出考量，参照重整的规定，对适用条件进行一定的把控。一方面，确实存在一些公司利用预重整程序试图拖延偿还债务，同时通过隐蔽手段转移财产，损害了债权人的利益；另一方面，为了积极响应国家清理"僵尸公司"的政策号召，充分利用预重整和重整的制度优势，创造社会经济效益，预重整也不应适用于对明显不具备挽救可能、应当进行破产清算的公司。

2.有能力自主谈判

进入破产重整之后，会产生中止诉讼、中止执行、解除保全措施等法律效力。有的公司已经出现实质性违约的行为，多位债权人向法院提起诉讼，主要资产被法院大规模查封、冻结。在这种情况下，债权人希望尽快执行其财产，参与、支持公司拯救的意愿不强，债务人缺乏开展自主谈判的能力，迫切需要进入司法程序，寻求重整规则下法院对其资产的解封等措施，以缓解公司经营上的压力。由于预重整并不产生中止执行等效果，如果债务人公司自身的实际情况无法赢得债权人对预重整的支持和谅解，需要依靠司法权力帮助其中止执行、解除财产上的保全措施，则不适用预重整程序。但是公司可以根据自身的情况寻求其他解决机制，如申请破产法上的司法重整。

另外，虽然预重整程序具有程序上的灵活性，成本费用消耗较低。但与债权人、意向投资人进行谈判，仍然需要一定的成本。比如，聘用第三方中介机构对债务人企业的资产负债情况进行尽职调查，对于债权人、意向投资人来说更具有可信力，有利于协商谈判的开展。如果公司连此种成本费用也无力支付，则无法开展自主谈判，不应适用预重整程序。因此，适用预重整的公司至少应当具有足够的流动资金支持预重整工作的开展，有能力自主组织开展谈判协商工作。

（三）预重整程序的启动规则

在讨论预重整的启动规则之前，应当明确的是，预重整的启动是完全自主性的，无须向法院申请适用，也不应当由法院决定能否适用。程序启动，是由于我国预重整的司法实践还不成熟，为了引导公司正确适用预重整制度，避免应当进行清算的企业利用预重整逃避清算，对预重整程序的启动作出相应的规定，由法院进行预重整的备案或者登记。为了防止债务人利用预重整程序拖延债务、逃避清算，应当由法院对预重整程序的申请适用进行形式审查。

此外，预重整的进行需要债权人、投资人等利害关系人的支持，如果利害关系人反对进行预重整，那么预重整工作也很难开展。因此，人民法院可以组织听证，聆听其他利害关系人的意见。债务人对适用预重整程序无明显反对意见的，应当由债务人书面承诺信息披露义务，在无其他特殊情况的条件下，法院应当准许适用预重整并进行登记，不得附加其他不必要的条件。需要注意的是，在不违反法律法规的前提下，人民法院应当根据债务人的要求对预重整的备案或者登记进行保密。

关于预重整程序启动的时点，应当是在申请进入正式的破产程序之前，这样能够保证预重整的庭外阶段不受司法权力的介入影响。在申请主体方面，由于我国要建立的预重整制度是服务于重整程序的，因此预重整的申请资格与重整的申请资格应当一致。

(四) 庭外阶段的预重整辅助机构

债务人与债权人就重组事项进行协商，需要建立信任关系，以争取债权人同意采取债务展期或债转股的方式进行债务重组。债务人聘请客观中立的审计评估、法律等方面的中介机构对公司的资产负债进行全面清查，对法律风险作出分析和提示，能够帮助与债权人建立互信关系。同样，潜在的重整投资人作出投资的决定也需要建立在对目标公司进行尽职调查的基础上，基于对公司资产负债情况和将来营利能力的预期作出是否支持其重整的决定。

对于帮助开展预重整工作的中介机构，各法院规定不同。由当事人自行聘请预重整辅助机构，而非人民法院指定临时管理人。管理人是破产重整中的专门概念，顾名思义，管理人在企业重整期间接管债务人公司，债务人公司的管理控制权移交到管理人手中。虽然在预重整中称之为"临时管理人"，试图与破产重整管理人进行区分，但是其管理人的性质并未改变，与预重整的自治属性相违背。

预重整辅助机构是公司自行聘请为预重整提供专业服务的中介机构，其在庭外阶段的主要职责为帮助企业进行梳理、审核债权，为形成重整方案出具专业意见等。其设立的目的在于改善信息不对称问题，帮助预重整各方对债务人公司建立客观的认识，在信息透明的基础上作出理性的决策，而不具有管理职责，无须向法院汇报工作。因而，自行聘请预重整辅助机构的模式比人民法院指定临时管理人的模式更加适合预重整。

至于在这种情况下如何保证预重整辅助机构行为公正性的问题，虽然预重整辅助机构受聘于债务人公司，但是其工作不仅仅基于某一方利益进行，而是服务于预重整整体工作的推进，具有中立性。且根据法律法规与行业规定，律师事务所等中介机构在出具法律意见书时须对内容的真实性、合法性承担法律责任。另外，进入破产重整程序之后，若预重整辅助机构继续作为重整管理人，则应当对重整有关的事项勤勉尽责、忠实履行职务。有鉴于此，在庭外阶段无须对预重整辅助机构赋予监督类职责。

(五) 庭外阶段与庭内重整的衔接

预重整是两种制度衔接的产物。预重整并不是单独的一套体系，而是在庭外重组和破产重整的基础上延伸出来的规则。从预重整的过程来看，经历以下两个阶段：第一阶段是庭外重组的阶段，债务人与债权人、投资人等利害关系人就债务清偿、融资等进行商业谈判；第二阶段是进入破产重整程序的阶段，法院赋予重整计划以法律约束力，使全体债权人受到重整计划的约束，实现困境公司的新生是预重整的最终目的。

在预重整的庭外阶段，当事人各方签订重组协议以意思自治为原则，无须制定指引规范；而破产重整阶段，在破产法体系中已有成熟的规则，不需要修改。因此，预重整制度的任务就在于将两个阶段进行衔接，仅对衔接制度进行规定即可，使庭外重组协议可以在破产重整程序中获得法律效力。而地方法院的实践中，对预重整规则规定得越细致的，可能反而会导致预重整规则适用的局限性。

1. 破产重整的申请

预重整庭外阶段结束后，需要向法院申请重整才能启动下一阶段。何时申请重整以实现庭外与庭内的衔接应当以当事人的意思为准，一般是在庭外已经就重组达成一定共识后，在预重整参与各方都同意的情况下申请重整，推动程序的进行。法律不应当对何时启动庭内阶段进行强制性规定，也不应当对启动重整程序的条件进行限制。例如，未制订完整的重整计划，仅对关键债权人的债务清偿、重整投资人的引入达成一致的，不能作为不予同意重整申请的理由。

实际上，关于庭外阶段的期限问题，在实践中参与预重整的利益相关各方可以约定一个期限，在约定期限内债权人、意向投资人给予债务人预重整的支持。如果超出期限预重整工作仍进展不佳，债权人可以通过其他的方式寻求债权的实现，意向投资人也可及时止损，通过这种相互之间的约定来制约债务人，促使债务人积极进行预重整，杜绝利用预重整拖延程序的可能性，损害债权人等的利益。

2.重整计划的审查

进入重整程序后，法院应当适用简易审理。如果在庭外阶段已经召开债权人会议，协商制订了重整方案并预先表决通过，则法院可以直接批准根据庭外重整方案制订的重整计划，省略开会、表决等程序。虽然程序上有所简化，但是为了保证重整计划的合法性、公正性和可行性，保护债权人和重整投资人等利害关系人的利益，法院应当将监管的重点放在对重整计划的审查上。如果存在虚假陈述、征集表决程序不合法、侵害债权人利益等行为，相关表决意见无效，法院应当在债务人更正相关行为后重新组织表决。对重整计划的审查能够反向激励债务人在预重整过程中秉持诚信原则，依法进行预重整。

（1）法院应当对信息披露事项进行审查，保证信息披露真实、全面、完整。信息披露的原则应当包括全面披露、充分披露、客观披露、持续披露、合法披露。全面披露，指的是债务人应当对有关利害关系人利益的信息全部披露，不能刻意隐瞒与重整有关的重要信息。充分披露，指的是债务人披露的信息应当足够充分，使利害关系人能够据此作出符合自身利益需求的理性判断。客观披露，指的是债务人信息披露的内容应当客观真实，不能作出虚假陈述，误导甚至诱导利害关系人作出不利于自身利益的判断。持续披露，指的是在预重整阶段内，如果出现重大资产处置、新设融资担保等可能影响预重整的行为，应当及时补充披露。合法披露，指的是信息披露的程序应当符合相关法律规定，并且注意遵守签署过的保密条款。

信息披露的义务人，主要是债权人以及预重整辅导机构。关于信息披露的对象，我国破产法上只规定了债务人向管理人和法院的信息披露义务。由于预重整有很强的自治性，信息披露的对象应当包括参与预重整的债权人、投资人等全体利害关系人。为了提高谈判效率，在庭外阶段债权人可能会参照破产重整的债权人分组模式来组织不同类别的债权人分别进行协商谈判。不同组别债权人涉及的利益不同,原则上应当保证与同一组别进行的信息披露相同。对于不同组别之间,可以根据各组别的实际情况作出略有差别的信息披露,但至少应当保证每组债权人获得充足的信息以使其能够对表决事项作出理性判断。信息披露的内容主要包括债务人的基本情况,包括经营情况、资产负债情况等;庭外阶段制定重组协议的情况,各方对重组协议的意见;对重整价值和重整可行性的分析意见等。

(2)法院应当对投票表决程序进行审查,防止征集表决程序被债务人操控,伪造表决成果。债务人及预重整辅助机构应当向法院提交相关材料,如会议材料、带有签章的表决票、统计表决结果等,并书面说明表决程序的合法性。此外,为了保证利害关系人能够在获取充分信息的基础上作出决策,应当规定披露信息后,须留出足够的时间使利害关系人充分了解信息再进行征集表决。

除了书面审查之外,为了进一步展开调查,法院还可以召开听证会,邀请债务人、预重整辅助机构以及债权人、重整投资人、公司职工和股东等利害关系人提出庭外阶段在信息披露、协商过程、预先表决等环节存在的问题。人民法院也可就相关问题向债务人和预重整辅助机构询问,在听取多方意见的基础上决定是否批准重整计划。

另外,需要注意的是,法院在审查时应当允许债务人未制定完整的重整计划草案,进入重整程序之后仍然可以完善重整计划,组织因新增部分受到影响的债权人组进行表决。另外,庭外阶段可以仅由部分债权人对重组计划进行表决。因为重整通常耗时较长,小额债权人在债务人重整事务上花费的时间成本较之收益来说性价比不高,其参与预重整的积极性一般也不高。而债权数额较大的债权人,如金融债权人等,公司破产清算对其债权实现的影响较大,如果债权人破产清算,其债权将会有严重缩水的风险。因此,大额债权人对重整更具有积极性。债务人率先征求大额债权人的支持可以有效提高预重整的效率。

3.禁反言规则及例外

禁反言规则是指在预重整庭外阶段债权人或者利害关系人已经就重整方案达成一致意见,进入重整程序后该方案被写入重整计划的,视为其对该部分重整计划的同意，除例外情形不可撤销、不可反悔。人民法院也应准许不再进行重复的表决程序。禁反言规则是保证预重整方案在重整程序中获得法律约束力的关键衔接规则。如果允许债权人任意改变其表决意见，则预重整将完全失去其效率优势。

在信息披露充分和表决程序正当的前提下，债权人对重整计划作出的同意表决在进入重整程序后不得随意更改。但是如果重整计划作出了对其不利的改变，或者是基于债务人提供的虚假信息作出的表决，则应当允许其撤回同意，重新进行表决。当然，由于允许仅在庭外阶段与部分债权人达成一致意见，因此会存在部分未投票的人或者遗漏的债权人。进入破产重整程序后，应当组织未登记的债权人进行补登记，此时应当组织受影响的债权人对重整计划进行表决。

4. 预重整辅助机构与重整管理人的衔接

法院裁定受理重整申请之后即进入重整程序，其中最重要的问题之一是工作的交接。预重整辅助机构在庭外阶段对债务人基本情况、庭外协商开展情况等有了深入了解，为了提高工作交接的效率，应当对庭外阶段辅助机构和重整阶段管理人的指定作出合理、协调的安排。原则上，在具有管理人资格的前提下，应当将庭外阶段辅助机构指定为重整管理人。但是，如果存在相关法律规定的利害关系等例外情形，法院应当依据破产法上的规定重新指定管理人。关于其报酬问题，笔者认为预重整辅助机构的报酬应当作为破产费用。

5. 预重整的失败处理

预重整程序的失败可以分为以下两种情形：第一种情形是在庭外阶段组织债权人等利害关系人对重组计划进行庭外表决时未能满足破产法上的表决通过比例，或者因其他原因未向法院提出重整申请便终止预重整。在这种情况下，预重整程序终止在庭外，在法律效果上可以类比于单纯的庭外重组，不影响相关当事人再次向法院提出重整申请或者寻求其他破产法救济途径。第二种情形是法院已经批准进入破产重整程序后，重整计划未获表决通过或者未通过法院批准。在这种情况下，已经进入重整程序，应当按照破产法上的规定宣告债务人破产。

第三节 预重整计划方案制订和流程管理

公司预重整计划方案制订和流程管理是在公司面临重组、整合或变革时制订和执行的一种管理方法。它旨在确保公司的重组过程顺利进行，并最大限度地减少对业务运营的干扰。以下是围绕公司预重整计划方案制订和流程管理的详细论述。

一、确定重组目标和范围

在制订预重整计划方案之前，公司需要明确重组的目标和范围。包括确定重组的原因、期望的结果以及受影响的部门或业务单元。明确定义目标和范围有助于指导后续的计划制订和决策。确定重组目标和范围是制订预重整计划方案的关键步骤之一。在公司进行重组时，明确目标和范围对于指导后续的决策、资源分配和计划制订至关重要。以下是对确定重组目标和范围的详细论述。

确定重组的目标之前，公司需要明确重组的原因和动机。包括提高效率、降低成本、整合业务、优化组织结构、适应市场变化等。明确原因有助于明确重组的目标，并为后续的决策提供依据。重组目标应该是具体、可衡量的，以便评估重组的成功与否。例如，目标可以是降低成本10%、实现部门合并后的员工流动性、加强市场份额等。明确目标有助于组织聚焦和努力，以实现明确的结果。在确定重组目标时，公司应该考虑各种利益相关者的需求和期望。包括员工、股东、客户、供应商、合作伙伴等。公司需要平衡各方的利益，并确保重组目标符合整体利益和战略方向。

在确定重组目标时，公司需要对当前的状况进行全面的分析。包括财务状况、市场竞争环境、组织结构、人员技能等方面的评估。同时，还需要识别可能的挑战和障碍，以便制订相应的目标和计划。在确定重组目标时，公司需要明确重组的范围和影响范围。涉及部门、业务单元、地区或全球范围等方面。明确范围有助于为后续的计划制订和资源分配提供指导，并减少不确定性。

确定重组目标时，公司还需要考虑时间框架。重组的时间范围可能因公司规模、复杂性和目标而有所不同。公司需要设定合理的时间框架，以确保目标的实现，并与其他业务活动相协调。重组的目标应该与公司的战略目标相一致。重组不应是孤立的行动，而应该是公司整体战略的一部分。重组目标的确定应考虑到公司的长期发展方向和愿景。

通过明确重组目标和范围，公司可以在预重整计划方案的制订和执行过程中更有针对性和有效性。明确的目标有助于指导后续的决策，确保资源的合理分配，并评估重组的成功与否。此外，与利益相关者的需求和期望保持一致，有助于获得更广泛的支持和合作。

二、收集和分析信息

公司需要收集与重组相关的各种信息，包括财务数据、人员组成、业务流程等。这些信息的分析有助于了解当前的状况、发现问题和机会，并为制订计划提供依据。同时，还需要评估重组可能带来的风险和挑战。

（一）财务信息

财务信息对于制订预重整计划方案至关重要。公司需要收集和分析财务报表，包括资产负债表、利润表和现金流量表等。这些信息提供了对公司当前财务状况的全面了解，包括收入、支出、资产和负债的情况。通过仔细分析这些数据，公司可以评估重组对财务状况的影响，确定可行的目标和策略，并评估预期的经济效益。

（二）组织结构和人员组成

了解公司的组织结构和人员组成对于制订预重整计划方案至关重要。公司应该收集有关各个部门、团队和岗位的详细信息，包括人员数量、职责和技能要求等。通过分析组织结构和人员组成，公司可以识别出潜在的重组需求，如可能存在的重复职能、不必要的层级或技能缺口。这有助于确定组织结构的优化方案，确保资源的合理配置，并为新的组织设计提供指导。

（三）业务流程和运营数据

分析业务流程和运营数据是了解公司运作方式的关键。公司应该收集和分析与各个业务流程相关的信息，如生产流程、供应链管理、销售和营销流程等。此外，还应收集和分析关键的运营数据和指标，如生产效率、库存周转率、客户满意度等。通过深入分析业务流程和运营数据，公司可以识别出低效的环节、瓶颈和改进机会，并制订相应的优化方案，以提高效率和质量。

（四）市场和竞争情况

了解市场和竞争情况对于预重整计划方案的制订至关重要。公司应该收集有关市场趋势、行业发展、竞争对手和客户需求的信息。可以通过市场研究、行业报告、竞争分析等手段进行。通过深入了解市场和竞争情况，公司可以确定重组的定位和策略，以确保在竞争激烈的市场中保持竞争优势。此外，对客户需求的了解有助于制订重组方案，以更好地满足市场需求。

（五）反馈和意见收集

除了内部数据和信息，公司还应主动收集利益相关者的反馈和意见。包括员工、客户、供应商、合作伙伴等。通过员工调查、客户反馈、定期会议等方式，公司可以获得有关重组的洞察和反馈。有助于了解重组对各方的影响和关切，识别可能的问题和挑战，并改进重组计划以更好地满足各方的需求。

（六）风险和挑战评估

在收集和分析信息的过程中，公司应该对潜在的风险和挑战进行评估。包括识别可能的障碍、人员抵触情绪、技术难题、法律合规问题等。通过评估这些风险的潜在影响和可能性，公司可以制定相应的风险管理策略和应对措施。有助于减少不确定性，确保重组过程的顺利进行。

通过充分收集和分析信息，公司可以建立对当前状况、问题和机会的全面了解。这为制订详细、可行的预重整计划方案提供了基础，减少了决策的盲目性，并帮助公司在重组过程中作出明智的决策和有效的资源配置。同时，与利益相关者的反馈和意见保持沟通，有助于建立共识和合作，提高重组计划的成功率。

三、制订预重整计划方案

基于目标、范围和信息分析，制订详细的预重整计划方案。包括制定时间表、资源分配、团队组织和沟通策略等。计划方案应该具体、可操作，并与公司的战略目标相一致。

(一) 确定时间表

制定时间表是确保重组过程按计划进行的关键因素。首先，需要明确每个阶段和活动的开始和结束时间。可以通过分解重组过程为不同的阶段和子任务来实现。每个阶段应该有明确的时间限制，以确保进度的可控性。此外，重组时间表还应考虑到相关的依赖关系和资源可用性。如果某些活动需要在其他活动完成后进行，这些依赖关系应该被纳入时间表中，以避免延误和冲突。定期审查和更新时间表是确保进度控制和调整的重要环节。一旦出现任何偏差或延迟，应及时采取纠正措施，以保持整个重组过程的顺利进行。

(二) 资源分配

在制订预重整计划方案时，需要明确资源的需求和分配。首先，评估所需资源的数量和类型。包括人力资源、财务资金、技术设备等。资源评估应基于重组的目标和范围，以确保所分配的资源足够支持重组过程。然后，确定资源的分配方式。这可以涉及制订资源分配计划，明确每个资源的分配比例和优先级。资源的分配还需要考虑到资源的可用性和优先级。在资源有限的情况下，确保资源的合理配置是至关重要的。此外，还应建立有效的资源跟踪和管理机制，以确保资源的有效利用和优化。

(三) 团队组织

一个有效的预重整计划方案需要明确团队的组织和角色。首先，确定项目团队或重组团队的组成。包括各个部门的代表、专业人员和其他关键利益相关者。然后，明确每个团队成员的职责和权限。确保每个团队成员理解自己的角色和职责，以及他们在重组过程中的工作范围。团队成员之间的沟通和协作也是成功实施计划的关键因素。为了确保有效的团队协作，可以制定沟通渠道和会议机制，以促进信息共享和决策制定。

(四) 沟通策略

在预重整计划方案中，制定一个全面的沟通策略是至关重要的。

首先，确定内部沟通的渠道和频率。涉及员工会议、内部通知、团队会议等方式。内部沟通的目标是确保员工理解重组目标、范围和进展。沟通渠道应选择能够覆盖所有员工的适当方式，并提供机会进行双向交流。

其次，制定外部沟通策略。包括新闻发布、客户会议、合作伙伴会议等方式。外部沟通的目标是与利益相关者、合作伙伴和客户分享重组计划和进展。外部沟通应考虑到不同利益相关者的需求和期望，并提供准确和透明的信息。

(五) 具体操作和里程碑

预重整计划方案应该明确具体的操作和里程碑。具体操作是指实际执行的任务和活动，如组织结构调整、人员培训、技术升级等。每次操作应该具有明确的目标、时间表、责任人和资源需求。具体操作应与整体重组目标相一致，并根据重组的优先级进行排序。里程碑是评估重组进展的关键节点。它们可以用来测量计划的实施情况和效果。里程碑应具有明确的完成标准和时间限制。通过设定具体操作和里程碑，可以提高重组计划的可操作性和透明度，同时为团队提供明确的目标和方向。

综上所述，制订基于目标、范围和信息分析的详细预重整计划方案需要考虑时间表、资源分配、团队组织和沟通策略等因素。具体操作和明确的里程碑有助于确保计划的可行性和有效实施，并与公司的战略目标相一致。

四、沟通和协调

在制订计划方案的同时，公司需要与各方进行广泛的沟通和协调。包括与员工、管理层、股东和利益相关者进行沟通，明确重组的目标、计划和影响。透明和有效的沟通有助于减少不确定性和阻力，并获得支持和参与。沟通和协调在制订预重整计划方案中是至关重要的，涉及与各方进行广泛的沟通和协调，以确保重组过程的成功实施。下面是对该主题的详细论述。

(一) 内部沟通

在制订预重整计划方案时，公司应与员工和管理层进行密切的沟通。包括向员工和管理层明确重组的目标、计划和影响。透明和及时的沟通可以消除员工的猜测和不确定性，帮助员工理解重组的目的和意义。此外，沟通还可以减轻员工的焦虑和担忧，增强他们对重组计划的支持和参与。在内部沟通中，应提供足够的机会供员工提出问题、提供反馈和建议，并及时作出回应。这种开放的沟通环境有助于建立信任和团队合作，促进整个重组过程的顺利进行。

(二) 外部沟通

除了内部沟通，公司还应与股东和其他利益相关者进行外部沟通。包括向股东和投资者传达重组计划的目标、计划和预期效果。透明和准确的外部沟通有助于增强股东和投资者的信心，维护公司形象和声誉。此外，公司还应与其他利益相关者，如供应商、客户和合作伙伴进行沟通。他们可能会受到重组计划的影响，因此及时沟通可以减轻他们的担忧，并确保合作关系的稳定性和持续性。在外部沟通中，公司应提供准确的信息，回答利益相关者的问题，并考虑他们的意见和反馈。

(三) 协调与合作

除了沟通，协调与合作也是制订预重整计划方案时需要关注的重要方面。重组过程涉及多个部门和团队之间的协作和协调。公司应确保各部门之间的合作和信息共享，以确保重组计划的一致性和有效性。可以通过定期的跨部门会议、项目管理工具和信息共享平台来实现。此外，重组过程中可能需要与外部顾问或专家合作。公司应确保与外部合作伙伴的有效协调，共享信息，并明确各方的责任和期望。协调与合作有助于提高整体的重组效率和成果。

综上所述，沟通和协调在预重整计划方案的制订过程中是不可或缺的。通过内部沟通，公司可以消除员工的不确定性，获得员工的支持和参与。通过外部沟通，公司可以增强股东和利益相关者的信心，并确保合作关系的稳定性。协调与合作确保各部门和团队之间的有效协作，提高重组的效率和成果。因此，在制订预重整计划方案时，公司应重视沟通和协调，并采取相应的措施来确保信息的传递和合作的顺利进行。

五、管理人员和员工的变革

预重整计划方案应该包括适当的变革管理策略。公司需要为管理人员和员工提供培训、支持和资源，帮助他们适应变革并发挥作用。包括激励和奖励机制，以鼓励积极参与和合作。从公司的角度来论述管理人员和员工的变革是预重整计划方案中的重要方面，可以考虑以下四点。

（一）组织效能的提升

通过为管理人员和员工提供培训、支持和资源，公司可以提高组织的整体效能。管理人员和员工经过适当的培训和发展，将具备应对变革所需的知识和技能，能够胜任新的角色和责任。支持和资源的提供可以帮助他们克服困难，保持工作动力，并提高工作效率。将有助于整个预重整计划的顺利进行，确保变革的目标得以实现。

（二）人才留住和发展

重组过程中，管理人员和员工面临变化和不确定性。通过为他们提供支持和发展的机会，公司能够增加员工的满意度和忠诚度，从而提高人才的留住率。员工感受到公司对他们的关注和支持，将更有动力和积极性参与变革。此外，企业还可以通过激励和奖励机制，激发管理人员和员工的工作动力，促使他们在变革中发挥出更好的表现。有助于建立积极的组织文化，吸引和留住优秀的人才。

（三）变革管理的成功

管理人员和员工的参与和支持对于预重整计划的成功非常关键。透明和及时的变革沟通可以减少员工的猜测和不确定性，帮助他们理解变革的目的和意义。通过与管理人员和员工的沟通和合作，企业可以收集他们的意见和反馈，及时调整计划，提高变革的成功率。管理人员在变革中起到关键的引导和榜样作用,他们的积极参与将鼓舞员工的信心,并推动变革的顺利进行。

(四) 组织文化的塑造

预重整计划为企业塑造组织文化提供了机会。通过培训和发展,公司可以传递和强化所期望的价值观和行为准则。变革过程中的沟通和协作可以促进团队合作和开放的沟通氛围。激励和奖励机制可以强调企业对创新、合作和绩效的重视。这些措施有助于形成一个支持变革和持续发展的组织文化,为企业的未来成功奠定坚实的基础。

因此,从企业的角度来看,管理人员和员工的变革是预重整计划方案中不可或缺的一环。通过为他们提供培训、支持和资源,激励和奖励机制,以及积极的变革沟通,公司可以提高组织效能,留住和发展人才,实现变革管理的成功,并塑造积极的组织文化。这将为公司的未来发展奠定坚实基础,并提供持续的竞争优势。

六、监督和评估

在重组过程中,公司应该进行监督和评估,以确保计划方案的实施和目标的实现。可以通过设立关键绩效指标、定期审查进展情况、收集反馈意见等方式来实现。根据评估结果,必要时进行调整和改进。从司法角度来论述监督和评估在预重整计划中的重要性,可以考虑以下四点。

(一) 法律合规性

在重组过程中,公司必须确保其行为符合相关的法律和法规。监督和评估机制有助于确保公司在计划方案的实施中遵守法律要求。通过设立关键绩效指标,可以衡量公司在法律合规性方面的表现,并及时发现和纠正潜在的违法行为。定期审查进展情况和收集反馈意见也有助于发现和解决可能存在的法律风险和合规问题。

(二) 透明度和公正性

监督和评估机制能够提高重组过程的透明度和公正性。设立关键绩效指标和定期审查进展情况，可以确保公司的决策和行动是透明的，并遵循公正的原则。收集反馈意见也可以提供参与者对计划方案的意见和看法，确保他们的权益得到充分尊重。通过确保透明度和公正性，公司可以防止不当行为和潜在的诉讼风险，维护企业的声誉和合法权益。

（三）调整和改进

监督和评估机制为公司提供了调整和改进预重整计划的机会。通过对关键绩效指标的监测，公司可以及时了解计划方案的实施情况，并识别出潜在的问题和挑战。根据评估结果，公司可以进行必要的调整和改进，以确保计划方案能够达到预期的目标和效果。有助于提高计划方案的成功率，并最大限度地保护公司和利益相关者的权益。

（四）法律责任

监督和评估机制有助于公司履行法律责任。通过定期审查进展情况和收集反馈意见，公司可以及时发现和纠正可能存在的违法行为和不当操作。如果公司发现自身存在违法行为，也可以采取相应的纠正措施，以减少法律责任和潜在的法律后果。此外，监督和评估机制还为公司提供了合法辩护的证据，以证明其合规性和尽职调查。

综上所述，从司法角度来看，监督和评估在预重整计划中起着重要的作用。通过设立关键绩效指标、定期审查进展情况、收集反馈意见等方式，公司可以确保其行为符合法律要求，提高重组过程的透明度和公正性，并及时调整和改进计划方案。有助于减少法律风险，保护公司的合法权益，并维护公司的声誉和信誉。

七、风险管理

重组过程中存在各种风险，如人员流失、业务中断、声誉损失等。公司需要制定风险管理策略，识别和评估潜在风险，并制订相应的风险缓解计划。包括建立应急预案和备份方案，以应对可能的风险和不确定性。从司法角度来论述风险管理在预重整计划中的重要性，可以考虑以下四个方面。

(一) 法律合规性

风险管理策略有助于确保公司在重组过程中遵守法律要求。通过识别和评估潜在风险，公司可以预防潜在的违法行为，并采取相应的风险缓解措施。例如，公司可能面临人员流失的风险，而司法角度强调在人员流失时应遵守相关法律法规，保护员工的权益，确保合法的解雇程序和补偿机制。风险管理策略的制定和执行有助于降低法律纠纷和法律责任的风险。

(二) 业务中断和合同履行

重组过程中可能发生业务中断的风险，导致合同履行的问题。从司法角度来看，公司应制定风险管理策略，以应对这些潜在风险。例如，公司可以审查和评估现有合同，并与相关各方进行沟通和协商，以确保合同的有效履行和避免法律纠纷。此外，建立应急预案和备份方案也是减轻业务中断风险的重要措施。这些措施有助于保护公司的合法权益，维护业务的连续性和稳定性。

(三) 声誉和信誉风险

重组过程中，公司的声誉和信誉可能受到损害。司法角度强调公司应采取风险管理措施，以减少不良的声誉和信誉为企业带来的风险，要积极地沟通与协调，以确保信息的透明和准确传达。此外，公司还应建立有效的危机管理机制，以应对可能出现的声誉危机，并及时采取措施进行修复和恢复。通过有效的风险管理，可以最大限度地减少声誉和信誉风险对公司的影响，并保护公司的声誉和市场地位。

(四) 法律责任

风险管理策略的实施有助于公司履行其法律责任。公司在预重整计划中面临的风险，如果没有采取适当的风险管理措施，可能会负法律责任。司法角度强调公司应识别和评估风险，并制订相应的风险缓解计划。有助于降低法律纠纷和法律责任的风险，并为公司提供合法辩护的证据。

从司法角度来看，风险管理在预重整计划中具有重要意义。通过制定风险管理策略、识别和评估潜在风险,并采取相应的风险缓解措施,公司可以降低法律风险,保护公司的合法权益,并维护声誉和信誉。有助于确保重组过程的顺利进行,避免法律纠纷,并为公司的长期发展打下坚实基础。

八、持续改进

预重整计划方案应该是一个持续改进的过程。公司应该回顾整个重组过程,总结经验教训,并将其应用于未来的重组项目中。通过不断的学习和改进,公司可以提高预重整计划的效率和有效性。从司法角度来论述预重整计划的持续改进的重要性,可以考虑以下三个方面。

(一)优化效率和有效性

持续改进预重整计划有助于优化其效率和有效性。通过反思和评估过去的重组项目,公司可以识别出可能存在的瓶颈、问题和改进机会。从司法角度来看,公司可以审查与法律程序相关的流程,并通过改进流程和采用最佳实践,提高预重整计划的执行效率和效果。有助于减少资源浪费、提高效益,并更好地遵守法律要求。

(二)纠正偏差和风险

持续改进预重整计划还有助于纠正偏差和降低风险。通过监督和评估过程中的关键绩效指标,公司可以发现和纠正可能存在的偏差和风险。例如,如果发现在过去的重组项目中出现了法律纠纷或违规行为,公司可以通过改进培训计划、加强内部控制和审计机制等措施,预防类似问题的再次发生。有助于保护公司的合法权益,并避免法律责任和潜在的法律后果。

(三)持续学习和知识分享

持续改进预重整计划促进了持续学习和知识分享。公司可以将经验教训应用于未来的重组项目,并与内部团队和外部专家进行知识分享。从司法角度来看,公司可以与法律顾问和专业机构合作,分享关于法律合规和风险管理的最佳实践。有助于提高公司在法律事务中的专业知识和能力,并减少法律风险和纠纷的发生。

从司法角度来看，持续改进预重整计划是至关重要的。通过回顾经验教训、优化效率和有效性、纠正偏差和风险，以及进行持续学习和知识分享，公司可以不断提升预重整计划的质量和法律合规性。有助于降低法律风险、保护公司的合法权益，并在重组过程中取得更好的成果。

综上所述，公司预重整计划方案的制作和流程管理是一项复杂的任务，需要全面的规划、沟通和变革管理能力。通过明确定义目标和范围、收集和分析信息、制订详细的计划方案、沟通和协调各方、管理变革过程，并进行监督和评估，公司可以有效地实施重组并实现预期的目标。

第四节　预重整期间的债务人保护

一、围绕债务人保护构建预重整制度的理由

(一) 预重整制度的价值追求

预重整的直接目标是通过预重整工作，提高效率、节约成本，促使重整能顺利通过。从根本上来看，预重整的最终价值追求与重整制度是一致的，都是为了挽救有价值的困境公司，使之通过预重整/重整得以脱困重生。显然，相较于更注重债权人的权利保护的破产清算以及破产和解，重整更重视对债务人的保护，除待履行债务选择权、保全解除和执行自动中止等一般破产保护措施外，更在特定条件下赋予了债务人自行管理财产和营业事务的权利。可见，重整相较更倾向于清算主义的其他两个破产程序，显然是更倾向于再建主义的。

当满足了重整程序的基本逻辑——债务人的困难是暂时性的、债务人的营运价值高于其清算价值、债务人通过重整可获得不低于清算所获，那么重整就是有价值的，是困境公司拯救更优的程序解。预重整一定意义上作为重整程序的前置和扩展，与重整的价值追求高度统一，也应当以再建主义为核心指导思想。这样的价值追求和指导思想必然要求预重整注重债务人的权利保护。

(二) 预重整的主导主体要求

我国目前的预重整实践由于立法缺位，并无明确统一的预重整主导主体，实践中多以人民法院或政府为主导，这种做法是基于特案特办的逻辑出发的，显然不具有普适性，同时也是不合理的。人民法院或政府往往是出于维稳政策等现实压力推动预重整，很难有自主积极性。要将预重整作为广泛适用的困境公司挽救机制，就必须交由相应的利益相关方来主导，这样才能最大化激发主导主体的积极性推进预重整工作。显然，预重整的利益相关方中最典型的就是债务人和债权人。而相较于债务人，债权人天然地更倾向于关心保障自身债权得以充分实现，对于债务人能否通过预重整得以脱困重生显然没有太大兴趣。尤其是不同类型的债权人，其价值取向也会有所不同，比如担保债权人的权益不会因为重整成功与否而受影响，故其天然就缺少推动重整的内在动因。但是对于债务人而言，重整成功与否是关乎其"生死存亡"的头等大事，因此其必将投入最大的精力力促重整成功。

此外，相较于政府、人民法院、债权人等主体，债务人对公司的自身情况最为了解和熟悉，处理公司重整工作时也就更为得心应手，减少了由其他主体主导重整时需要在熟悉公司基本情况上耗费的精力。

综上，相较于其他主体，债务人最适合作为预重整甚至是重整程序的主导主体。当然，在现行破产法体系下，重整程序实际上是由管理人主导为主，债务人主导为补充的。但预重整程序由债务人作为主导主体并不会与之冲突，二者完全可以并存且实现良好衔接。同时，主导主体的不同恰恰更好地体现了两个程序间的差异以及预重整自身独特的制度价值。

(三) 域外经验与国内实践

预重整制度诞生于美国的破产实践。起初是由困境公司自发采取私力脱困，司法部门及政府并未介入。在向人民法院正式提交重整申请之前，债务人即自发与债权人协商完成了重整计划草案并进行了表决。随着预重整实践日益成熟，官方才通过立法加以认可及相应规制。从域外的预重整实践，主流观点认为主要存在以下两种模式，即以债务人为主导的美国模式和以"伦敦规则"为指导的英国模式。

美国模式的预重整，最核心的是信息披露和表决规则。对于信息披露的标准，首先，要求满足破产法之外对信息披露要求的法律。所谓破产法之外的法律从字面意义看是破产法以外的所有法律，但实际上通常仅指证券法及各州法律。其次，当其他法律并未对信息披露的标准提出具体要求时，则要求债务人所披露的信息必须达到"充分披露"的标准。"充分披露"是要求债务人所披露的信息必须达到足以详细准确地展示出其实际情况，以便相关权利人根据所披露的信息可以作出理性判断。当信息披露满足前两项标准时，破产法就认可预重整投票表决的结果。而对于表决规则，采用双重多数决，即投同意票的债权人人数必须超过总人数的1/2，且其所代表的债权份额必须达到债权总额的2/3。人民法院审查在先表决通过的重整计划草案没有法定无效情形后即可裁定批准重整计划，批准后对所有债权人（包括投反对票的债权人在内）产生约束力。为了进一步促成预重整和重整的顺利完成，《美国破产法》还特别规定了直通车程序，即权利未受重整计划草案调整或影响的债权人无须投票而直接视为赞同票。从而进一步减轻了债务人获取债权人赞成票的压力，同时也有利于不受影响的债权人继续维持与债务人的经营往来。与之相对应，为防止债务人滥用权利，《美国破产法》对表决作出了程序性要求，规定债务人必须给予表决权人合理期限以作出理性表决。

以"伦敦规则"为指导的英国模式是指由第三方中立机构"英格兰银行"推动重组谈判的预重整模式。"伦敦规则"旨在引导贷款人和借款人通过面对面谈判制定非约束性的条款。"伦敦规则"具有隐秘性强、公平自愿、灵活快捷等显著特点，但并非法定程序，法院并不介入，缺少法律强制力。此外，"伦敦规则"下的预重整模式，还将自动冻结制度提前到了重组谈判阶段，在重组谈判阶段，就提前停止对债务人到期债务的利息计算，并且债务人在一定期限内免受相关权利人的追索。英国模式具有独特的制度价值，因此在世界范围内同样被广泛借鉴，尤其是在东南亚国家，如将"伦敦规则"加以改造结合国情形成的"曼谷规则"的泰国公司债务重组咨询委员会（CDRAC）制度以及以"雅加达倡议"为指导的印度尼西亚重组模式等。

英国模式的债务重组并不属于预重整，而是仍然停留在庭外重组，因为该模式仅是对庭外重组谈判进行了相应的指导或指引，重组方案需要全体银行债权人的一致同意才能生效，与传统的庭外重组并无本质上的区别，故在后文将用"英国模式的庭外重组"代称该模式。值得注意的是，英国破产制度除了该模式外，还向困境公司重整提供了包括自主安排程序（CVAS）、管理程序在内的多种选择路径。这些重整制度，虽然并未明确被界定为是否属于预重整，但也在世界范围内尤其是诸如澳大利亚一类的英联邦国家，产生了深远的影响，并为困境企业拯救发挥了不可替代的重大作用。所谓自主安排程序，是指当企业陷入破产困境时，由管理者向破产职业者寻求帮助以完成重整草案最终顺利重整，强调程序的简便和快捷，由债务人和破产职业者主导完成整个程序。而管理程序则是指当债务人陷入破产困境后，由债权人向法院申请，再由人民法院在受理申请的同时任命专门的破产职业者作为管理人接管企业主持重整工作。管理程序以拯救债务人作为其首要目标，而债务人的受偿权相较之下居于次要地位。

此外，管理程序还明确规定了债务人自程序启动之日起享有时长为一年的保护期，在保护期内债务人受到自动冻结制度的保护。同时，管理程序还赋予管理人相当大的自主权，尤其是针对债务人财产的自主权。对于任何有利于重整实现的债务人营业事务和融资事项，管理人均有权自行决定而不受担保债权人的干涉，仅受债权人会议或债权人委员会之监督。可以看到，无论是自主安排程序还是管理程序，英国破产法律制度都特别强调破产职业者即管理人的作用。在背后支撑这种立法逻辑的理由主要有以下两点：一是公司陷入破产困境显然应主要归咎于债务人自身，债务人自身已经无法应对陷入破产困境的企业所面临的各种问题，尤其是在破产困境下的问题往往具有极强的专业性和复杂性；二是作为中立的中介机构性质的破产职业者，相较于债务人，由于缺少利益对立的矛盾，往往更容易取得债权人的信任，有助于重整最终获得成功。

事实上，不论是美国模式的预重整还是英国模式的庭外重组，都充分体现了再建主义的要求，旨在拯救困境公司，注重对债务人的保护。以债务人为主导，美国模式本身就赋予了债务人极大的权利和自由，尤其是美国传统重整即以债务人自行管理（DIP）制度为主的背景下。除了债务人主导预重整之外，《美国破产法》还通过直通车程序、破产债务人税收优惠等债务人保护机制确保债务人在预重整程序中充分发挥作用以促成重整计划的表决通过。英国模式的庭外重组虽然由第三方中立机构主导推动庭外谈判，但也存在着诸如自动冻结制度的债权人保护机制。且该保护机制在其自主安排程序和管理程序中也得到了相当大的运用，给予了债务人一定期限内的特殊保护。显然，不论是美国模式还是英国模式，二者都基于债务人一定特殊保护的做法是有充分理由的。在再建主义的指导下，清算以使债权人充分受偿不再是破产法的首要目标，通过重整可以实现债务人重生、债权人受偿份额提高、社会生产效率提高的多重目标，显然是更具经济价值的明智之选。为实现多方共赢，必须倾斜性地给予债务人一定范围内的特殊保护，以力促重整成功。且从域外实践经验来看，这样的做法显然是正确的，在困境公司拯救中发挥了重大作用，值得我国在构建预重整制度时借鉴参考。

虽然我国目前的预重整实践案例较少，但已经有学者根据现有的预重整实践总结经验，主张预重整应以债务人为主导，注重对债务人的保护。虽然其中并没有专门强调以债务人保护为核心，但围绕其构建我国的预重整制度，这是我国预重整制度构建和完善的方向。当前，以政府或人民法院为主导特案特办的预重整模式显然是不具有可持续性的，只有完善对债务人的保护，建立债务人保护的相应机制并搭建起由债务人主导的预重整制度，才能充分激发困境公司主动采用预重整脱困的积极性。

二、预重整期间债务人保护机制的构建目标

在预重整中如何构建相应的债务人保护机制，对债务人的何种权利进行保护，保护到何种程度是构建保护机制时必须思考的问题。要回答这个问题就必须明确为什么要在预重整中构建债务人保护机制，即其目标是什么。

（一）为债务人预重整扫清障碍

构建债务人保护机制的根本目标是为债务人开展预重整扫清障碍。如前文所述，重整成功与否直接关系到债务人的生死存亡，因此对于作为理性经济人的债务人而言，重整成功对其存在着天然激励，其必将倾其所有力求重整成功，故由债务人来主导预重整是最合理的。而进入预重整的债务人全部都是陷入破产危机的困境公司，往往都面临着来自诸如税务机关、职工、银行、供货商等各种类型的债权人施加的压力。为了缓解这些压力，防止这些压力成为债务人开展预重整工作的障碍，就必须赋予债务人一定的权利

和自由，为其扫清障碍。这些障碍往往是多方面的，可能是交易相对方的不信任，可能是法院的强制执行措施，可能是职工罢工停产等。针对不同的障碍，就需要不同的债务人保护机制。只有扫清这些障碍之后，预重整才能顺利进行，债务人才有可能通过预重整最终重整成功。

(二) 保障核心业务的继续经营

核心业务，是指公司赖以生存发展的主要业务。保障债务人的核心业务在预重整其至整个重整过程中都能继续经营生产，也就是通常说的破产不停产。通常来说，保障核心业务的继续经营有以下四个方面的作用。

第一，核心业务代表着公司的市场竞争力，是困境公司具有重整价值的充分体现。保障核心业务的继续经营，就是在保障债务人在预重整和重整程序中始终都具有重整价值。一旦债务人的核心业务在市场上已经失去了竞争力，很大程度上就意味着其已经不再具有重整价值，从而可以终结重整转而进入破产清算，避免做无用功造成资源浪费，损害债权人的利益。

第二，保障债务人的核心业务继续经营，是维护公司商誉的重要手段。可以增强经营过程中的交易相对方以及市场上的潜在交易对象对公司的信心，有助于维护公司的商誉，对预重整、重整的顺利展开具有重大意义，而且维持较好的商誉对公司重整成功后恢复正常生产经营也是不可多得的公司财富。

第三，保障债务人的核心业务继续经营，还有助于增强各种债权人对债务人重整的信心，帮助债权人更好地理解和支持公司进行重整，促进重整的最终成功。

第四，保障债务人的核心业务继续经营，也可以保障尚具有盈利能力的债务人在重整过程中持续不断地创造价值获取利润，缓解债务人的资金困境。因此，可以确定保障债务人的核心业务继续经营，对于重整成功具有重要意义。必须通过相应的债务人保护机制，保障债务人的核心业务继续经营。

(三) 平衡债务人、债权人的利益

正如重整程序一样，预重整虽然是以挽救债务人为最终目标，强调对债务人的保护，但也必须兼顾对债权人利益的保护，做到利益平衡。否则一味强调债务人保护，极有可能会对债务人过分赋权。一旦债务人滥用权利，将造成对债权人利益的严重损害。诚然，在部分重整或预重整程序中，债权人可能基于各种原因考虑会让渡其部分权利，但这属于债权人自身对权利的处分，并不是理所当然的。因此，立法者在立法时必须兼顾债权人的利益做到利益平衡。这实际上就是预重整中对债务人的保护应当到何种程度，债权人配合重整时应配合到何种程度的问题。事实上，我国现行的企业破产法的部分条文已经有了类似的规定，如企业破产法虽规定了重整期间担保权人暂停行使担保权，但当存在担保物有损坏或价值明显减少的可能足以危害其权利的情形时，其有权向法院请求恢复行使担保权。

此外，该法关于人民法院重整计划强制批准的要求也体现了对债务人和债权人的利益平衡。该条实际上是赋予了法院对于权利未受重整计划草案影响的相关债权人的强制批准权。平衡社会各主体间的利益是该法的主要机能之一，要平衡预重整中债务人、债权人的利益，就必须在给予债务人特殊保护的同时通过明确规定限制其权利的范围和界限，并针对权利的行使构建起到良好有效的监督机制。同时，法律还应当赋予相对方即债权人一定的救济途径以便其在权利遭到损害时进行维权。

三、预重整期间债务人保护机制的具体构建

(一) 健全相关法律规范体系

当前，我国破产法并未对预重整进行正面认可，也没有建立起相应的法律规范体系。预重整实践面临的首要问题就是无法可依，当务之急就是要建立预重整法律规范体系，从立法层面正面确立预重整的合法性，为预重整实践提供规范指引。

首先，应直接正面肯定预重整的合法性及重整申请前达成的重整计划，并直接明确预重整由债务人主导，政府、人民法院、债权人等相关主体则承担协调、配合等责任。

其次，对预重整中的信息披露、表决规则等直接决定重整计划表决效力的关键规则加以明确，实现法的指导功能，并为预重整实践提供规范指引。

再次，建立健全债务人保护机制，并对相应的适用程序和条件进行明

确，为债务人在预重整中充分发挥作用提供制度支持。

最后，明确债务人保护机制的界限和监督机制，从而做到平衡债权人和债务人的利益兼顾，避免债务人权力滥用。

(二) 自动停止制度的适用

自动停止制度有时也被称为"自动冻结""自动中止"等，指的是一旦债务人提出破产申请，并由人民法院裁定受理，那么一切包括诉讼行为或非诉讼行为在内的针对债务人财产的追索行为和法律程序都自行停止，全部由破产程序统一处理。最初，自动停止制度起源于英国模式的庭外重组的自动冻结制度，该制度给予债务人一个特定明确的保护期，在保护期内债务人不受债权人请求权的追索，同时担保债权人也不得行使其担保权。这让陷入破产困境的债务人得到了喘息的机会，暂时免于受到来自债权人方面的强大压力，集中精力处理重组事宜。我国现行破产法已经规定了类似于自动停止的制度，如企业破产法关于保全解除和执行中止的规定以及关于未决诉讼／仲裁中止的规定。

预重整中的债务人，同样面临着来自债权人追讨的强大压力，且债务人作为困境企业，往往面临着严重的资金困难，高额的债务利息极有可能成为压垮债务人的最后一根稻草。因此，有必要在预重整中一定程度地适用自动停止制度，帮助债务人减轻资金困难和偿债压力。但是预重整阶段毕竟是由债务人主导，且没有期限限制，若完全适用自动停止程序，极有可能导致债权人的利益过分受损，因此必须对其适用条件和适用期限加以明确。只有债务人在法院进行预重整登记后方可申请适用自动停止制度。在申请时需由法院组织召开听证会，最大限度地召集已知债权人参加听证表达合理诉求。

债务人首次申请适用自动停止制度无须经债权人表决通过，但自动停止制度的适用期限为三个月，如到期后预重整尚未完成，需重新申请并重新召开听证会。第二次听证会时，债务人需详细阐述第一次申请后未完成预重整的原因及再次申请的理由，且须经已知债权人过半数，代表债权总额三分之二表决通过。一次预重整期间内，最多不得超过两次申请适用自动停止制度。

(三) 税收优惠

税务负担过重是我国破产重整实践中暴露出的问题之一。一方面，税收债权在破产程序中具有优先权；另一方面，重整程序中的债务人不可避免地会出现各种各样的涉税行为如兼并重组、债务豁免、资产处置等，产生的高额税负往往导致债务人无力承担。而且，由于重整程序的特殊性，已经陷入破产困境的债务人绝大多数都存在资金严重短缺的问题，且缺乏有效的融资渠道，而兼并重组、债务豁免往往并不能为债务人提供有效的资金流入。以上各种原因的综合作用下，造成债务人往往不堪税务负担的重压，极不利于重整的成功完成。

要在预重整中实行税收优惠，应对我国的税收法律制度进行完善，给予破产重整的债务人相应的税收优惠，通过税收减免、纳税递延这两种方式缓解减轻破产债务人的税收负担，进而促成债务人的重整成功。对于税收优先权，当前我国的税收债权已位于职工债权之后，再取消优先权将导致财政收入降低，最终损害社会公共利益，故不建议取消。而针对预重整中如何进行税收优惠，由于预重整阶段由债务人主导且没有期限限制，因此预重整阶段的税收优惠采用先征收后退税的模式，即预重整阶段债务人正常纳税，待到正式申请重整时再进行核算退税。针对重整欠缴税款产生的滞纳金和罚金问题，根据最高人民法院的相关司法解释，债务人破产前的税收债权仅包括欠税本金，滞纳金属于普通债权，罚款不必清偿；债务人重整期间欠税产生的滞纳金和罚金不必清偿。但是并未明确预重整期间的罚金和滞纳金是否应当清偿。

由于预重整期间没有明确限制，故预重整期间欠缴税款的罚金和滞纳金不宜全部免除，应采取按比例扣减的方式，否则将会对债务人形成欠缴税款的激励。

(四) 信用修复

所谓信用修复，是指当企业或者其法定代表人、相关责任人由于在先违法失信行为致使企业的信用评价降低，但相应违法行为人在一定期限内及时悔改纠正违法失信行为，以减轻在先违法失信行为对信用评价产生的不利影响，修复其信用评价。而信用修复机制则是通过明确纠正违法失信行为的方式、期限、后果等，赋予企业或个人在特定程序后封存或删除其不良信用评价记录，以便公司或个人提高信用，从而更好地融资贷款从事商业交易的机制。对企业而言，在现代商业社会中，企业信用不仅是其商誉的主要组成部分，也是公司不可忽视的重要无形资产，同时公司信用也将直接影响到企业的融资贷款。重整成功后的债务人因企业陷入困境而产生的在先不良征信记录如不删除或封存，债务人就难以融入市场，不能及时得到银行的贷款、新投资者的融资，建立新的交易关系，恢复生产经营，真正实现脱困。

重整企业信用修复难题突出，导致重整公司融资难是我国重整实践暴露出的又一突出问题。企业的信用修复主要包括银行征信系统、税务机关信用系统和法院执行系统三个方面的信用修复。由于商业银行自身管理架构，公司想要修复在银行征信系统的不良信息，必须由分行层层上报至总行，由总行最终审批。而各商业银行总行对破产重整的认识很难达成一致，部分总行难以恢复对重整成功后企业的信心，甚至看衰其发展前景。对于重整成功后公司在银行征信系统的信用修复极为不利。因此，相较于便于统一协调的法院执行系统和税务机关信用系统的信用修复，银行征信系统的信用修复难度最大。

虽然信用修复制度主要是针对重整成功后的债务人，但事实上预重整中的债务人也亟须信用修复以解决其融资困境。由于预重整中的债务人，往往面临严重的资金困境，亟须融资输血，但是由于不良征信记录在先，债务人难以从银行获得新的融资，进而导致预重整/重整工作难以推进。因此，预重整中应有条件地适用信用修复制度。如引入银行方面的管理人员进驻公司，对债务人的现实资产情况进行重新摸底，通过开展尽职调查对债务人的信用重新进行评级并视情况考虑是否贷款给债务人。

四、预重整期间债务人保护机制的限制和监督

预重整与重整均是以再建主义为指导，以拯救具有重整价值的困境公司脱困为目标。这样的价值追求决定了预重整要由债务人来主导，通过赋权给债务人，由其推动预重整的开展乃至重整的顺利完成。但是过分的赋权和保护可能激励债务人滥用权利逃避债务，损害债权人的利益，进而激化双方矛盾，最终阻碍预重整和重整的顺利完成。因此，在强调债务人保护的同时，必须同时对其加以明确的限制和监督，兼顾债权人的合法权益保护。

(一) 限制债务人保护的基本原则

要对债务人保护进行限制，关键在于合理平衡债务人和债权人两者的利益。以下三个基本原则是在对债务人保护进行限制时必须要遵守的。

1. 划定权利边界，明确滥权的标准

预重整由债务人主导，为便于其成功推进预重整，立法通过赋权给予债务人相应的权利保护，同时立法也应该在赋权的同时，明确其权利行使的边界，以防止债务人滥用权利，损害债权人的利益。在划定债务人权利行使边界时，必须以促成重整成功为目标，尊重债权人等相对方的合法权益，非经立法明确规定，不得擅自对债权人的合法权利进行限制和减损。同时，立法还应明确认定债务人行为构成滥用权利的标准。

债务人滥权应从以下三个方面认定：① 其主观是非善意的，存在恶意逃避债务、贬损债权人利益等非法目的；② 客观上其实施了逃避债务、转移资产等损害债权人利益的行为；③ 其行为造成或极有可能造成债权人的合法权利受损。由于债务人滥用权利的行为五花八门，立法不可能进行完备的列举，因此立法只需概括上述三个构成要件标准再在个案判断时具体问题具体分析。

2. 明确程序性规定，以程序限滥权

清晰而明确的法定程序是预重整走向统一化、规范化的必经之路，同时也是防范权利滥用的重要途径。预重整是由债务人主导，将预重整中各项程序加以明确规定：一方面，有利于债务人参照法定程序依法推进预重整程序；另一方面，也有利于债权人监督债务人是否遵守法律规定，同时还有利于法院依照法定程序审查预重整是否存在违法情形，对于防范债务人利用预重整的主导地位滥用权利损害债权人的利益具有重要意义。

明确程序性规定的重点在于重整计划草案的表决程序。重整计划草案表决直接决定了债权人的利益是否能通过重整得到有效保障，也是预重整乃至重整能否顺利完成的关键。因此，必须对表决程序加以明确的规定。

(1) 明确表决的主体，享有表决权的主体主要是权利受到影响的各类型债权人，当然，如果重整计划涉及股东权益调整则表决权主体还应当包括出资人。

（2）关于表决权的行使，债务人应给予债权人足够的合理期限以使其能充分考量后作出表决，建议合理期限不得少于15天。

（3）表决权的行使依赖于充分的信息披露。信息披露的标准应至少足以使债权人通过披露的信息了解债务人及重整计划的真实情况，并足以作出合理判断。

（4）表决一经作出，即具有不可反悔的效力，债务人在表决前必须明示债权人，表决权一旦行使，形成的表决结果将直接延续到重整程序。

3.明确滥权后果，提高违法的成本

明确滥用权利的法律后果，提高债务人的违法成本，将对债务人形成强大的震慑作用，促使其不敢滥用主导地位损害债权人的利益。笔者认为，滥用权利视情节大小可以分为以下三个层次：第一个层次，违反一般的注意性规定，但未对债权人利益造成实质损害；第二个层次，违反禁止性规定，对债权人的利益造成实质损害；第三个层次，严重违反法律规定且对债权人的利益造成严重损害。根据不同层次的滥权情节，应对债务人采取不同的惩罚措施。

对于未造成实质损害的滥权行为，对债务人进行警告或取消债务人自行管理而转为委派管理人主导预重整程序。对于给债权人造成实质损害但尚不严重的，强制取消债务人自行管理转为委派管理人管理或者裁定终结预重整转为破产清算。对于给债权人利益造成严重损害的，直接裁定终结预重整，并追究债务人及相关责任人的法律责任，构成犯罪的依法追究其刑事责任。

（二）构建多元化监督机制

有效的监督机制，是对债务人保护进行合理限制，防范债务人权利滥用的又一重要途径。预重整应建立起债权人委员会、第三方中立机构以及人民法院多主体共同监督的多元化监督机制。

1.债权人委员会的监督

债权人委员会的监督应贯穿整个预重整和重整程序始终，全程监督债务人是否存在滥用权利的行为。由于债务人的滥权行为将直接损害债权人的切身利益，债权人具有自身利益驱动的强烈积极性，天然是监督债务人行为的最佳选择。但是由于一个债务人往往存在着繁多的债权人，且各债权人类型不同，诉求也不尽相同，因此，基于效率和现实的考量，监督权应交由代表全体债权人利益的债权人委员会来统一行使。

（1）应明确预重整中组成的债权人委员会除非存在明显违法情形，否则在进入重整后仍继续有效。

（2）对债权人委员会的监督权进行明确赋权。明确债权人委员会享有对债务人开展预重整享有监督权，并通过信息披露、召开听证会、质询会等方式行使监督权。

（3）还需要明确债权人委员会一旦发现债务人存在滥用权利损害债权人利益的行为，可以立即通知债务人进行改正或采取补救措施，如债务人在接到债权人委员会正式通知后仍不予以改正或补救，则债权人委员会有权向人民法院举报，由法院视债务人滥用权利的具体情节给予相应处罚。

2. 第三方机构对债务人的监督

第三方机构对债务人的监督，主要通过银行金融机构和专业中介机构两个主体来实现。

（1）银行金融机构的监督。在预重整中，银行金融机构可派驻专人提前介入对债务人的信用等级进行评级并视情况决定是否给予融资贷款。如银行经过新的信用评级决定给予债务人新的融资贷款，则其可通过其派驻的专人对债权人融资后的行为进行相应监督，以便其考察债务人是否遵守融资约定，是否存在违法行为以及预重整/重整工作的开展情况。通过上述监督措施，银行可根据监督考察结果对债务人的信用评级进行实时调整，并根据调整后的信用评级对债务人采取新的融资贷款决策。

（2）专业中介机构的监督。企业陷入破产困境的很大一部分原因应归咎于债务人自身经营管理不善，因此若完全由债务人主导预重整，完成重整计划草案将很难获得债权人的信赖和支持。另外，预重整工作所面临的一系列问题又带有极强的专业性和复杂性，单凭债务人的自身能力将难以妥善应对。因此，预重整工作必须有会计师和律师事务所等专业中介机构参与。专业机构，一方面可以协助解决债务人在预重整工作中所遇到的棘手问题，另一方面也是以中立机构的身份对债务人的预重整工作进行监督，以提高债务人对预重整工作乃至重整计划草案的信赖和支持。

专业中介机构要实现参与预重整并监督债务人，主要应通过以下两个制度实现，具体如下。

首先，预重整识别阶段的参与。在债务人准备启动预重整工作之初，应先聘请专业的会计师和律师事务所，对整个企业是否具有重整价值和重整可能进行评估，并出具相应的专业意见书。法院在债务人欲在法院进行预登记启动预重整时，必须要求债务人提交相应的专业意见书，以此为债务人进行预登记启动预重整的必要条件。

其次，在债务人草拟重整计划草案时，必须有专业的会计师和律师事务所参与，草拟完成后的重整计划草案，必须经由专业的会计师和律师事务所出具尽职调查报告，对重整计划草案的内容进行审核和评估，只有经专业中介机构审核评估通过后的重整计划草案，方可提交债权人进行表决。聘请专业中介机构所需费用，性质上应属于破产费用，由破产财产优先予以支付。

3. 人民法院对预重整程序的监督

人民法院对预重整程序的监督主要是事前识别和事后审查。

事前识别，是指人民法院在对债务人预重整进行预登记时，对其提交的会计师和律师事务所等专业中介机构出具的专业意见书进行审查，对债务人是否具有重整价值和挽救可能进行识别。这一阶段的识别主要是形式审查，即债务人是否提交了合法真实的专业机构的专业意见书。

事后审查，主要包括以下两个方面：一方面，通过审查预重整表决通过的重整计划草案，决定是否批准监督预重整阶段的表决以及是否符合程序和实体的要求；另一方面，通过对债权人委员会及以银行金融机构、专业中介机构为代表第三方机构的举报的债务人滥权违法行为进行审查。对于第一项的审查，主要在于审查表决程序是否符合法律规定，表决结果是否达到法定要求以及重整计划是否具有可行性三个方面。如经过审查发现三个方面均符合法律要求，则予以批准，如不符合则可要求债务人进行相应的修改和补正。但债务人仅能修改和补正一次，若第二次仍不符合则裁定终结重整转为破产清算。对于第二项的审查，主要在于审查债权人及第三方机构的举报是否属实，如确实存在债务人滥用权利的情形，则视债务人滥权行为的情节轻重予以相应处罚。

(三) 债权人的权利救济途径

预重整中，债务人占据着主导地位，债权人则更多地充当着监督者的角色。一旦债权人的权利遭到债务人的损害，大多只能通过事后救济的途径予以解决。没有救济就没有权利，必须赋予债权人相应的权利救济途径以维护其合法权益。预重整中债权人的权利救济主要可通过异议债权人收购请求权和债权人的表决撤销之诉两种途径来实现。

1. 异议债权人收购请求权

在预重整过程中，异议债权人往往处在风口浪尖。异议债权人可能由于种种原因不同意重整计划草案，但由于表决采取多数决，其不得不受表决结果的约束。这在一定程度上可能出现整体民主导致的个案失衡，即所谓的多数人暴政。因此，对异议债权人赋予收购请求权更符合实质公平的要求。故应在立法中增加一旦重整计划草案经表决通过，则未参加表决或以书面形式表达反对意见的异议债权人可在表决通过之日起7日内请求债权人委员会收购其债权，收购价格由双方协商，但不得低于破产清算下债权人可实际受偿的份额，同时明确该请求权一旦经过7日的法定期限未行使即告消灭。

2. 债权人的表决撤销之诉

表决撤销之诉，是指异议债权人在法定情形下向法院提起的旨在撤销在先形成的重整计划草案表决结果的诉讼。表决撤销之诉具有较强的操作性和实践性，能为合法权利受损的债权人在预重整阶段提供有效的司法保护。因此，立法有必要对其加以规定。表决撤销之诉必须以在先形成的重整计划草案表决结果存在无效情形为前提。无效情形主要包括信息披露不符合要求无法作出理性判断、未给债权人预留合理的表决期限和被欺诈胁迫三个方面，作为原告的异议债权人应对存在表决无效的情形承担举证责任。一经法院认定属实，则在先形成的表决结果无效，裁定债务人对重整计划草案进行修改后重新表决。如重新表决后的结果为仍未通过或重新表决再次出现表决无效的情形，则裁定终结重整转为破产清算。

第五章 投资人并购破产重整公司的尽职调查与风险防范

投资人在并购破产重整公司时，进行充分的尽职调查和风险防范是至关重要的。本章从投资成本尽调、投资风险尽调、市场状况尽调、房产公司项目尽调、投资协议及重整方案的制订要领五个方面具体阐释。

第一节 投资成本尽调

一、破产公司的资产清查和评估

在投资人并购破产重整公司的过程中，对破产公司的资产进行清查和评估是一项至关重要的任务。投资人需要了解破产公司的资产状况，包括其种类、数量、质量、价值等方面的信息，以便能够准确评估投资的风险和回报。因此，进行破产公司的资产清查和评估是投资成本尽调中的重要环节。

(一) 资产清查的目的和意义

资产清查旨在全面了解破产企业的资产情况，包括但不限于固定资产、存货、应收账款、知识产权、土地使用权等。通过资产清查，投资人可以获得关键信息，以帮助他们判断破产企业的价值和潜在风险，从而制定合理的投资策略。

(二) 资产清查的方法和程序

第一，收集资产信息。投资人需要与破产企业及其管理层沟通，索取资产清单、财务报表、合同文件等相关资料，并对其真实性和完整性进行验证。

第二，实地考察。投资人需要亲自前往破产公司的经营场所，对固定资产、存货等进行实地观察和核实。

第三，预约专业评估机构。针对某些特殊资产，如房产、知识产权等，可以委托专业评估机构进行评估，以获取更准确的价值评估结果。

第四，资产调查报告。投资人应编制资产调查报告，详细列出破产公司的资产清单、评估价值、现状描述等信息，以便后续的风险评估和决策过程。

(三) 资产评估的方法和准则

第一，市场价值评估。根据市场的供求关系和交易价格，评估资产的市场价值。这种方法适用于可以通过市场交易获取准确价值的资产，如上市公司的股票、流动性较强的固定资产等。

第二，成本法评估。根据资产的成本和折旧情况，评估其价值。这种方法适用于固定资产等无市场交易的资产，通过计算其取得成本、使用寿命和残值等因素，确定资产的价值。

第三，收益法评估。根据资产的未来现金流量和风险水平，评估其价值。这种方法适用于具有收益性的资产，如租赁权、知识产权等，通过估算资产未来的现金流入和风险水平，确定资产的价值。

(四) 资产清查与法律风险的关联

在资产清查过程中，投资人还应关注破产公司的法律风险，包括合规性问题、诉讼纠纷、知识产权争议等。投资人可以委托律师团队对破产公司的法律风险进行尽职调查，并将其纳入资产清查报告中，以便全面评估投资的风险和回报。

(五) 风险评估和决策

基于资产清查和评估的结果，投资人可以进行风险评估，综合考虑资产价值、法律风险、市场前景等因素，判断投资是否合适并制定相应的投资策略和决策。

二、债权债务的全面审查

债权债务的全面审查在投资人并购破产重整公司的尽职调查过程中至

关重要。本节将详细介绍债权债务审查的内容和方法，以确保投资人能够全面了解破产公司的债务情况，并对风险进行有效防范。

(一) 债权债务审查的意义和目的

债权债务审查旨在全面了解破产公司的债务状况，包括债务的性质、金额、优先级、还款期限等关键信息。其主要目的有以下四点。

第一，确定债务规模。审查债权债务情况可帮助投资人了解破产公司所面临的债务规模，包括已到期债务和未到期债务。

第二，评估债务优先级。债权债务审查有助于确定债权人在破产重整过程中的优先受偿权，从而保障投资人控制风险获得回报。

第三，预测还款能力。审查债务状况可评估破产公司的还款能力，帮助投资人判断其是否具备持续经营的潜力。

第四，发现潜在纠纷。债权债务审查可揭示潜在的债务纠纷和法律风险，为投资人制定风险防范策略提供依据。

(二) 债权债务审查的主要内容

第一，债权人名单和债权登记。获取破产公司的债权人名单，并核实债权登记情况，包括登记时间、债权金额等。

第二，债务清单和债务类型。审查债务清单，了解债务的种类和金额，如银行贷款、债券发行、供应商欠款等。

第三，债务优先级和担保情况。确定不同债权的优先级，了解是否存在担保安排，如抵押、质押或担保人的责任范围。

第四，还款计划和还款能力。分析破产公司的还款计划，评估其还款能力，包括经营现金流、资产变现能力等。

第五，法律诉讼和债务纠纷。查询相关法院和仲裁机构的记录，了解破产公司是否涉及债务纠纷和未决的法律诉讼。

第六，税务和社会保障情况。审查破产公司的税务缴纳情况和社会保障费用是否按时支付，避免可能存在的财务风险。

(三) 债权债务审查的方法和工具

第一，文件审查。仔细查阅破产公司的财务报表、债务合同、担保文件、法律文书等相关文件，获取债权债务信息。

第二，财务分析。对破产公司的财务状况进行深入分析，包括利润表、资产负债表、现金流量表等，评估其财务稳定性和还款能力。

第三，调查访谈。与破产公司的管理层、财务人员、债权人、律师等相关方进行交流和访谈，获取直接信息和内部了解。

第四，法律查询。查询破产公司所涉及的法律诉讼记录、仲裁裁决、担保登记等相关法律资料，了解潜在的法律风险。

第五，专业机构报告。借助第三方专业机构的研究报告和评级结果，获取对破产公司债务情况的独立评估。

(四) 风险防范和决策建议

在债权债务审查的基础上，投资人应综合分析债务状况，制定相应的风险防范策略和决策建议。

第一，确定投资额度和风险承受能力。基于债务审查结果，评估投资人的风险承受能力，制定合理的投资额度。

第二，梳理债权债务结构。了解债权人的优先次序和担保安排，评估回报与风险之间的平衡关系。

第三，制订还款计划和资金安排。根据破产公司的还款能力和资金需求，制订合理的还款计划和资金安排方案。

第四，风险分散和保护措施。考虑将投资风险分散到多个债务人或采取担保措施来保护投资人的权益。

第五，与债权人协商和沟通。与关键债权人进行沟通和协商，了解其态度和意愿，以寻求共同的利益点和解决方案。

三、破产企业的财务状况分析

(一) 财务数据收集与准备

第一,财务报表。财务报表是公司财务状况的重要依据,包括资产负债表、利润表和现金流量表。投资人需要获取最近几年的财务报表,以了解公司的财务状况和经营表现。

第二,会计记录。会计记录包括日记账、总账、凭证等,记录了公司的经济交易和财务活动。这些记录可以帮助投资人深入了解公司的收入、支出、成本和资产负债等情况。

第三,财务预测报告。财务预测报告提供了对未来财务状况的预测和分析。投资人可以参考财务预测报告,评估公司的发展潜力和可持续性。

第四,财务制度和报表编制规范。了解破产公司的财务制度和报表编制规范是确保财务数据可靠性和准确性的关键。投资人需要了解公司所遵循的会计准则、报表编制标准,以及是否存在违反会计政策的做法。

第五,财务审计报告。如果破产公司进行了财务审计,投资人可以获取财务审计报告,了解独立审计师对公司财务报表的审计意见和质量评价。

在收集财务数据的过程中,投资人应确保数据的来源可靠,并注意核实和验证数据的准确性。可以通过与破产公司的财务部门、会计师事务所或其他相关方沟通,获取所需的财务信息。

(二) 财务比率分析

财务比率分析是评估破产公司财务状况的重要工具。通过计算和比较各种财务指标,可以对企业的盈利能力、偿债能力、资金流动性和资本结构等方面进行全面评估。常用的财务比率包括以下四点。

第一,盈利能力指标,如毛利率、净利润率、营业利润率等,用于评估企业的盈利能力和利润质量。

第二,偿债能力指标,如债务比率、资产负债率、利息保障倍数等,用于评估企业的偿债能力和债务风险。

第三,资金流动性指标,如流动比率、速动比率等,用于评估企业的短期偿债能力和流动性风险。

第四，资本结构指标，如权益比率、资本回报率等，用于评估公司的资本结构和资本利用效率。

(三) 财务趋势分析

财务趋势分析是一种对公司财务状况进行评估的方法，可以帮助投资人了解破产公司的财务状况是否呈现改善或恶化的趋势，并预测未来可能的发展方向。通过比较不同期间的财务数据，投资人可以观察到公司的财务指标是否稳定、增长或下降，并据此评估其财务状况的可持续性。

第一，营业收入。观察公司的营业收入是否呈现稳定增长或下降的趋势。持续增长的收入可能意味着公司的市场份额增加或产品销售良好，而收入下降可能暗示着市场竞争激烈或产品需求下降。

第二，净利润。关注公司的净利润是否持续增长或下降。净利润的增长可能表明公司的经营效率提高或成本控制有效，而净利润下降可能反映出经营不善或成本上升。

第三，毛利率和净利润率。观察企业的毛利率和净利润率是否稳定或出现变化。毛利率和净利润率的提高可能意味着企业的盈利能力增强，而下降可能暗示着成本上升或销售价格竞争压力增加。

第四，资产负债状况。关注公司的资产负债状况是否稳定或发生变化。观察总资产、负债总额和净资产的变化情况，以评估公司的偿债能力和资本结构的稳定性。

第五，现金流量。分析公司的现金流量状况，包括经营活动、投资活动和筹资活动的现金流入和流出情况。观察公司的经营活动是否能够产生稳定的现金流入，以满足其日常经营和债务偿还需求。

(四) 财务风险评估

除了以上的定量分析方法，投资人还应该进行财务风险的定性评估。包括对破产企业的行业地位、市场竞争力、经营模式、客户结构等进行综合分析，以评估公司所面临的潜在风险和不确定性因素。

在进行财务状况分析时，投资人应该注意以下四点。

第一,数据的可靠性和准确性。要确保所使用的财务数据来源可靠,并对数据进行验证和核实。

第二,综合考虑多个指标。不要仅仅依靠单个指标来评估公司的财务状况,而要综合考虑多个指标,形成全面的评估。

第三,与行业对标比较。要将破产公司的财务指标与同行业的平均水平进行比较,以了解企业在行业中的相对位置和竞争力。

第四,风险和不确定性的考虑。要对财务状况分析中的风险和不确定性因素进行充分的评估,并结合其他尽职调查的结果进行综合判断。

通过对破产公司的财务状况进行全面分析,投资人可以更加准确地评估企业的价值和潜在风险,从而作出明智的投资决策。然而,需要注意的是,财务状况分析只是尽职调查过程的一部分,投资人还应该综合考虑其他尽职调查的内容,以全面了解破产公司的情况。

四、资金来源和投资结构的确定

(一) 确定资金来源

1. 研究破产公司的资产和负债情况

(1)对破产公司的资产进行全面清查和评估,包括固定资产、存货、应收账款等。

(2)对破产企业的债务进行审查,包括债权人、债务金额和债务期限等。

2. 考虑自有资金

(1)评估投资人自身的财务状况,包括现金流、资产配置情况等。

(2)判断自有资金是否足够支持并购重整计划,或者是否需要借助外部资金。

3. 考虑外部资金来源

(1)寻找合适的融资渠道,如银行贷款、股权融资、债券发行等。

(2)评估不同融资渠道的利率、期限、条件等,并选择最适合的融资方式。

4. 考虑政府支持政策

(1)研究当地政府对于破产重整公司的支持政策,包括财政补贴、税收优惠等。

(2) 制订合理的申请和利用政府支持政策的方案,以减轻资金压力。

(二) 建立合理的投资结构

1. 考虑股权结构

(1) 确定股权比例和股权分配方式,根据投资人的资金投入和预期收益进行合理划分。

(2) 考虑引入战略投资者或合作伙伴,以弥补自身资金和经验的不足。

2. 考虑债务结构

(1) 制定合理的债务策略,包括债务规模、债权人种类、债务期限等。

(2) 评估债务偿还能力,确保在合理的时间内偿还债务,以降低财务风险。

3. 考虑利润分配方式

(1) 确定合理的利润分配方式,包括股息分配、利润再投资等。

(2) 考虑风险收益平衡,确保投资人能够获得合理的回报。

第二节 投资风险尽调

一、法律风险尽调

"风险投资尽职调查,就是在被投资公司的配合下,对公司的历史数据和文档、管理人员的背景、市场风险、管理风险、技术风险和资金风险做全面深入的审核。"[1] 风险投资尽职调查是投资人在进行并购破产重整公司尽职调查过程中的关键环节之一。它涉及对目标企业的法律合规性、涉诉风险以及知识产权等方面的调查和评估。通过充分了解和评估法律风险,投资人可以更好地把握投资机会,规避潜在的法律风险,保护自身利益。

(一) 公司合规性审查

公司的合规性是指公司在运营过程中是否符合法律法规的规定。投资人需要对目标公司的合规性进行审查,包括但不限于以下四个方面:① 公司

---

[1] 刘文. 风险投资尽职调查研究 [J]. 中国商贸, 2014(31): 160.

组织架构和治理结构的合规性；②公司章程、公司决议、股东会议记录等公司文件的合规性；③企业的许可证、执照、资质证书等相关证照的有效性和合规性；④企业是否存在未经合法授权的经营行为。

(二) 涉诉风险的调查和评估

涉诉风险是指公司当前或潜在的诉讼、仲裁或其他法律争议。投资人需要对目标公司的涉诉情况进行调查和评估，包括但不限于以下三个方面：①对目标公司过去的诉讼案件进行调查，了解案件的背景、进展和结果；②查阅法院的裁判文书、仲裁裁决等相关文件，了解目标公司是否存在未公开的涉诉风险；③了解目标公司是否存在未解决的纠纷，如合同纠纷、劳动争议、知识产权纠纷等。

(三) 知识产权和专利权的审查

知识产权和专利权的审查是法律风险尽调中的重要环节。投资人需要对目标公司的知识产权和专利权进行审查，包括但不限于以下三个方面：①查看目标公司的商标、专利、著作权等相关注册证书，确认其有效性和合规性；②了解目标公司是否存在侵犯他人知识产权的风险，如是否存在侵权诉讼、商标纠纷等；③对目标公司的知识产权和专利权进行评估，了解其对公司价值和竞争力的重要性。

(四) 合同审查

合同是公司运营中重要的法律文件，合同的内容和履行对公司的经营和风险承担具有重要影响。投资人需要对目标公司的合同进行审查，包括但不限于以下三个方面：①查阅目标公司的主要合同，如销售合同、采购合同、租赁合同等，了解合同的内容和履行情况；②评估合同的风险和不确定性，如是否存在合同漏洞、合同解除风险等；③了解目标公司是否存在未履行的合同义务，如违约情况、索赔风险等。

(五) 法律法规的遵从性审查

投资人还需要对目标公司的法律法规遵从性进行审查，包括但不限于

第五章 投资人并购破产重整公司的尽职调查与风险防范

以下三个方面：① 目标公司是否合法经营，是否存在未经批准的经营活动；② 目标公司是否遵守税务、劳动、环境等方面的法律法规要求；③ 目标公司是否存在合规风险，如是否存在行政处罚、违法违规记录等。

在进行法律风险尽调时，投资人可以结合律师的意见和专业知识，利用法律数据库、公共信息平台等多种信息来源进行调查和分析。同时，投资人还可以与目标公司的管理层和法务部门进行沟通，了解相关情况。综合各项调查结果，投资人可以对法律风险进行综合评估，并采取相应的风险防范措施，如合同修订、法律风险保险等。

二、经营风险尽调

经营风险尽调是投资人在进行并购破产重整公司尽职调查时必不可少的一个环节。它旨在评估破产公司的经营状况、竞争力和可持续发展能力，以揭示潜在的经营风险，并为投资决策提供可靠的依据。

(一) 供应链和采购风险的分析

在经营风险尽调中，供应链和采购环节是需要重点关注的领域。投资人需要了解破产公司的供应链体系，包括供应商的选择、供应合同的情况、供应链的稳定性等。同时，采购风险也需要仔细评估，包括采购渠道的多样性、采购合同的有效性、采购成本的控制等方面。通过对供应链和采购风险的分析，投资人可以判断破产公司的供应和采购能力是否稳定，并评估其对经营的影响程度。

(二) 经营团队和人力资源的调查

破产公司的经营团队和人力资源是决定公司发展的重要因素。在经营风险尽调中，投资人需要评估破产公司管理团队的能力、经验和稳定性，包括高层管理人员和关键岗位人员的情况。同时，人力资源的调查也包括对员工福利待遇、人才储备和培养计划等方面的了解。通过对经营团队和人力资源的调查，投资人可以准确评估破产公司是否有稳定、高效的管理团队和优秀的员工队伍，以支持公司的经营活动和未来发展。

(三) 潜在法律纠纷和风险的调查

经营风险尽调还需要对破产公司面临的潜在法律纠纷和风险进行调查。投资人需要了解公司的合同履行情况、法律诉讼和仲裁情况，以及与员工、供应商、客户等相关的法律事项。同时，还需考察公司的知识产权状况和合规性情况。通过对潜在法律纠纷和风险的调查，投资人可以评估破产公司是否存在重大法律风险，以及这些风险对公司经营的影响程度。

三、财务风险尽调

财务风险尽调是投资人在并购破产重整公司过程中进行的重要环节之一。通过对破产公司的财务状况进行全面审查和评估，投资人可以了解公司的资金状况、债务偿还能力以及盈利能力等关键指标，从而准确评估投资风险和决策收购或重整的策略。

(一) 财务数据的真实性核查

在财务风险的尽调过程中，投资人首先需要对破产公司的财务数据进行真实性核查。包括对企业的财务报表、会计记录、税务记录等进行详细审查，确保数据的准确性和可靠性。投资人可以通过与破产企业的财务部门或会计师事务所进行沟通，获取相关财务资料，并与其他可靠信息进行核对，以确保财务数据的真实性。

(二) 债务偿还能力的评估

债务偿还能力是评估破产公司的财务风险的重要指标之一。投资人需要对破产公司的债务情况进行全面审查，包括债务种类、债务规模、债务期限、利息支付情况等。通过对破产公司的现金流量状况、资产负债表和利润表的分析，投资人可以评估公司的债务偿还能力，并预测未来的偿债压力。此外，还可以考虑与债权人进行沟通，了解其对破产公司的债务偿还能力的评价，以获取更全面的信息。

(三) 资本结构和盈利能力的分析

资本结构和盈利能力是衡量企业财务风险的重要因素。投资人需要对破产企业的资本结构进行分析，包括股东权益、债务比例、资本回报率等指标。同时，还需要对企业的盈利能力进行评估，包括销售收入、毛利率、净利润等指标。通过对破产企业的财务指标进行横向和纵向比较，投资人可以判断企业的盈利能力和财务稳定性，并预测其未来是否存在盈利潜力。

(四) 财务风险的敏感性分析

财务风险的敏感性分析是对破产企业的财务状况进行压力测试，评估其对外部因素的敏感程度。投资人可以通过建立不同的财务模型，模拟在不同的市场环境和经济情况下，破产公司的财务表现。有助于投资人了解企业在不同情况下的财务表现和风险敏感性，并为投资决策提供参考。

(五) 财务尽调报告的编制与总结

在财务风险尽调完成后，投资人需要将调查结果编制成财务尽调报告。报告应包括对财务风险的分析、评估和预测，以及可能的风险控制策略和建议。报告应具备准确、客观、全面的特点，并提供详细的数据和支持材料。最后，投资人应对财务尽调的结果进行总结，明确财务风险的程度和对投资决策的影响。

第三节　市场状况尽调

一、行业和市场的发展趋势分析

市场状况尽调是投资人进行尽职调查的重要环节之一，它可以帮助投资人全面了解特定行业和市场的发展趋势，为投资决策提供基础数据和信息。

(一) 行业的增长趋势

行业的增长趋势是投资人应关注的重点之一。通过对行业过去几年的发展情况进行分析,可以揭示行业的增长速度和潜力。投资人可以关注以下三个方面。

第一,市场规模的扩大。了解市场规模的增长情况,包括行业的总体规模和细分市场的规模。可以通过收集市场数据、统计报告和行业研究来获取。

第二,增长率的分析。分析行业过去几年的增长率,包括年均增长率和季度增长率。可以帮助投资人了解行业的稳定性和增长速度是否符合预期。

第三,新技术和创新的应用。关注行业内新技术和创新的应用情况,特别是对行业未来发展具有重要影响的技术。可以帮助投资人预测行业的发展趋势和竞争态势。

(二) 市场竞争情况分析

市场竞争情况是投资人需要重点考虑的因素之一。了解行业内主要竞争者的数量、市场份额和竞争策略,可以帮助投资人评估市场的竞争激烈程度和投资风险。

第一,竞争者的数量和市场份额。了解行业内主要竞争者的数量以及他们在市场上的份额,可以帮助投资人了解市场的竞争格局和主要竞争者的实力。

第二,竞争策略分析。分析主要竞争者的竞争策略,包括产品定位、市场定位、营销策略等。可以帮助投资人判断竞争者的竞争优势和市场定位是否与自己的投资目标相符。

第三,新进入者和替代品威胁。了解新进入者和替代品对行业的威胁程度,可以帮助投资人预测市场的发展趋势和潜在风险。

(三) 潜在市场机会和威胁评估

除了行业的增长和竞争情况,投资人还需要评估行业内的潜在市场机会和威胁,以确定投资的风险和回报。

第一，新兴市场和增长细分市场。关注新兴市场和增长细分市场的发展情况，包括市场规模、竞争态势和增长预期。可以帮助投资人确定投资的重点和方向。

第二，政策和法规环境。了解政策和法规对行业的影响，包括市场准入、监管要求和行业标准等。可以帮助投资人评估行业的政策风险和合规要求。

第三，技术和创新趋势。关注技术和创新的发展趋势，包括新技术的应用和创新模式的出现。可以帮助投资人抓住市场机会和预测行业的发展方向。

二、竞争对手和市场份额的调查

市场状况尽调是投资人进行并购破产重整公司的尽职调查过程中的重要环节。在进行市场状况尽调时，投资人需要对目标公司所处的行业市场进行全面了解，包括竞争对手的调查和市场份额的评估。

(一) 竞争对手的调查

竞争对手是指在同一个行业中与目标公司竞争的其他公司。了解竞争对手的情况对于评估目标公司在市场中的竞争地位和竞争优势至关重要。

第一，竞争对手的识别。通过行业分析和市场调研，确定目标公司所在行业的主要竞争对手。这些竞争对手既可能是同样规模的公司，也可能是具有技术、产品或市场优势的领先公司。

第二，竞争对手的业务模式和战略。了解竞争对手的业务模式、产品和服务特点，以及其市场战略、发展方向和竞争策略。可以通过对竞争对手的官方公开信息、年报、新闻报道、行业研究报告等进行收集和分析。

第三，竞争对手的财务状况。对竞争对手的财务状况进行评估，包括其营收规模、盈利能力、债务情况、资本结构等。可以通过查阅竞争对手的财务报表、财务指标分析和行业比较数据来进行。

第四，竞争对手的市场地位。评估竞争对手在市场中的地位和竞争力，包括市场份额、客户关系、品牌声誉等方面。可以通过市场调研、客户访谈、行业协会数据等方式获取相关信息。

第五，竞争对手的创新能力。了解竞争对手的研发能力、产品创新和技术领先情况。可以通过专利数据、科研成果、技术合作等途径进行调查。

（二）市场份额的评估

市场份额是指公司在特定市场中所占据的销售额或市值比例。评估目标企业的市场份额可以帮助投资人判断其在行业中的地位和竞争力。

第一，客户调查。通过对目标公司的客户进行调查和访谈，了解其在市场中的地位和市场份额。可以通过问卷调查、面谈、客户满意度调研等方式进行。

第二，行业数据分析。收集和分析行业数据，了解目标公司的市场份额和行业市场规模。可以通过行业协会、市场研究机构发布的行业报告、统计数据等进行获取。

第三，市场份额模型。利用市场份额模型对目标公司的市场份额进行估算。市场份额模型可以通过结合行业数据、竞争对手数据、市场增长率等因素，进行市场份额的预测和评估。

第四，竞争对手比较。将目标公司的销售额与竞争对手进行比较，评估其在行业中的市场地位。可以通过竞争对手的财务报表、市场调研数据等进行比较分析。

第五，地理区域分析。根据目标公司所在地区的市场规模和竞争对手的分布情况，评估其在该地区的市场份额。

三、潜在市场机会和威胁的评估

在投资人并购破产重整公司的尽职调查过程中，对潜在市场机会和威胁的评估是至关重要的一步。这一评估能够帮助投资人全面了解市场环境，预测公司未来的发展前景，并作出相应的决策和风险防范措施。

（一）市场趋势和发展机会

投资人需要对所处行业的市场趋势进行分析，了解当前市场的发展状态和对未来的预测。包括市场规模、增长率、竞争格局、技术创新等方面的信息。通过分析市场趋势，投资人可以判断潜在市场机会的大小和可持续性，为投资决策提供依据。

(二)新技术和创新趋势

随着科技的不断进步,新技术和创新趋势给市场带来了新的机会和挑战。投资人需要关注行业内的新技术发展,了解其对市场格局和企业竞争力的影响。同时,投资人还需评估公司在新技术应用方面的能力和竞争优势,以确定其是否存在潜在的市场机会。

(三)政策和法规环境

政策和法规环境对市场的发展和公司的运营有着重要影响。投资人需要关注相关政策和法规的变化,了解其对行业的影响。有利于公司发展的政策可以给公司带来市场机会,而不利于公司发展的政策则可能对公司构成市场威胁。投资人应对政策和法规环境进行全面评估,确定其对公司重整后的运营和发展的影响。

(四)市场竞争和市场份额

了解市场竞争格局和主要竞争对手对于评估潜在市场机会和威胁至关重要。投资人需要分析竞争对手的实力、市场份额、产品特点及其对公司的威胁程度。同时,还需要关注新进入者的可能性和竞争态势的变化,以预测市场机会和威胁的动态。

(五)消费者需求和市场细分

投资人还需对消费者需求和市场细分进行评估。了解消费者的偏好、需求变化和购买力对于确定市场机会至关重要。投资人可以通过市场调研、消费者调查和数据分析等方式收集相关信息,为判断市场机会和威胁提供依据。

(六)国际市场和全球化趋势

在全球化的背景下,国际市场和全球化趋势对公司的发展具有重要影响。投资人需要了解国际市场的竞争态势、贸易政策和国际经济形势等因素,以评估公司在国际市场上的机会和威胁。

在评估潜在市场机会和威胁时，投资人需要综合考虑以上因素，并进行定量和定性分析。定量分析可以利用市场数据、统计指标和预测模型等进行，而定性分析则可以通过市场调研、行业报告和专家意见等方式获取。最终，投资人应将评估结果与公司的战略目标和核心竞争力相结合，制定相应的投资策略和风险防范措施，以提高投资的成功率和收益水平。

四、政策法规对行业的影响分析

市场状况尽调中，分析政策法规对行业的影响是重要的一环。政策法规在塑造行业发展环境、规范市场行为、调整资源配置等方面发挥着重要作用。

(一) 政策法规对市场准入的影响

政府制定的准入政策和法规对于投资人并购破产重整企业的市场参与起着重要作用。政府可能会制定准入门槛、产业政策和外资政策等来规范行业市场。例如，政府对于某些特定行业可能设定了准入资格要求，要求投资人满足一定条件方可参与该行业，并且对外资并购设置了一些限制和规定。因此，在尽职调查中需要对相关的政策法规进行深入分析，了解其对市场准入的影响，以评估投资的可行性。

(二) 政策法规对行业竞争格局的影响

政策法规对于行业竞争格局的调整具有重要影响。政府通过产业政策、反垄断法规等手段来规范市场竞争，防止市场垄断、维护公平竞争的环境。政府可能会出台行业规范性文件、颁布行业标准，对行业内的公司经营行为和竞争方式进行约束。投资人在进行市场状况尽调时，需要对相关的政策法规进行研究，了解政府对行业竞争的政策取向和相关限制，以便更好地评估市场竞争格局的变化和投资的风险。

(三) 政策法规对行业发展方向的影响

政府通过产业政策、规划和发展计划等手段来引导行业的发展方向。政府可能会出台一系列扶持政策、优惠政策来推动某些重点行业或领域的发展。同时，政府还可能会制定环保政策、能源政策等，以引导行业的可持续发展。在进行市场状况尽调时,投资人需要对行业的发展方向有清晰的了解,并结合政府的政策法规来评估投资的前景和风险。

(四)政策法规对企业运营的影响

政府的政策法规对企业运营活动具有直接影响。政府可能会制定劳动法规、税收政策、环保法规等,对公司的经营行为和责任进行规范。投资人在进行市场状况尽调时,需要了解政府的相关政策法规,对公司的合规性进行评估,以避免投资后因法律风险导致的经营困难或争议。

第四节 房产公司项目尽调

一、房产项目的土地和房屋权属调查

(一)房产项目的土地和房屋权属调查的重要性

房地产行业是一个关键的经济领域,而在投资人并购破产重整公司的尽职调查过程中,房产项目的土地和房屋权属调查显得尤为重要。

土地和房屋权属调查是确保投资人在并购破产重整公司过程中获得合法的产权和权益的关键环节。这项调查能够确认土地的所有权、使用权以及存在的任何限制、抵押或纠纷,从而确保投资人能够合法持有和开发房产项目。

(二)房产项目的土地和房屋权属调查的调查内容

第一,土地所有权调查。确定土地的所有权人,核实土地产权证书、土地登记簿册等相关证据,确保土地的所有权归属清晰明确。

第二,使用权调查。确认土地的使用权人,检查使用权证书、土地租赁合同、土地使用证等文件,核实土地的合法使用权情况。

第三,抵押和负债调查。查明土地是否存在抵押或负债情况,分析抵押的性质和范围,评估对投资人的潜在风险。

第四,房屋权属调查。调查房屋的产权状况,核实房产证、房屋买卖合

同等相关文件，确保房屋的所有权归属合法。

第五，土地纠纷调查。查明土地是否存在纠纷，如土地侵占、争议所有权等，评估纠纷可能对投资人产生的风险。

(三) 房产项目的土地和房屋权属调查的调查方法

第一，文件调查。仔细检查土地和房屋的产权证书、土地使用证、房产证、土地租赁合同等法律文件，核实各种权属和权利的合法性。

第二，现场调查。实地考察土地和房屋的实际状况，确认土地边界、土地用途、房屋结构等与文件中的描述是否相符，注意任何可能存在的纠纷或争议。

第三，司法查询。通过司法机关查询土地和房屋是否存在相关诉讼或法律纠纷，了解可能对投资人产生影响的司法风险。

第四，专业咨询。寻求专业律师、房地产经纪人或土地权属专家的意见和帮助，确保调查的全面性和准确性。

(四) 房产项目的土地和房屋权属调查的风险防范措施

第一，仔细审核土地和房屋的相关法律文件，确保其真实性和合法性。在进行投资协议和重整方案的制订过程中，投资人应仔细审核土地和房屋的相关法律文件。包括土地使用权证、房屋产权证、规划许可证等文件的核查，以确保其真实性和合法性。投资人需要认真研究土地和房屋的所有权归属，确认是否存在产权纠纷或争议。这样可以有效避免投资人在后续阶段面临产权争议或法律纠纷的风险。

第二，密切关注土地使用权和房屋产权是否受到限制或争议。投资人在尽职调查过程中应密切关注土地使用权和房屋产权是否受到限制或争议。例如，土地使用权是否存在限制性条款，是否存在权属争议或第三方权益的限制。对于房屋产权，是否存在抵押、查封、异议或其他形式的限制。投资人需要充分了解这些限制的性质和影响，评估其对自身权益的潜在影响。

第三，对于存在抵押或负债的土地和房屋，评估其对投资人权益的潜在影响，并制定相应的风险应对策略。在投资协议和重整方案的制订过程中，如果土地和房屋存在抵押或负债，投资人需要评估这些负债对自身权益的潜在影响。这可能包括了解抵押权人的权益和优先权，以及负债是否会对投资人的回报或退出产生不利影响。在评估的基础上,投资人应制定相应的风险应对策略,以最大限度地保护自身的利益。

第四,确保与相关权属方进行充分的沟通和协商,解决可能存在的纠纷和争议。为了减少投资过程中可能发生的纠纷和争议,投资人应与相关权属方进行充分的沟通和协商。包括与土地所有者、产权人、抵押权人等进行交流,明确各方的权益和责任,解决潜在的纠纷和争议。通过建立良好的合作关系和协商解决方案,可以有效减少法律风险,并保护投资人的权益。

第五,在必要的情况下,寻求法律专业人士的意见和支持,确保投资人的权益得到充分保护。在投资人并购破产重整企业的过程中,如果遇到复杂的法律问题或争议,投资人应及时寻求法律专业人士的意见和支持。法律专业人士可以为其提供法律分析、风险评估和合规建议,确保投资人的权益得到充分保护。同时与专业人士的合作还可以帮助投资人解决法律风险,并为投资人制定风险防范和退出机制提供专业指导。

二、房产市场价值和租金收益的估算

在投资人并购破产重整公司的过程中,对房产公司项目进行全面的尽职调查是至关重要的。其中,房产市场价值和租金收益的估算是评估投资潜力和风险的关键环节。

(一) 收集市场数据和信息

进行房产市场价值和租金收益的估算,需要收集相关的市场数据和信息。包括房地产市场的整体情况、区域市场的特点、相邻竞争项目的情况等。可以通过研究市场报告、分析行业数据、咨询行业专家和机构等途径获取必要的市场信息。

(二) 定义估算指标和方法

在进行房产市场价值和租金收益的估算之前,需要明确定义所使用的估算指标和方法。常用的估算指标包括市场价值、租金收益率、租金回报周期等。估算方法可以采用市场比较法、收益法、成本法等多种方法进行综合分析,以得出较为准确的估算结果。

(三) 市场价值估算

市场价值是衡量房产项目投资价值的重要指标之一。在进行市场价值估算时，可以采用市场比较法，即通过比较相似项目的成交价格和市场情况，对估算项目进行类似的估算。此外，也可以考虑使用收益法，根据预期租金收益和适当的资本化率来计算房产的市场价值。

(四) 租金收益估算

租金收益是评估房产项目投资回报的重要依据。在进行租金收益估算时，需要考虑多种因素，包括房屋类型、位置、租赁市场需求、竞争情况等。可以通过调研类似项目的租金水平和市场租赁率，结合市场需求和预期增长趋势，进行租金收益的估算。

(五) 风险因素考虑

在进行房产市场价值和租金收益的估算时，还需要考虑相关的风险因素。包括市场波动风险、政策变化风险、经济环境风险等。通过对这些风险因素的分析和评估，可以更准确地估算房产的市场价值和租金收益，并为投资人提供风险防范和决策依据。

(六) 数据验证和敏感性分析

在进行房产市场价值和租金收益的估算后，应对数据进行验证和敏感性分析。可以通过与市场实际交易数据的对比，以及对不同假设条件下的估算结果进行敏感性测试来完成。有助于评估估算结果的可靠性和稳定性，并对投资决策进行更全面的评估。

三、环境和土地使用权的审查

(一) 环境审查

环境审查是对房产企业项目所处环境的评估，旨在确定潜在的环境风险和法律责任。环境审查的主要内容包括以下五方面。

第五章　投资人并购破产重整公司的尽职调查与风险防范

第一，环境评估报告。审查项目是否进行过环境评估报告的编制，报告中是否存在环境问题或风险，以评估报告的有效性和准确性等。

第二，污染源调查。了解项目周边存在的潜在污染源，如工业企业、化工厂、废物处理场等，以评估其对项目环境的影响。

第三，土壤和地下水污染。调查土壤和地下水是否受到污染，是否存在有害物质的泄漏、渗透或排放，以评估对土地使用和开发的潜在影响。

第四，环境监测数据。收集和评估过去的环境监测数据，了解环境质量状况和可能存在的环境污染问题。

第五，环境法规遵从性。审查项目是否符合当地、国家以及国际环境法规的要求，包括排污许可证的获得情况、环境管理制度的建立等。

(二) 土地使用权审查

土地使用权审查是对房产项目所涉及的土地使用权进行调查和评估，以确保土地权属清晰、合法，并评估土地使用权的稳定性。土地使用权审查的主要内容包括以下五方面。

第一，土地权属调查。审查土地权属证明文件，确认土地的所有权人以及是否存在纠纷、抵押或其他限制性条件。

第二，土地使用权期限。核实土地使用权的期限和使用年限，确保土地使用权是否符合法律规定，并评估土地使用权续期或转让的可行性。

第三，土地用途规划。查阅土地用途规划文件，确定土地的规划用途是否符合项目的开发需求和法律规定。

第四，土地赋予方式。审查土地使用权的赋予方式，如出让、划拨、租赁等，评估土地赋予方式对项目稳定性的影响。

第五，土地使用权转让限制。了解土地使用权是否受到转让限制，如限制性批文、合同约定等，以评估土地使用权的可转让性和流动性。

(三) 方法和工具

第一，文献资料研究。在进行投资协议和重整方案的制作过程中，投资人应进行文献资料研究，查阅相关的法律法规、环境评估报告、土地权属证明文件、土地规划文件等资料，以了解项目的背景和现状。通过对这些资料的分析，投资人可以获取项目所涉及的法律和环境风险信息，为风险防范和退出机制的设定提供依据。

第二，实地调查。投资人应进行实地考察，到项目所在地进行环境状况的实地调查。包括对周边环境、土壤和地下水质量等进行观察和检测，以判断是否存在污染源或其他环境问题。通过实地调查，投资人可以更加直观地了解项目所面临的环境风险，并根据实地观察结果制定相应的风险应对策略。

第三，专家咨询。为了获取专业的环境和土地使用权方面的知识和技术支持，投资人可以寻求环境工程师、土地律师等专业人士的意见和建议。这些专家可以提供对环境风险和土地使用权的评估，以帮助投资人识别潜在的风险和问题，并提供解决方案和建议。

第四，数据分析。投资人应对收集到的环境监测数据、土地权属证明文件等进行综合分析。通过数据分析，投资人可以评估项目的环境风险和土地使用权的合法性。例如，对环境监测数据进行统计和比对，判断是否存在超标污染物或健康风险；对土地权属证明文件进行核查，确认土地使用权的合法性。这些分析结果将为投资人制定风险防范和退出机制提供重要参考依据。

四、建筑质量和安全的检查

建筑质量和安全的检查在房产企业项目尽调中起着至关重要的作用。投资人在进行房产企业并购或破产重整前，需要对目标公司的建筑质量和安全进行全面检查，以评估潜在的风险和问题。

（一）建筑质量检查的重要性

建筑质量是房产项目的基础，直接关系到房产的使用寿命、价值和安全。在房产企业项目尽调中，进行建筑质量检查的目的是确定目标企业的房产项目是否存在质量问题，避免后续投资和经营过程中可能出现的潜在风险。

第一，保证投资价值。合格的建筑质量能够保证房产项目的长期投资价值，投资人可以获得稳定的收益和资产增值。

第二，避免安全风险。建筑质量问题可能导致房屋结构不稳定、设备设施故障等安全风险，通过检查可以发现潜在的安全隐患，保障人员和财产

第五章　投资人并购破产重整公司的尽职调查与风险防范

的安全。

第三，符合法律法规要求。建筑质量是房产项目是否符合相关法律法规要求的重要指标，投资人需要确保目标公司的房产项目符合当地的建筑法规和标准。

(二) 建筑质量和安全检查的主要内容

第一，结构安全检查。对房屋的结构进行检查，包括主体结构、承重墙、屋面结构等，确保其稳定性和安全性。

第二，建筑材料检查。检查使用的建筑材料是否符合标准要求，是否存在劣质材料使用的情况，以及是否存在可能导致房屋质量问题的建筑材料。

第三，设备设施检查。对房产项目内部的设备设施进行检查，包括电气设备、给排水系统、消防设备等，以确保其正常运行和安全性能。

第四，室内装修检查。检查室内装修的质量和合规性，包括装饰材料的选择和使用、装修工艺的合理性等，以确保室内环境的舒适性和安全性。

第五，建筑工程验收记录。查看建筑工程验收记录，了解房屋建设和验收过程中是否存在问题或纠纷，以及是否获得相关部门的合格验收证书。

(三) 建筑质量和安全检查的注意事项

第一，寻求专业帮助。建筑质量和安全检查需要专业的技术知识和经验，投资人可以委托专业的建筑检测机构或专业人员进行检查，以确保检查结果的准确性和可靠性。

第二，完备的文件资料。投资人需要获取目标公司的相关文件资料，如建设规划许可证、施工图纸、工程验收证书等，以便进行综合分析和比对。

第三，现场实地考察。实地考察是必不可少的步骤，投资人应亲自到现场检查，观察建筑物的实际状况，并与相关负责人进行沟通和交流。

第四，审查合同和保修条款。仔细审查房产项目相关的合同和保修条款，了解目标公司对建筑质量和安全的承诺和责任，以确保自身权益的保障。

第五，综合评估和风险分析。基于检查结果，投资人需要进行综合评估和风险分析，判断建筑质量和安全对投资项目的影响程度，并决定是否继续进行并购或重整。

在房产公司项目尽调中，建筑质量和安全的检查是不可或缺的环节。投资人需要重视建筑质量和安全问题，通过全面检查，识别潜在的风险和问题，并在决策过程中作出明智的选择，以保障投资的安全和可持续发展。

五、潜在法律纠纷和风险的调查

在投资人并购破产重整公司的尽职调查过程中，房产公司项目的尽调是非常重要的一环。其中，潜在法律纠纷和风险的调查是一项必不可少的内容。

(一) 确定调查范围和目标

第一，确定调查对象。确定需要调查的房产公司项目，包括相关公司、合作伙伴、供应商等。

第二，确定调查内容。明确调查重点，如土地权属、建筑质量、环境污染、合同纠纷等。

(二) 收集相关资料

第一，法律文件。获取房产公司项目的相关法律文件，包括土地使用权证、建设许可证、施工合同、销售合同等。

第二，合同文件。收集与项目有关的合同文件，并对合同内容进行详细审查，包括合同的履行情况、违约条款、争议解决方式等。

第三，诉讼与仲裁文件。查阅与项目相关的诉讼与仲裁文件，了解是否存在未决的纠纷案件或仲裁程序。

(三) 调查土地权属和房屋产权

第一，土地权属调查。核查土地使用权证和土地性质，确认土地是否存在纠纷或限制性条件。

第二，房屋产权调查。核实房屋的产权证书和权属状况，查看是否存在抵押、查封或其他限制性问题。

(四) 评估建筑质量和安全问题

第一，建筑质量调查。对房产项目的建筑结构、装修装饰、设备设施等进行检查，评估是否存在质量问题。

第二，安全问题调查。查阅相关安全检查记录和报告，了解项目是否存在安全隐患或事故记录。

(五) 审查环境和土地使用权

第一，环境调查。评估房产项目周边的环境情况，包括污染源、环保设施、环境监测报告等。

第二，土地使用权审查。核实土地使用权的合规性和是否存在转让、抵押、租赁等权利变动情况。

(六) 调查合作伙伴和供应商

第一，合作伙伴调查。对与房产公司项目合作的伙伴进行背景调查，了解其信誉、经营状况和合作记录。

第二，供应商调查。评估供应商的信用状况、供货能力和合作历史，以确保供应链的稳定性和可靠性。

(七) 风险评估与防范措施

第一，风险评估。对综合收集的信息进行风险评估，确定潜在法律纠纷和风险的严重程度和可能影响。

第二，风险防范措施。根据风险评估结果，制定相应的防范措施和应对策略，减少潜在法律纠纷和风险的影响。

第五节　投资协议及重整方案的制订要领

一、投资协议的起草和谈判

(一) 起草投资协议的关键要素

第一，定义和目的。明确投资方和被投资方的身份和目的，并简要说明投资方的出资方式和被投资方的债权债务情况。

第二，股权结构。详细描述被投资企业的股权结构，包括现有股东和投资方之间的股权比例和权益。

第三，投资金额和方式。明确投资方的投资金额、投资方式（股权购买、增资等）以及投资款项的支付方式和时间安排。

第四，投资条件和义务。阐明投资方和被投资方在投资过程中的条件和义务，包括双方的合作和支持、信息披露、竞业限制等方面。

第五，盈利分配和分红政策。明确投资方和被投资方的盈利分配和分红政策，确保投资方能够及时获得回报。

第六，管理和控制。确定投资方在被投资企业中的管理和控制权，如董事会成员的任命和决策权。

第七，保密条款。规定双方在交易过程中涉及的商业机密和敏感信息的保密义务，确保交易的保密性。

第八，争议解决机制。约定投资方和被投资方在合同履行过程中产生争议的解决方式，如仲裁、诉讼等。

(二) 投资协议谈判的策略

第一，充分了解对方。在谈判前，应对被投资公司进行充分的尽职调查，了解其财务状况、法律风险和市场前景，以便在谈判中能够有针对性地提出要求。

第二，明确谈判目标。在谈判前确定自己的底线和目标，并在谈判过程中灵活调整，以达到最优的协议结果。

第三，重视合作关系。谈判过程中要注重建立和谐的合作关系，平等对待对方，寻求双赢的解决方案。

第四，强调风险防范。在投资协议中要充分考虑风险防范措施，确保投资方的权益得到保护，如制定明确的退出机制和争议解决机制。

第五，灵活协商条款。在谈判过程中灵活协商各项条款，确保双方的合理诉求得到充分考虑，并尽量达成一致。

第六，法律支持。在起草和谈判过程中，建议寻求法律专业人士的支持和指导，确保投资协议的合法性和有效性。

二、投资者权益保护的安排

投资者权益保护的安排是投资人进行并购破产重整公司时至关重要的一环。在投资协议及重整方案的制订过程中，确保投资者的权益得到充分保护，是保障投资者的合法权益、提高投资者信心和促进经济稳定发展的关键举措。

第一，信息披露是保护投资者权益的基础。在投资并购破产重整公司的过程中，投资者应充分了解目标企业的财务状况、债务情况、资产状况等重要信息。因此，制订投资协议和重整方案时，应明确要求目标公司提供详尽的信息披露，确保投资者能够全面了解投资项目的风险和潜在问题。同时，应设立相应的法律、制度和机制，监督目标公司履行信息披露义务，以保障投资者权益的知情权。

第二，投资者权益保护需要积极引入投资者参与机制。投资者在并购破产重整公司过程中应具备一定的参与权，包括在制订投资协议和重整方案时的参与、对公司经营决策的参与等。为实现这一目标，可以设立投资者委员会或设立专门的投资者代表，代表投资者参与协商和决策过程，确保投资者的利益得到有效代表和维护。

第三，资金使用的监督和管理是投资者权益保护的重要环节。投资人在并购破产重整公司过程中投入大量资金，因此确保资金的合理使用和风险控制至关重要。在制订投资协议和重整方案时，应规定明确的资金使用规则和管理机制，确保资金使用符合法律法规和商业道德，并设立相应的监督和管理机构，监督资金的使用情况，防范投资风险。

三、各方责任和义务的明确

在投资人并购破产重整公司的过程中，确保各方责任和义务的明确是至关重要的。投资人、破产公司以及利益相关方都应该明确自己的责任和义务，以确保投资的顺利进行，并保护各方的合法权益。

(一) 投资人的责任和义务

作为投资人，在并购破产重整公司的过程中，承担着重要的责任和义务。

第一，投资人应充分了解破产公司的情况，并进行全面的尽调以确保所提供的信息真实可靠。

第二，投资人应按照合法合规的原则行事，遵守相关法律法规，并遵循商业道德和诚实信用原则。

第三，投资人应就投资目标、投资金额、退出机制等方面与破产公司明确约定，并尽力保证约定的履行。

第四，投资人应履行信息披露义务，及时向破产公司、监管机构和其他相关方提供必要的信息。

(二) 破产公司的责任和义务

作为破产公司，在并购重整过程中，也有着明确的责任和义务。

第一，破产公司应如实向投资人提供公司的财务状况、经营情况以及其他重要信息。

第二，破产公司应与投资人进行真诚合作，积极配合尽职调查，并提供所需的支持文件和资料。

第三，破产公司应确保其提供的信息的准确性和完整性，不得故意隐瞒或提供虚假信息。

第四，破产公司应遵守与投资人之间所达成的协议，如合同约定的履行义务、保密义务等。

(三) 利益相关方的责任和义务

除了投资人和破产公司，还有其他利益相关方也承担着责任和义务。

第一，监管机构应加强对并购破产重整过程的监管，确保各方的合法权益得到保护。

第二，重整管理人应按照法律法规的要求，保持中立、公正的立场，履行其职责，维护各方利益。

第三，债权人和债务人应按照法律法规和协议的约定行事，积极配合并履行各自的义务。

第四，专业顾问、律师和会计师等相关专业人士应提供专业意见和建议，并确保所提供的信息准确可靠。

四、风险防范和退出机制的设定

风险防范和退出机制在投资人并购破产重整公司过程中起着关键作用，能够帮助投资人降低风险并确保投资的可持续性。

(一)风险防范机制的设定

第一，投资者尽职调查。在投资前进行全面的尽职调查，对破产公司的财务状况、法律风险、经营风险等进行评估，以识别潜在风险和问题，并制定相应的风险应对策略。

第二，风险分散策略。将投资资金分散到多个项目或公司，降低单一投资的风险，以保护投资人的利益。

第三，定期风险评估。在投资过程中定期对破产重整公司进行风险评估，及时发现和应对潜在风险，确保投资的可持续性。

第四，紧密合作与监督。与破产重整公司的管理层建立紧密的合作关系，进行持续监督和跟踪，确保投资人对公司的控制权和信息透明度。

(二)退出机制的设定

第一，退出期限和方式。明确投资的退出期限和退出方式，如通过股权转让、公开上市或收购等方式实现投资回报。

第二，优先退出权。在投资协议中设定优先退出权条款，确保投资人在企业发生重大变动或盈利增长时能够优先退出。

第三，资产变现安排。制订资产变现计划，如通过资产出售、资产重组等方式实现投资人的退出目标。

第四，指导性退出条件。设定特定的退出条件，如公司盈利能力达到一定水平、股价达到一定价值等，以确保投资人能够在合适的时机退出。

第五，退出协商与协调。与公司管理层和其他投资者进行积极的沟通和协商，以达成一致的退出意向和目标，降低退出过程中的摩擦和冲突。

(三)风险防范和退出机制的综合应用

第一，协议约定。在投资协议中明确约定风险防范和退出机制的要求和条件。包括双方在合作期间遵守的行为准则、违约责任、保密义务、知识产权保护等方面的规定。通过将这些要求和条件写入协议，可以确保双方的权益得到保护，并为纠纷解决提供明确的法律依据。

第二，资金监控。投资人应对投资资金的使用进行监控和审核。建立有效的资金管理和流程控制机制，确保资金的合规性和透明度。包括对资金流向的跟踪和审查，定期进行财务报告和审计，以及建立资金监管账户等措施。通过加强对资金的监控，投资人可以及时发现和防范潜在的资金风险，避免投资资金被挪用或滥用。

第三，风险预警和管理。投资人应建立有效的风险预警机制，及时发现和应对潜在的风险。包括定期进行风险评估和监测，设立风险管理小组或委员会，制订应急预案和风险控制策略等。通过建立这样的机制，投资人可以及时识别和应对可能对投资造成损失或影响的风险因素，减少潜在风险带来的不利影响。

第四，法律保护。投资人应依法行使自身的权利，并积极维护自身的合法权益。在投资过程中，如果遇到合同违约、知识产权侵权、财产损失等问题，投资人应及时寻求法律保护。包括通过诉讼、仲裁或其他法律手段解决纠纷，并寻求法律专业人士的支持和意见。通过法律保护，投资人可以维护自身的权益，维护合法合规的投资环境，减少法律风险的发生和影响。

第六章　基于国际视角的跨境破产分析

随着各国经济合作的加深，跨境破产案件出现了。在跨境破产领域里，由于各国的立法差异和司法实践的不一致，诸多复杂的法律问题也随之产生。跨境破产案件的处理对于我国建设良好的营商环境具有重要促进意义。因此，须站在国际视角，改变对跨境破产案件的消极与回避态度，寻求跨境破产的国际合作，实现对债务人的全部财产进行公平统一分配，从而逐步扩大我国破产司法实践的国际影响力。

第一节　跨境破产制度解读

任何国家都要与世界上的其他国家进行交流和联系，跨境破产领域的国际合作以及国家间条约的缔结，不仅能有效地预防破产债权人利用各个国家间的法律差异，就同一个债权在其他多个国家多次获得清偿，从而对其他债权人的利益造成减损现象的产生，而且可以防止一国破产债务人利用不同国家间的不同的法律规定找到漏洞以达到财产转移的目的，还能降低跨境破产案件当事人因在各个国家重复地走破产流程而支付的额外费用。

"经济全球化产生大量跨境贸易与投资活动。这些活动产生债务国际化的问题，引发大量跨境破产案件的发生，从而影响众多跨国债权人的利益。"[①] 跨境破产案件相比较于其他民商事案件有其特殊性。一方面，跨境破产案件对全体债权人申报债权都有影响。对破产案件有关判决的承认和执行，除判决本身内容之外，还要考虑社会因素以及公正因素，跨境破产法属于特别法，因此跨境破产判决的效力问题不能完全参照民事诉讼法的相关规

---

① 祝宁波，胡勇.试论跨境破产风险之防范：美国飞达仕公司破产保护案的思考[J].社会科学家，2009(02)：80.

定；另一方面，破产公司被境外管理人接管以后，破产财产如何管理、法人的财产性利益如何得到保护、境内外债权人的债权如何得到公平清偿等，这一系列问题都没有相应的司法救济程序加以规制，因此需要专门的跨境破产立法进行明确。此外，跨境破产的程序涉及不同国家、地区对破产程序的立法冲突的协调问题。如破产程序开始后，执行与保全等措施应该被及时采取，并且在执行相关判决时禁止个别清偿。

以上一系列问题都属于跨境破产程序中特有的问题，在国际投资日趋活跃的背景下，亟须完善跨境破产制度，加快立法进程，以适应司法实践的需要。

一、跨境破产制度的核心

跨境破产是含有国际因素或涉外因素的破产案件，即在一个破产案件中，破产债权人、债务人或破产财产分别位于两个或两个以上的国家或法域，或破产债权的产生基于他国交易因素。跨境破产承认与执行制度是跨境破产制度的核心和主体，也是跨境破产国际合作的重要内容。同时，跨境破产承认与执行制度也是保证破产判决所确定的权利义务关系实现的重要一步。跨境破产的承认与执行制度是指一国法院依照本国法或签署的国际条约、司法互助协定等，对他国法院或国内其他法域有关破产债务人在本国境内财产处理问题的破产判决和相关破产程序展开的审查，并通过审查以确定是否给予他国或本国其他法域的破产判决和相关破产程序以承认，并在承认的基础上决定是否对该程序的执行提供协助的一种制度。

如果一国法院对他国破产判决予以承认，就代表着确认他国判决与该国国内判决拥有等同的法律效力，这有利于维护一事不再理原则。大部分国家对一般的跨境民商事判决的承认都有明确的法律规定，即直接适用各国国内法的规定，按照法定的程序申请承认即可。申请一国法院执行他国破产判决的目的是通过一国的执行程序来保障破产债权人权益的实现。但不是所有的跨境破产判决都涉及执行程序，申请执行是在承认他国破产判决之后的，并且只有该国境内有能够被执行的破产债务人的财产时，才牵扯到申请执行的问题。

二、跨境破产制度的理论基础

破产的域外效力是研究跨境破产制度的关键环节,破产的域外效力是指法院进行对破产债务人的破产重整或者清算以及其他相关的破产程序时,遇到对破产债务人在其他国家或其他法域的财产进行处理时,本国法院作出的破产判决是否在其他国家或法域发生效力的问题。域外效力包括两个方面:一方面,本国法院作出的破产判决在他国或者其他法域承认和执行的域外效力问题;另一方面,他国作出的破产判决在本国是否获得承认和执行的域外效力问题。这一领域主要理论包括:属地破产主义、普及破产主义和折中破产主义。

(一) 属地破产主义

属地破产主义主张本国法院作出的破产判决只在本国范围内发生效力,这种主张体现了一国的主权,目的是保障本国债权人的权益。

属地破产主义的优点在于:一方面,各个国家完全根据本国国内立法审理破产案件,避免了法律冲突的发生,也减少了适用与选择法律的问题,保障了法院的权威和作出的破产判决效力的稳定性;另一方面,通过这样的立法和司法程序设计,减少破产程序花费的时间,降低整体耗费的费用,节省司法资源。此外,维护本国经济秩序,不会因为把在本国的财产交给他国破产管理人管理而使本国经济利益蒙受损失,在本国债务人遭受不公平待遇时,可在本国重新开始破产程序,从而保护其利益。

属地破产主义的缺陷是会产生破产程序的重复,造成破产管理和下一步清偿程序的混乱;同时因为过度保护本国破产债权人,没有平等地对待他国和其他法域的破产债权人,他国债权人申报债权相对来说较为困难,导致破产公司在其他任何一个国家的资产可能会被所在地的法院扣押,分配给参加本国程序的破产债权人,最后导致国际投资的不可预测性。

(二) 普及破产主义

普及破产主义主张由对破产案件有主要管辖权的国家,一般是债务人的住所地、主要营业地所在地国家,对破产债务人全部的资产进行统一管理，清偿分配规则也按照该国的国内法进行，破产判决对债务人位于全世界的所有财产都有效力，以确保全世界每个债权人都能平等受偿。

普及破产主义的优点在于：一方面，通过一个主要管辖权国家有效迅捷地对债务人的财产进行管理，避免了破产程序的重复进行，有助于平等对待所有破产债权人以及平等地分配财产；另一方面，由于对财产的有效管理，债权人平均得到的清偿比例相对要高。同时，可以有效防止债务人转移财产。

普及破产主义的局限性在于：一方面，实际执行会遭遇困难，很多国家不愿放弃对位于其本国的财产进行控制；另一方面，对管辖国以外的他国债权人来说，为了申报债权、参加必要的程序所带来的费用相对增加。此外，国家间在没有条约或互助协定的情况下，相互之间缺乏信任，破产程序得到承认和执行的可能性较低。

(三) 折中破产主义

折中破产主义以财产所在地法院作为最合适的管辖法院，各个国家的法院对其境内的破产债务人的财产均享有管辖权，各国之间通过沟通合作避免债务人转移财产，又或者通过国际通力合作，在充分考虑和尊重各国的国家主权和国民利益的基础上，达到一种各方能接受的清偿分配结果。折中破产主义避免了属地破产主义下本国法院排外从而不平等对待债权人的问题，也避免了普及破产主义实际操作中存在的困难。折中破产主义致力于采用灵活的方式实现跨境破产的目标，使涉及跨境破产的各方能够共赢，为有效地处理各个国家破产立法的冲突提供了解决途径，有利于跨境破产的国际合作。

三、跨境破产制度的法律依据

跨境破产制度的法律依据主要包括国内立法、国际条约和互惠规范。一方面，部分国家在本国国内立法中对跨境破产问题进行了规定，或出台专门的跨境破产法，或在本国的民事诉讼法等部门法中有所涉及；另一方面，国际社会已经普遍认识到在跨境破产问题上进行国际合作的重要性。国家之间也就此问题签订了大量双边条约，用于相互承认与执行对方法院的破产判决，并对两国之间的其他跨境破产事宜作出规定和安排。此外，如若两个国家不属于同一国际条约或区域协定的管辖，相互之间也没有签订双边条约或司法互助协定的情形下，互惠规范便成为国内法院承认和执行国外法院破产判决的主要依据。

四、跨境破产制度的基本原则

跨境破产制度的基本原则包括正当管辖原则、保护本国债权人利益不受损害原则、公序良俗原则以及程序正当原则。

(一) 正当管辖原则

正当管辖原则的作用是确定破产案件的管辖权，并决定哪个国家的法院能够作出具有普及效力的破产判决。在承认或执行他国判决之前，必须首先就他国法院对案件的管辖权是否正当进行审查，破产债务人要与作出判决的法院地国之间存在重要的关联，即破产债务人在该国注册登记，或者主要经营地是该国，又或者主要利益中心地在该国等，只有存在这种联系，法院才会做出基本公平、不至于做出完全违背公平正义的判决。因此，正当管辖原则认为，如若认定判决国法院的管辖权不正当，则不予承认和执行该判决。

(二) 保护本国债权人利益不受损害原则

他国破产判决能够得到本国承认与执行最核心的要素在于本国债权人的利益不因此而遭受损害。跨境破产想要达到既定的目标，需要进行国际合作。是否给予他国判决承认与执行，受本国政治、经济、法律、社会、文化现状的限制。在国际社会没有统一的跨境破产国际原则规制的现状下，是否承认与执行他国法院破产宣告基本由各国自行决定。大部分国家在确定是否对他国法院破产判决予以承认和执行时，都会考虑他国判决是否最大限度地保障了破产债权人的利益，是否平等对待他国内外债权人，以此来确保本国债权人的利益不受损害。

(三) 公序良俗原则

公序良俗原则分为国内与国际两类。在国内立法的规定中，公序良俗原则是强制性规范，是各部门法的基本原则，适用于所有国内法律关系的处理,是国内正常社会经济生活都应遵循的善良风俗;而在国际交往中,公序良俗原则则适用于专门处理国际民商事关系设定的法律规则,因而与国内公共政策相比,应进行更为严格的法律解释。各国法律对他国破产判决承认与执行的规定,基本都涵盖了不能同国内强制性法律和社会公共利益相冲突。为了保护法院地国家的公共利益,公序良俗原则以不同的表述形式出现在国际条约、多边及双边协定中。公序良俗原则的中心目的是承认与执行他国破产判决但不能减损法院地国强制性的法律。

(四) 程序正当原则

如果作出破产判决的一国诉讼程序显失正义,与社会的基本法律原则背道而驰,那么通过这种不公正的程序作出的裁决也不会被他国法院承认与执行。因此,在跨境破产制度中,相关判决要遵循程序正当原则。

五、跨境破产制度的合作模式

破产判决能够得到他国法院的承认与执行是最终目标,若该目标无法得到实现,则破产案件的债权人利益最大化的目标就不能实现,破产程序的价值也就得不到体现。因而国际合作对跨境破产制度非常重要,跨境破产制度的合作模式包括以下四方面。

(一) 辅助破产程序合作模式

辅助破产程序合作模式是指当一国正在进行破产程序时,如果该破产程序中的破产债务人在本国境内有财产或存在经营业务时,破产辅助程序会因他国破产管理人的申请而启动,同时为了及时了解本国的破产债权人及破产公司的财产状况,会指定一名本国的破产管理人管理债务人的资产,防止本国债权人对财产进行扣押。随后将这些财产转移给该他国的破产管理人,以达到在主要程序中对所有债权人统一公平分配的目的。

在该程序中,本国的破产管理人不仅能够起到协助破产人执行破产程序的作用,还能够对本国破产债权人的情况进行较为全面的掌握,从而保障本国债权人在破产财产分配时的权利与其他债权人平等。但是这个辅助程序不会发生使针对破产财产的相关程序自动停止的效力,并且在该程序中作出的裁决作用范围有限，只对本国境内的资产发生效力。

随着辅助破产程序的实施，法院开始从整体上对他国破产法律制度进行审查，只有在他国主要破产程序显失公正性以及对债权人的利益严重缺乏保护时，才会被本国法院拒绝其辅助破产程序的申请。此外，这种法律机制给法院提供了简单而明确的判断标准和审查原则，帮助法院更好地行使自由裁量权，以决定给予他国破产诉讼什么样的协助措施。

(二) 主次破产程序合作模式

主次破产程序合作模式是指在同一区域的法律框架下只存在两种类型的破产程序，即主要破产程序与次要破产程序。

主要破产程序创设了自动承认机制，即位于成员国境内的债务人主要利益中心所在地法院开始的破产程序，它在境内除了违反管辖权和公共政策保留规定外，会获得立即普遍的承认。而且一旦主要破产程序获得承认后，在其他成员国内的效力与破产程序做出国内的效力一样，这使得主要破产程序具有真正意义上的普及破产域外效力。同时主程序破产管理人在其他成员国只要通过简便的手续就可以获得同样的权力，这就给破产管理人对债务人在本组织体内的财产进行统一管理和分配，最大限度保障全体债权人利益创造了可能。

次要破产程序是指破产债务人主要经营业务所在地法院开始的一个效力仅次于债务人在营业地的财产的破产程序。该程序旨在化解由于各成员国的国内破产立法客观上存在差异，造成成员国追求债权人利益最大化的目标与主次破产程序模式的普及主义域外效力的价值追求之间存在的矛盾。由于它是一个独立的破产程序，所有与破产有关的实体及程序问题都要适用营业地法院法，因此，位于营业地的破产债权人会从中受益，这就体现了普及主义域外效力与成员国债权人利益保护的价值目标协调。

主次破产程序需要各成员国的协调与合作，两个程序的破产管理人具有彼此之间沟通有无的义务，因此凡是与破产程序有关的，特别是权利的请求与确认程序以及为推动破产成功而采取的措施方面的信息都应被迅速传递和沟通。这种合作保证了债权人不会在主要和次要破产程序中获得重复清偿，也防止了成员国范围内债务人转移财产的可能。

(三) 承认与协助的合作模式

承认与协助的合作模式是指，即便是决定针对他国的主要程序作出的破产判决予以承认也并不会自动发生任何效果，承认仅仅意味着该破产程序获得了在本国能够获得协助措施的资格，法官在决定承认后，还要视具体情况考虑给予什么样的救济措施。本国法院是否对他国破产程序给予承认与协助，他国破产管理人提出申请后还要对其进行审查。审查的条件包括：判定他国破产程序属于破产重整程序还是清算程序；界定他国法院拥有的管辖权类别来判定是否能获得承认。

在承认的程序上，为便利他国破产管理人和他国债权人参与本国破产程序，需指定专门受理申请的法院，并规定该专门法院在作出承认破产判决的决定后，为便利对债务人财产的管理，可将案件转移给更适宜的法院实施援助措施。他国破产程序一旦获得承认，可以有资格在本国进一步获得相关诉讼和执行中止、禁止处分和财产转移等援助措施，这种援助措施不是必然的，也不是每个案件都相同，法官拥有自由裁量权。在紧急情况下，他国管理人还可以在申请承认的同时提出临时援助措施来防止债务人个别清偿和转移财产的行为。

(四) 平行破产程序合作模式

平行破产程序合作模式的特点是不去界定哪个法院是最适宜的法院，法院之间充分尊重彼此的审理程序及作出的破产判决，即一国对他国的破产程序承认后，只要该破产程序的债务人在本国管辖境内有财产，对他国破产程序承认就可作为债务人已经破产的证据在当地启动一个新的破产程序，由此避免了因法院审查程序缓慢而导致位于境内的债务人财产被转移。

本国法院启动的破产程序与已经获得本国法院承认的他国破产程序并存时，本国程序具有<u>优先权</u>，如果同时有两个或两个以上他国破产程序申请承认与执行时，他国主要破产程序的效力优先。虽然，他国破产程序在一定程度上会受到本国破产程序的影响，但若二者同时进行时，给予他国程序的协助措施须与本国程序一致，且破产程序之间应当在信息交流、财产管理上进行最大限度的合作。

多个破产程序同时进行时，在某一破产程序中已经得到过清偿的债权人如果想要再次获得偿付，必须满足在其他破产程序中处于同一清偿顺位的其他债权人也得到同等比例清偿的条件。虽然可能存在多个平行破产程序，但在法院及破产管理人的协调与合作下，所有债权人都能被平等地对待，有助于实现债权人公平分配的目标。

第二节　我国香港特别行政区跨境破产制度与实践

一、香港特别行政区跨境破产制度的认知

(一) 香港特别行政区跨境破产制度的核心

跨境破产制度是跨境企业重要的退出机制，事关市场经济的健康发展。破产程序的认可与协助是跨境破产制度能否有效实施的关键，是香港特别行政区跨境破产合作的重要环节。

法域是指实行区别于其他的、特有的法律制度的范围。法域的本质特性在于对本地部分事务的处理拥有独立的立法权、行政权和司法权等。而这种独立性最明显的表现是各法域法律制度存在差异时，相关法律制度仅在本法域内有效，各法域独立行使司法权，相互平等，不存在隶属关系。香港特别行政区破产相互认可与协助属于跨法域司法合作问题。

香港特别行政区跨境破产是指涉港破产，即债权人、债务人、与破产相关的财产和其他要素跨越香港特别行政区与其他法域的破产案件。香港特别行政区破产程序相互认可与协助是指香港特别行政区或内地的法院按照相关破产法律规范预先设定的审查标准和条件，就对方提出的破产认可申请进行必要司法审查后，决定是否对这一域外破产程序的效力予以认可，继而决定是否对该域外破产程序给予协助以及何种程度上的协助。

(二) 香港特别行政区跨境破产制度的规则

香港特别行政区企业破产的原因是公司无力偿付一万及以上港元。企业无力偿付的具体程序规则是当债权人向债务人注册办事处送达一份符合

订明格式的要求偿债书，要求债务人支付欠款，但债务人在送达该要求偿债书后的3个星期内，仍然不支付欠款，或未提供债权人认可的保证，或未作出债务人满意的答复的。香港特别行政区企业破产方式有由法院作出的清盘和自动清盘两种。自动清盘不需要向法院提出申请，从公司通过自动清盘决议之时开始。而法院并不对破产案件是否符合受理条件进行审查。债务人在提出申请21天之后未得到满意答复即可申请强制清盘，并向香港特别行政区破产管理署和法院交付一定费用后由法院组织聆讯清盘呈请，决定是否颁发清盘令。在香港特别行政区法下，企业清盘自清盘呈请提出时即开始。

香港特别行政区在实践中积累了大量对来自其他法域的破产程序认可与协助的司法案例，逐渐形成了援引普通法案例，根据普通法规来处理，其具有香港特色的跨境破产制度。香港特别行政区跨境破产制度遵循修正的普遍主义规则。

普通法下的普遍主义原则是跨境破产制度中的一个重要原则，这一原则坚持一公司一破产，在一国开启的破产程序效力及于债务人所有资产和利益所在地。普遍主义原则下，破产程序将对债务人的所有财产和利益产生全球性的影响，无论其位于何处。所有破产事项适用单一破产法，受单一法院管理。该理论认为，普遍主义可以减少选择法院的行为，使债务人的资产价值最大化，促进价值分配的公平性。随后发展的修正的普遍主义原则以"公共利益"为基础，认为法院在考虑公平正义和公共利益情况下自由裁量是否对其他司法辖区的破产程序予以认可。香港特别行政区跨境破产制度在实践中不断发展与更新，形成了具有香港特色的跨境破产制度。

二、香港特别行政区跨境破产制度的实践

（一）明确破产申请主体

法律程序应当严谨而统一，不能因案件的不同而有所差异。申请破产程序的认可主体规则是破产程序中的重要规则，应当具有明确而统一的标准。就相互认可的申请主体来说，由相关的破产管理人向对方法院申请。一方面，可以实现破产财产价值最大化、所有债权人公平受偿是请求其他法域法院认可本法院破产程序的根本目的，破产人是最大限度掌握债务人财产之

人，对于如何使债务人财产实现价值最大化最为清楚，也是其固有职责；另一方面，破产管理人作为有权申请对方法院认可与协助破产程序之人必须具备一定的实践经验，符合香港特别行政区的常规做法。

(二) 拓宽破产裁决范围

破产程序中并不会形成与民商事判决那样具有给付内容的判决。在破产程序中产生的判决、裁定或其他法律文书的主要作用是宣告企业破产状态的开始或结束。由于不同法域启动或终止破产程序的具体规则不同，所以这个法律文书并不是统一的，可能是宣告破产的法律文书，也可能是受理破产申请的法律文书或者其他法律文书。香港特别行政区采用的便是法院发布清盘令的方式，其不应当将认可与协助的对象进行限缩性解释，仅认为特定的判决或裁决为认可对象，而应当对破产裁决作出扩大解释，包括启动、宣告破产程序的判决、裁决、命令和破产程序中产生的扣押令、禁止令等其他形式的法律文书。

(三) 统一跨境破产条件

跨境破产制度的条件主要包括管辖权条件、集体程序条件、公共政策条件、互惠原则条件。他国法院是否具备管辖权是跨境破产制度中，审查判决是否具有可执行性的一项重要标准。集体程序是为了实现所有债权人利益而进行的程序，在评价某一程序能否构成集体程序时，主要考虑在不违反除外情况下，该程序是否涉及债务人全部资产与负债情况和债权人债权情况。公共政策例外被适用主要包括：不符合程序性要求、侵犯宪法性权利、违背跨界破产核心机制和宗旨等，跨法域破产制度受公共政策例外规则调整。互惠原则要求国家或地区在运用国际法规范处理国际事务时，将本国和其他国家同等对待。

1. 明确管辖权标准

香港特别行政区司法实践要求申请认可与协助的域外破产程序是在公司注册地启动的。这实际上是对原审法院管辖权的要求。香港特别行政区在认定管辖权的具体标准上采用的是公司注册地标准，而部分其他国家或地区采用的是公司住所地标准。当债务人在香港特别行政区注册成立，但是其主要经营业务机构所在地却在采用公司住所地标准的国家或地区,其他国家或地区法院基于规定,很难认可香港特别行政区法院的破产管辖权。如果该公司在香港特别行政区启动破产程序且该程序被注册地法院认可为主要程序,其他国家或地区法院依据法律和司法传统,认可香港特别行政区破产程序的可能性非常小。因此,管辖权标准事关破产程序的认可与执行,必须对具体的审查标准进行统一和明确。

2. 重视程序集体性

香港特别行政区普通法实践表明,开启破产程序为集体程序是香港特别行政区认可破产程序的要件之一。明确集体程序是香港特别行政区认可内地破产程序的前提条件。集体性作为破产程序核心价值,是破产法区别于其他普通民商事法律的重要的特征。任何对破产法制度的分析如果脱离对其集体性的阐释,则注定是对破产法理解的失败。集体程序要求正是法院监督破产程序公平性的重要手段和措施,也是破产程序区别于普通民商事程序最重要的特征。认可与执行其他法域破产程序的最根本原因是实现"一债务人,一破产",从而使全球范围内的债权人获得公平受偿的机会。这也是市场经济体制对企业退出机制的要求。在跨境破产合作安排中应当特别注意集体性的判断标准和法院作用的正确发挥。

3. 完善公共政策例外适用

公共政策在法院决定是否对其他破产程序认可与协助时起着决定性作用。该制度是受案地区维护本地区合法利益的最后防线。香港特别行政区在司法上具有高度独立性,因此,公共政策规则在香港特别行政区跨法域司法合作制度中占据着重要地位。香港特别行政区设置有公共政策例外条款,因此破产合作法律制度应当保留公共例外条款,并且应当严格解释,防止概念过分扩张。

4. 采用推定互惠标准

互惠可以分为事实互惠、法律互惠、推定互惠三种主要类型。事实互惠是指有关国家或地区以互惠为基础对认可申请进行审查时,主要考虑对方国家或地区是否存在认可与执行本国裁决的先例;法律互惠主要审查的是对方国家或地区是否存在与本国类似的甚至更宽松的认可与执行规则;推动互惠是指只要对方国家或地区尚未拒绝认可过本国、本地区裁决的先例,即可推定相互之间具有互惠关系。

事实互惠的主要问题是如果遵循事实互惠的两个国家或地区均没有给予过对方认可的先例，那么在认可与执行问题上将会陷入永远无法先行给予对方互惠的怪圈。法律互惠适用空间有限，一方面，不同国家或地区在立法政策、法律文化、司法制度等方面差异较大，法律上的完全对等或相似性可以说微乎其微；另一方面，这种法律的相似性或者宽严程度的判断很大程度上取决于法官的主观判断，具有很大的不确定性。推定互惠不以存在认可与协助的先例为前提，也不要求法律的相似性，适用于香港特别行政区的现实情况。因此，香港特别行政区在制定跨境破产制度时应当采用推定互惠标准，从而软化互惠原则。

第三节 跨境破产中的吉布斯规则及适用

吉布斯规则是英美法系国家对他国破产程序中债务偿付的承认规则，它与破产判决的承认与执行规则存在本质区别。吉布斯规则要求破产债务偿付适用当事人选择英国法，但在债权人参与了他国破产程序时却不能适用。

一、跨境破产中的吉布斯规则的解读

（一）吉布斯规则的内涵

对吉布斯规则主要有两种描述：一种是按照合同法律选择规则，将吉布斯规则描述为在他国破产程序中，如果债务偿付适用的法律是且仅是合同准据法，英国就承认该债务偿付的域外效力；另一种是从其可能导致债务重复偿付描述吉布斯规则，即使债务人在他国破产程序中被要求偿付债务，英国法院同样可以偿付适用英国法确定的债务。两种描述尽管重点不同，但都认为吉布斯规则是在破产程序启动国与承认国对债务偿付的法律选择规则不一致时，可以拒绝承认他国破产债务偿付效力的跨境破产承认与协助规则。

(二) 吉布斯规则的内容

英国法院认为他国法院作出的破产债务偿付并不当然在英国产生域外效力，因此不能得到自动承认，必须适用吉布斯规则，即根据其法律适用情况决定能否得到承认。吉布斯规则的主要内容如下。

1. 否定债务偿付域外效力

吉布斯规则是跨境破产承认与协助规则中专门就债务偿付域外效力问题确定的否定性规则。关于破产债务偿付的域外效力问题，英国法院认为英国所做的破产债务偿付自动具有域外效力，无须主动审查其法律适用问题。至于他国法院是否承认英国破产债务偿付在该国的效力取决于该国法律制度、英国法无法左右，英国法也不会考虑去迎合他国法，以便被他国法院承认。

跨境破产实现域外效力的方式既可通过判决的承认与执行，也可通过跨境破产的承认与协助。不过，与破产有关判决的承认与执行应被识别为判决承认与执行问题，还是跨境破产承认与协助问题，或者是自成一体的独特方式，国际社会并没有形成共识。但英国的区分是明确的。英国法院认为与破产有关裁决的承认与执行属于判决承认与执行，而判决承认与执行和跨境破产的承认与协助是两种完全不同的方式。

吉布斯规则的作用是拒绝承认他国债务偿付在英国领域内的效力，其实现方式是拒绝相关跨境破产的承认与协助。吉布斯规则仅仅解决债务偿付是否存在的问题，并不意味着英国完全拒绝承认他国的破产程序或他国的破产宣告判决，也不意味着英国在跨境破产中采取绝对地域主义。在实践中，英国法院即使适用了吉布斯规则，仍然可能对他国破产程序给予适当救济，只要该救济不影响吉布斯规则的适用。

2. 法律适用要求比较严格

吉布斯规则的核心是英国法院基于法律选择规则不一致，拒绝承认域外债务偿付在英国的效力。该规则对他国法院在破产程序中的法律适用要求过于严格。从法院处理跨境破产案件的法律选择过程来看，它需要解决两个问题：一个是根据非破产法，确定破产请求权的有效性以及索赔金额的多少；另一个是根据破产法，确定该请求权是否具有优先性，以及如何确定破产财产的分配顺序。破产法并不创设权利,但应尊重债权人依据其他法律取得的权利。破产程序启动后,破产法要确定其中每一项债权的性质与地位,并对这些债权进行一定的限制和变动,以达到破产程序的整体目标。这些限制和变动是在启动破产程序之后才出现的。吉布斯规则的不合理性除了依据破产地法和法院地法识别可能不一致以外,其要求产生债务偿付效果的合同与破产的法律适用都适用英国法,导致债权人因法律选择不同而受到不同对待,并不符合跨境破产法公平对待所有债权人的目标。

由于合同当事人对于合同的法律适用享有广泛自由,如果每一份合同都适用它们各自选择的法律,就不可能实现破产法的统一、有序和一致的解决方案。这是吉布斯规则要求适用英国法的原因。但是,进入破产程序的债务人一般都处于债务危机中,很难完全满足所有债权人的诉求。即使所有债权人的债权都没有受到限制和影响,债务人的资产也不可能偿付所有债务。因此,吉布斯规则在破产程序中追求保护所有债权人的理念是虚构的,其主要目的是保护英国债权人。尤其是在破产重整与和解程序中,面对众多债权人,只有统一适用法院地法或者主要利益中心地法,而不是少数债权人与债务人选择的法律,才有利于重整与和解的达成。吉布斯规则对法律适用的要求明显不利于企业的重生,反而阻碍重整与和解的顺利进行。

3. 吉布斯规则的例外条件

当事人只要参与了他国破产程序,吉布斯规则就不再适用。由于"参与"的构成缺乏明确性,试图依据吉布斯规则主张其债权的债权人要尽量避免向破产程序法域提出任何指示,即在该法域出现或在破产程序中投票。法院也不大可能将谈判视为"参与",债权人可以通过谈判等方式预估其未来可获利益,避免被他国法院管辖。如果预期收益无法让债权人满意,其很可能不出现在破产程序法域也不参与任何集体事项,避免满足吉布斯规则的例外条件。

(三) 吉布斯规则的理论基础

英国法认为债务的消灭如同债务的产生,其效力应该依据债务本身的准据法来认定。如果不涉及跨境承认,本国法院就会认可本国的债务偿付效力。但在涉及跨境承认时,吉布斯规则便要发挥作用。吉布斯规则的理论依据与不同破产程序中联结因素的功能、当事人意思自治的强调和地域主义原则有关。

1. 吉布斯规则与联结因素的功能

为破产目的确定债务所在地,与国际私法中确定债务关系准据法有很大不同。后者旨在解决合同履行、付款或其他相关问题,常常不能满足破产程序中债务关系的成立问题。因为债务人的住所地、主要营业地、主要利益中心地在破产案件中具有重要意义,所以将这些联结因素作为法律选择的依据更合理。

吉布斯规则即使在和解重整程序中具有合理性,但在清算程序中并不合理。清算程序是针对债务人的资产不能满足所有到期债权时的法定程序。它是为了所有利益相关者的共同利益,为债务人的剩余资产进行限制、清算和分配提供有序公平的解决方案。因此,清算程序的主要联系是资产,其对债务人资产的影响应得到全球承认,这就需要一个与债务人资产,而不是债务关系具有最密切联系的法律来管辖,其通常是债务人的主要利益中心,与债务有关的合同几乎没有关系。

和解和重整程序则不同,它能够使大多数受影响的债权人相信债务解决办法符合所有各方的最大利益。例如,在暂停偿付或减免债务程序中,当事人自愿或者在法院协助下订立合同与债务人的资产或主要利益中心地没有密切联系。它不是面向资产,而是面向债务,所以与重组债务的来源有关,应由债务的准据法来规制。

以上理论分析具有局限性:一方面,清算、和解与重整并不是完全无关的程序,一种程序如果无法完成,可以按照法定条件转入其他破产程序;另一方面,债权人的债务求偿权存在竞争关系,但吉布斯规则并不为大多数普通法系法域所接受。一般情况下,吉布斯规则的效果是保证英国债权人的债务偿付,而非参与债务重组的所有当事人,结果可能是对其他债权人不公,影响债权人和债务人之间的合作,以及和解协议或重整计划的执行。因此,吉布斯规则在和解与重整程序中也不能适应跨境破产的国际合作要求。

2. 吉布斯规则与当事人意思自治

对于非合同关系的债务偿付,英国法承认债务关系产生地破产法的债务偿付。例如,侵权的损害赔偿应由诸如侵权行为地的破产法作出裁定。吉布斯规则是对当事人预期和法律选择的支持。

吉布斯规则的关键是将破产债务偿付识别为合同事项，但破产债务偿付的合同特征是非常值得怀疑的。国际合同法律选择是为了使当事人在订立合同阶段对以何种法律管辖他们之间可能产生的纠纷，以及如何解决权利义务关系等问题产生合理预期。在一般合同事项中强调当事人意思自治完全可行，但破产债务偿付并不是一个双方同意的问题。吉布斯规则以合同当事人的期望为前提，但期望他们的契约凌驾于破产法之上是不现实的。

事实上，破产债务偿付主要不是双方当事人之间的合同问题，而是集体性财产分配问题。吉布斯规则以合同当事人的期望为前提，寻求有关债务偿付问题的准据法将使各方当事人的期望生效，这在破产程序中是不现实的。因为破产债务偿付是关于债权人在破产前应享权利在破产后的处理，涉及的破产前权利不只是与双方当事人有关。对某一债权人的破产债务偿付，很可能损害其他债权人利益，因为不同债权人对剩余资产存在竞争关系。

因此，尽管当事人意思自治具有结果可预见性等优点，但在破产案件中，破产结果的可预见性更应考虑法院地的破产政策。吉布斯规则想通过控制法律选择来实现法律适用结果的可预见性并不现实，因为他国法院很可能基于本地破产政策不予合作。

3. 吉布斯规则与地域主义的原则

为了保护本国债权人利益和本国经济利益，吉布斯规则对破产法律适用的要求具有地域主义特点。

吉布斯规则意味着英国法院要求适用当事人选择的合同准据法，而不是主要利益中心地破产法或其他更具联系的法律，体现了对英国地方经济利益的保护，地方经济利益又很可能归属于英国债权人。因为地方资产代表着地方经济利益，而英国法院通过司法途径拒绝移交本地资产来实现对本地经济利益的保护，进而保护本国债权人利益。

一般而言，在他国破产程序中，如果仅仅因为法院适用的法律与债权人本国所适用的法律不同而导致债权人的清偿顺位和赔偿份额降低，一般不应当被视为对债权人的歧视。但是吉布斯规则要求给予英国债权人的对待是高于或等于本国债权人的。因为如果他国程序给予英国债权人的利益高于或等于英国法给予的利益，那么受益的债权人就不会在英国提起诉讼，债务人和管理人一般会遵从他国程序。如果他国程序给予英国债权人的利益低于英国法给予的利益,那么债权人可能会主张依据吉布斯规则在英国获得偿付。

二、跨境破产中的吉布斯规则的适用

吉布斯规则在不同法域的适用方式并不相同,同一法域也有多种适用方式。

(一)排他适用与优先适用

吉布斯规则作为判例法,是英国跨境破产法的一部分。"巴克里案"和"阿塞拜疆案"体现了吉布斯规则在英国法院的排他适用和优先适用。

1. 排他适用

以"巴克里案"为例,在巴克里案中,英国法院对债务人认为已解决的事项作出了裁判。债务人是一家印度尼西亚公司,该公司对其荷兰融资子公司于1996年发行的适用英国法的票据提供担保,保证事宜也受英国法管辖。但该子公司因亚洲金融危机陷入财务困境,无法偿还到期债务。2001年5月,债务人为促进重整计划的达成,在印度尼西亚申请临时停止偿付债务。2002年2月,重整计划获得所需数量的债权人批准。批准的重整计划消灭了票据的承兑义务,但票据持有人是否有从该计划中获利或获利数额多少未知。

2009年,原告以未披露的价格从先前的持有人处购买了面额为200万美元的已消灭承兑义务的票据后,在英国对债务人提起诉讼,要求执行担保。依据吉布斯规则印度尼西亚的债务偿付没有改变原告的权利。

被告主张英国普通法支持修正的普遍主义,允许法院承认他国的债务偿付,认为承认债务偿付将使英国判例法与国际相关规定以及美国法律保持一致。

法院引用修正的普遍主义是英国跨境破产法的重要原则,作为承认偿付债务的普通法依据,但认为吉布斯规则仍具有约束力,除非上级法院可以合理地推翻该裁判。法院最终裁判被告必须偿还债务,因为印度尼西亚破产程序是在英国采纳国际相关规定之前进行的,法院不能根据国际相关规定给予救济。

从巴克里案可以看出，吉布斯规则相比于其他英国相关判例法，排他适用于与吉布斯规则有关的案件。

2. 优先适用

以"阿塞拜疆案"为例，在阿塞拜疆案中，阿塞拜疆国际银行遭遇财务危机，2017年5月在阿塞拜疆开启重整程序。阿塞拜疆国际银行的他国代表向英国法院申请承认阿塞拜疆程序为国际破产条例下的他国主要程序，于2017年6月获得承认，承认他国主要程序导致英国偿付的中止。但两个债权人没有参加阿塞拜疆的程序，而向英国法院寻求救济。为了防止英国的程序破坏阿塞拜疆重整的成功，阿塞拜疆国际银行申请无限期中止执行英国的延期偿付。阿塞拜疆国际银行主张，依据国际破产条例，英国法院有权准予永久中止，因为这是为协助他国破产程序采取的程序性救济，限制债权人强制执行其债权，但不会消灭债务本身。

法院在驳回阿塞拜疆国际银行公司请求时主要依据"鲁宾案"和"泛洋案"。法官认为，两案均说明国际相关跨境法律不得变更实体权利，并称他国破产，即使是被正式承认的他国破产，也不赋予他国破产法律或规则凌驾于英国合同法一般原则之上的效力。对他国重整所给予的救济必然是临时性的，但本案请求救济的实际效果是永久剥夺一项实体权利，远远超出了程序性救济的范围。通过分析国际破产条例提供救济的临时性和吉布斯规则的效力，法官劝告债务人在英国启动平行程序。

英国上诉法院维持了法官的裁判。上诉法院认为，阿塞拜疆国际银行应在英国提起平行程序。阿塞拜疆案说明：在英国，吉布斯规则的适用具有优先性。

(二) 正向适用与反向适用

香港特别行政区法院对吉布斯规则的适用灵活多样，既有正向适用，也有反向适用。

1. 正向适用

以"青木町案"为例，在"青木町案"中，香港特别行政区法院对吉布斯规则的适用进行了限制。该案涉及香港特别行政区教育学院与一家日本公司的合同纠纷，合同适用香港法律。香港特别行政区教育学院申请执行在香港特别行政区作出的仲裁裁决。日本公司对此申请质疑，认为如果执行该仲裁裁决，将与其在日本实施的重整计划相抵触。法官采用了两阶段方法，即将承认与执行分离。一方面因为合同准据法是香港法律，且经过适用，所以与吉布斯规则保持一致，应当允许承认仲裁裁决；另一方面下令暂不执行仲裁裁决，以便承认日本正在进行的重整。

吉布斯规则被香港特别行政区法院作为承认域外破产程序后是否中止本地程序的考量因素。但香港特别行政区法院对吉布斯规则的正向适用并不是积极的态度。正向适用的效果可能是限制执行本地资产，也可能是用以维护本地破产程序的进行，同时不放弃直接适用的破坏力。

2.反向适用

以"奥贝案"为例，在"奥贝案"中，法官认为，吉布斯规则是一项香港特别行政区法律的既定规则，并考虑了吉布斯规则的反向适用，即认为只有根据有关债务的准据法才能偿付债务。法院因此批准了一项涉及大部分债务适用香港特别行政区法律的公司债务重组程序。

在"兴业太阳能案"中，香港特别行政区法院在考虑是否批准公司债务重组程序时，分别对受英国法律管辖和美国法律管辖的债券反向适用吉布斯规则进行分析。首先，香港特别行政区法院认为，现有债券中的可转换债券应受英国法律管辖，但因为所有此类债券持有人投票赞成该程序，构成吉布斯规则的例外，所以不需受英国法管辖。其次，2018票据和2019票据受纽约州法律管辖，该两类票据持有人大部分投票同意公司债务重组程序，所以无法构成吉布斯规则的例外。

在该案中，香港特别行政区法院考量域外法院对本院的债务偿付是否会因为不适用合同准据法而依据吉布斯规则拒绝承认香港法院债务偿付的域外效力。具体而言，本案美国债权人并没有全部投票同意公司债务重组程序，所以存在域外法院拒绝承认的可能性，但法官认为出现利用吉布斯规则重复受偿的美国债权人的可能性很小。该案法官明确，此类考量应结合具体案件的实际情况，不做无意义和无实际作用的限制。因为反向适用吉布斯规则的目的是获得域外法院的承认，而在无须获得域外法院承认或者域外法院协助作用十分有限的情况下，无须阻碍本地破产程序的顺利进行。

相比英国法院对吉布斯规则的排他适用和优先适用，香港特别行政区法院处理该问题的做法更值得提倡。无论是正向适用还是反向适用，吉布斯规则没有对跨境破产合作造成不利阻碍。香港特别行政区法院以修正的普遍主义为基础适用吉布斯规则，对他国破产程序和破产法律给予必要的综合考量，同时不会不合理限制本地破产程序的进行和本地破产法律的适用。

第四节　跨境破产承认与协助制度分析

在经济全球化迅猛发展的时代，国际社会的经贸联系比以往任何时期都要紧密，国际分工已将世界上绝大多数国家纳入全球经济链条之中。借助电子通信和国际运输的便利，大量企业参与国际投资和贸易活动，并发展成为跨国公司甚至是跨国集团。而当跨国企业破产时，由于其资产和债务分布在不同的国家，为了公平高效地解决跨境破产案件，相关国家的法院必须进行跨境破产合作，尤其是向其中重要的、具有中心地位的主要破产程序提供承认与协助。这不仅有助于保护相关当事人的合法利益，也能够为全球经贸合作的稳定发展提供保障。

一、跨境破产承认与协助制度的解读

（一）跨境破产承认与协助制度的基本内涵

跨境破产的承认与协助是指由于涉外因素存在，当跨境破产案件在一国法院进行破产程序时，需要向其他相关国家的法院提出请求，对正在进行的破产程序的域外效力予以承认，并根据跨境破产案件的具体情况对请求国法院提供必要的协助措施，比如，在被请求国停止对债务人及其财产的诉讼和执行、承认和执行与破产有关的判决。作为一国法院对其他国家的民事司法程序予以承认并提供协助的正式的司法行为，跨境破产承认与协助属于国际民事司法协助的范畴。其中，在跨境破产程序进行过程中，被请求国法院提供的针对债务人或其财产停止诉讼、中止执行、中止转让、委托变卖以及向请求国法院转移财产等司法协助又被称为救济措施。

与承认和执行最终的破产判决相比，向请求国法院提供上述救济措施

同样重要，甚至更为重要。对于境外破产程序的承认与协助而言，其核心价值往往在于破产程序进行之中而非结束之后。这是因为，为了更有效地保护债务人财产，争取破产财产价值的最大化并保护全体债权人的公平受偿权利，一旦他国破产程序启动，就需要其他相关国家法院进行协助，这样一方面可以防止债务人转移财产或对部分债权人个别清偿，另一方面也能够避免债权人对债务人财产单独起诉或申请保全措施，最终保障跨境破产程序的公平与效率。由此可见，跨境破产承认与协助的涵盖范围较常见的他国判决的承认与执行而言更为广泛。

跨境破产承认与协助主要需要解决的问题包括：跨境破产案件的管辖权问题；跨境破产承认与协助的主体；破产程序域外效力的承认、救济与执行问题。在跨境破产案件的承认与协助上，首先要面对的就是管辖权的冲突与协调问题。跨境破产案件的管辖权不仅是一国法院启动破产程序的基础，还是其他国家法院进行承认与协助的前提。破产管理人在破产程序中具有非常重要的地位。由于司法权的行使具有被动性，在跨境破产案件中，破产管理人往往是向其他国家法院提出承认与协助申请的主要主体，对于跨境破产程序承认与协助的发起和推进起到不可或缺的作用。承认他国破产程序和相关判决的域外效力并提供救济或执行措施是跨境破产法律合作的核心问题，是基于跨境破产承认与协助的具体规则机制的设计，主要包括：承认与协助的范围和依据；承认他国破产程序的具体条件和衡量标准；对他国程序提供的救济与效力；承认与执行和破产有关的判决。

(二) 跨境破产承认与协助制度的主要理论

1. 地域主义

地域主义又被称为"攫取规则"。地域主义理论认为在跨境破产案件中，一国法院对其境内的破产财产拥有排他性管辖权，同一公司的财产因分布于不同国家而分别受相关国家法院的管辖。在地域主义路径下，一起跨境破产案件会同时启动多个平行的破产程序，这些破产程序不具有域外效力，彼此之间独立进行、互不影响。各国债权人需要分别向当地法院主张债权，根据当地的破产法对境内的债务人财产进行分配。地域主义基于国家主权原则，强调每个国家对本国境内破产法律秩序的管理，根据国界对同一债务人的财产进行分割，债务人以其位于各国境内的财产和机构分别对相应债务负责。

2. 普遍主义

普遍主义的核心理念是一个法院、一种法律，即在全球范围内，债务人的全部破产事宜应该在一个国家的法院并适用该国破产法通过一个破产程序予以解决。根据普遍主义，在跨境破产案件中，债务人的全部财产，无论位于哪些国家，都应转移到债务人的母国进行清算；相应地，全体债权人也应该统一在该国法院主张债权。其他国家的法院应基于礼让原则对该破产程序的效力予以承认。普遍主义认为破产程序在本质上具有唯一性和集合性，这种本质属性决定了跨境破产程序不能被分割为若干平行程序，并适用不同国家的法律。并且，破产法是一种与市场对称的法律制度，而全球化的市场环境需要统一的破产制度与之匹配，同一跨境破产案件涉及的全部利益方应该被无差别地平等保护。

普遍主义认为，通过统一破产程序可以提高跨境破产的效率，减少平行破产造成的费用和成本，在破产财产的分配上能够更好地保障各国债权人的公平一致，并且可以防止债务人转移藏匿财产，或是挑选对其有利的法院，同时也增加了跨境破产争议解决的可预见性。另外，在统一的跨境破产程序中，债务人的财产和业务不会被不同法院分割管辖，这样更有利于债务人整合资源、进行公司重整，也降低了企业破产对社会经济和就业的负面影响。

3. 修正的普遍主义

修正的普遍主义不再要求跨境破产管辖法院和适用准据法的唯一性。针对跨国公司破产案件，其母国法院可以启动主要程序进行管辖，同时其他国家的法院也可以启动平行程序，并且东道国法院拥有自由裁量权，当面对债务人在其他国家尤其是母国进行的破产程序时，不再必须承认其他国家破产程序的域外效力，而是根据一定的条件来自行决定是否对他国程序予以承认和协助。与绝对的普遍主义相比，东道国法院能够在跨境破产案件中更好地兼顾当地利益，保护本国债权人，实现本国破产法的政策目标并维护当地社会秩序。

修正的普遍主义的主张更为温和折中，通过跨境破产承认与协助，使得平行破产程序的统一和协调从理论变为现实，它的模式更加灵活，能够适应各国不同的法律制度和社会背景，因而在跨境破产司法实践中更容易被各国接受。修正的普遍主义为跨境破产提供了一条更为实用的、最佳的路径，它不是一个向绝对的普遍主义发展的过渡安排，而是一项长期方案。

4. 合作的地域主义

合作的地域主义是地域主义理论对破产问题国际化的回应，在旧理论的基础上增加了合作的元素。合作的地域主义主张各国破产程序在坚持地域主义原则的基础上，根据跨境破产案件的需要开展一定程度的合作，以便在整体上促进债权人和债务人利益的最大化。在合作的地域主义路径下，各国法院仍然需要分别对其境内的债务人财产进行管辖，并适用本国的破产法，但是相关法院可以依据条约或在个案中达成合意，在破产案件的某些事项上进行必要的合作，比如将各国境内的债务人财产整体变现以获得更高的价值。虽然各国法院在同一公司的跨境破产问题上进行必要合作，但是各个平行程序之间地位平等，不存在主次之分，债务人母国的法院较其他国家法院不能享有更多的管辖权。债务人的财产即使整体变现，但最后仍要根据其所在国家的当地规则进行分配。

5. 合同主义

合同主义模式主张跨国公司在成立时可以自由选择其重整和清算的管辖法院和准据法，并将相关内容写入公司章程，在未经债权人同意的情况下不得私自改变选择。跨国公司可以对其未来的破产程序进行选择：选择一国法律作为准据法；选择仅适用一国的破产法规则；选择破产程序的管辖法院；选择破产程序的管辖法院和准据法。

合同主义的核心思想是在跨境破产案件的处理上，从国家强制适用规范向自由选择破产规则进行转变。这种模式充分尊重跨国公司的意思自治，允许通过私人秩序来解决跨境破产案件的潜在冲突，鼓励跨国公司事前选择最符合其商业运营的准据法和管辖法院。这样可以提高跨境破产的效率，使得公司财产的价值最大化，保障债权人能够获得更高的清偿比例。另外，债权人可以在与跨国公司交易时就明确未来跨境破产案件的管辖法院和准据法，这不仅增加了破产争议解决的可预见性，同时也防止了债务人在发生经营困难时挑选法院。

第六章　基于国际视角的跨境破产分析

(三) 跨境破产承认与协助制度的基本原则

跨境破产法律制度的宗旨和目标是对各国破产法的价值取舍和政策侧重的进一步融合与协调。为了促进国际社会在跨境破产领域的法律合作，推动各国法院为他国破产程序提供承认与协助，实现跨境破产案件的顺利解决，作为保障跨境破产合作有效开展的一项基本制度，跨境破产承认与协助制度需遵循以下原则。

1.公平原则

在跨境破产法律制度中，公平原则是最重要的原则，也是各国开展跨境破产司法合作的基础性原则。当一国法院请求他国法院对其管辖的跨境破产案件进行承认与协助时，被请求国最关注的问题就是一旦对请求国的破产程序提供救济措施，比如将被请求国境内的债务人财产转移到请求国法院统一管辖，那么被请求国当地债权人的合法权利是否能够得到请求国破产法和破产程序的公平保护。公平原则内容在跨境破产承认与协助制度中包括：国民待遇原则；债权平等原则；集体清偿原则。国民待遇原则要求，在跨境破产程序中，其他国家的债权人不应受到歧视性待遇，一国破产法中规定的清偿顺序应该平等适用于各国债权人。同样，被请求国法院在承认与协助他国破产程序时也不能要求给予本国债权人任何有关清偿顺序或份额的优待措施。

而根据债权平等原则，相同类别的债权人所拥有的债权相互平等，应该按照同等比例受偿。债权平等原则的本质在于将损失和风险根据债权性质客观地分摊给债权人，而不受债务人的喜好或其他主观因素的影响。集体清偿原则主张在跨境破产案件中，应该尽可能地将债务人位于世界各地的债权债务集中于主要程序中统一处理，这样可以保障各国债权人能够公平地实现债权，防止因为债务人资产和债务的分布不均或部分债权人在不同国家分别起诉而发生相同债权赔偿份额不等的结果。

在跨境破产立法和实践中，公平原则的标准更偏重于对法律精神层面的统一，即各国破产法和跨境破产承认与协助制度都主张公平对待各国债权人和同类别的债权。但是在实质内容上，由于各国破产法的宗旨和目标各有侧重，具体规定的不同类别债权的清偿顺序也存在很大差异，因此同样案情的跨境破产案件根据不同国家的破产法最终将得到不同的结果，但这并不违反跨境破产的公平原则。

2.效率原则

效率原则与公平原则相辅相成，在解决跨境破产问题时，应该做到公平与效率兼顾，这就要求跨境破产承认与协助的制度规则能够提高跨境破产程序的运行效率，减少由于程序拖延而造成的机会成本和额外费用，尽快完成债务清偿或企业重整，使得各方当事人的权利义务及时地确定和实现。对于效率原则，主要包括以下几个方面。

（1）从当事人角度来看，在效率原则下，为他国跨境破产程序提供救济措施可以有效避免因为个别清偿、转移资产、破产财产或债权人过于分散等因素导致跨境破产程序的停滞不前或进展缓慢，尽快满足各国债权人的债权诉求。此外，由于相关国际公约的缺失，在跨境破产合作上，应尊重当事人的意思自治，采纳各方的经济利益考量，以跨境破产协议的方式将有利于各方的商业方案融入跨境破产程序的合作与协调中，弥补法律规则的内容空白和功能缺失，从整体上提高破产程序的效率和效益。

（2）从司法角度来看，通过跨境破产承认与协助制度，可以赋予主要利益中心所在地法院的破产程序以域外效力，尽可能地将破产企业的债务和资产集中在一个破产程序中解决，减少在其他国家启动的平行程序。这样一方面可以控制和降低各方当事人因启动或参与跨境破产程序而产生的成本，另一方面还可以节约相关国家的司法资源。

（3）从社会角度来看，通过跨境破产承认与协助制度可以尽可能地在全球范围内促进跨境破产程序的推进，及时切断经营困难的公司进一步传导不良债务的可能，尽快消灭或调整各方现有的债权债务，将债务人及时从旧的法律关系中解脱出来，给予其重新开始的机会，维护各国社会的正常经济秩序，从整体上创造更大的价值和效益。

3.合作原则

合作原则是跨境破产承认与协助制度的首要原则，也是贯穿各国跨境破产程序始终的主旋律。为保障跨境破产案件公平高效地解决，不同国家的平行破产程序必须开展司法合作。

在合作过程中，既要重视当地程序对他国主要程序和非主要程序的协助与救济，也要注重对当地利益和当地秩序的保护，因此需要跨境破产承认与协助制度具有相当的内容广泛性和主体灵活性，这样可以较好地协调请求国与被请求国的破产法的规则冲突和政策差异。

在合作的内容上，包括跨境破产案件管辖权的确定与协调，赋予他国破产管理人在本国法院和破产程序中主张权利、履行义务的资格，承认其他国家破产程序和相关判决的效力，向他国程序提供各种救济措施，以适当的方式交流案件信息，协调对债务人资产和事务的管理和监督等。

在合作的主体上，既可以是国家层面上各国法院之间的合作，也可以是私人层面上当事人和破产管理人的合作，还可以是两个层面之间各国法院、当事人和破产管理人共同参与的合作。

4. 经济原则

在跨境破产案件中，债权人的根本诉求是尽可能完整地实现债权，将债务人破产带来的损失降至最低。根据经济原则，跨境破产承认与协助制度的规则应该在最大限度上保护和增加债务人的财产价值，从而促进用于清偿债权的资产池规模达到最大。

根据经济原则，为了确保债务人资产价值最大化，在跨境破产程序中，一方面，被请求国提供的救济措施要能够中止当地对于债务人财产的诉讼、冻结和执行；另一方面，各国法院应尊重跨境破产企业的商业现实，协调平行程序的管辖权和破产事务。这样可以尽量保护债务人财产的整体性，帮助债务人在破产期间维持正常商业运营，既有利于债务人资产的优化配置，增加其获得重整的可能，也有利于实现债务人财产的整体出售，从而获得更高额的资产变现用于债务清偿。

二、跨境破产管辖权的确定与协调

"跨境破产案件涉及多国法律，其国际协调一直存在诸多困难。"[①] 在经济全球化背景下，对于跨境破产案件而言，首先需要解决的问题就是协调不同国家和地区法院间的管辖权冲突，从而确定相关跨境破产案件的管辖权。这不仅关系到相关国家和地区的法院能否合法启动跨境破产程序，也是其他法域的法院对其给予承认和协助的必要条件之一。

---

① 朱亚. 跨境破产国际协调机制探析 [J]. 兰州学刊, 2008(11): 128.

(一) 跨境破产案件管辖权的确定

主要利益中心和营业所是确定跨境破产案件管辖权的标准。主要利益中心和营业所作为确定和划分跨境破产案件主要程序和非主要程序管辖权的国际主流标准，需要对其界定因素、确定时间以及可否转移进行深入研究，以便得出能够指导司法实践的详细规则。

1. 主要利益中心的裁量、确定时间及转移问题

（1）主要利益中心的裁量。主要利益中心是在债务人主要利益中心所在国实施的某项他国程序，是债务人日常管理其权益并且可以由第三方查明确定的地点。关于主要利益中心的裁量，不同国家的裁量标准存在一定差异，比如，从美国和欧盟的相关司法实践来看，美国法院更看重债务人经营活动所在地这一因素，而欧洲法院则对破产公司注册地赋予更多的权重。关于主要利益中心的考量因素包括主要因素和附加因素。其中，主要因素包括债权人能够查明知悉的地点和债务人的管理中枢所在地。如果通过主要因素无法确定主要利益中心，则需要结合附加因素进行裁量，包括债务人簿记所在地、债务人主要财产所在地、债务人主要业务所在地、债务人雇员所在地、债务人商业政策决定地、债务人重整所在地、主要争议准据法所属法域、债务人接受监管所在地等。

法院在个案中判断相关证据能否推翻主要利益中心是债务人注册地的推定时，所采用的标准都是相关因素必须"客观且能被第三方查明知悉"，主要利益中心的宗旨就是使得那些与债务人进行经济活动的当事方尤其是债权人可以在一定程度上预见未来可能发生的破产程序在哪一法域进行。

（2）主要利益中心的确定时间。在跨境破产承认与协助的司法实践中，一项破产程序从启动前到启动后，再到该破产程序被提交到其他国家的法院请求承认与协助，中间会经历较长的时间跨度，在此期间裁量主要利益中心的相关考量因素也常常会发生变化，其中有些变化是因为当事方主观积极的推动所造成的，还有些变化是随着破产程序的客观进程而发生的。如果不同的法院对确定债务人主要利益中心的时间点产生不同理解，即使他们采用相同的裁量标准和考量因素，最后还是会造成对主要利益中心认定的不一致。

对此，申请承认时所附的必要证据以及启动他国程序和指定他国破产

管理人的决定所具有的相关性，应当以他国程序的启动日期作为确定债务人主要利益中心的适当日期。这种观点的合理性在于，在大多数情况下，债务人在进入破产程序后正常的经营活动往往会被停止，对于主要利益中心的判断在很大程度上要依据债务人日常经营活动中所产生的相关因素，所以将债务人破产程序启动日期作为裁量主要利益中心的时间点有助于得到较为客观明确的结果，并且该标准能够适用于所有破产程序。

（3）主要利益中心的转移问题。主要利益中心可能在启动破产程序之前发生转移，甚至是在申请启动程序后到实际启动程序前转移。从主观方面来看，某些债务人转移主要利益中心是为了使其能够在更有利于重整或清算法院启动程序，以提高破产的效率和效益；但是还有一些债务人，其转移主要利益中心的意图是阻碍债权人和第三方当事人在合理预期的管辖法院实现债权。因此，被请求法院在裁量时，应该注意判断债务人的主观意图是否存在非法意图和不良动机，且主要利益中心的转移必须符合"为第三方查明知悉"的客观标准。

总之，主要利益中心规则的宗旨是合理分配跨境破产管辖权。因此，关于认定主要利益中心的因素、时间点和转移情况必须在"客观且能被第三方查晓"的标准下全面裁量，从而实现上述宗旨，并使得其他国家法院能够合理判断他国程序的性质，为其提供必要的承认与协助，最终提高跨境破产的效率和效益，争取债权人和债务人合法权益的最优化。

2. 营业所的裁量和确定

营业所是债务人以人工和实物或服务进行某种非临时性经济活动的营业场所。营业所是一国法院确定非主要程序或从属程序管辖权的必要条件，只有债务人在某国设有营业所，该国法院才能对其破产案件拥有非主要程序或从属程序的管辖权。与主要利益中心的不同之处在于，营业所不具有唯一性，债务人可以同时在不同国家分别拥有营业所，因此可能出现在不同国家多个非主要程序或从属程序平行进行的情况。

营业所的判断标准主要包括：① 营业所是指从事商业、工业或者专业性经济活动的场所，其必须具有一定的固定性，偶尔使用的营业场所不能被认定为营业所；② 经济活动必须是在市场上对外进行的，相关经济活动应该对外展现出来、为外界所知，而不能仅限于债务人的主观意图；③ 使用"人工"

和"资产"强调营业所必须拥有从事经济活动所需要的最低程度的人员组织，而非仅仅出现债务人的资产不能满足营业所的认定标准。认定营业所的标准并不要求债务人必须在当地设立分公司，但是必须具备一定的固定性、外在性和组织性。债务人的子公司不能被认定为营业所。

(二) 跨国集团破产管辖权的协调

跨国集团公司是指设立于或位于不同国家的两个或两个以上的企业实体，通过所有权或其他方式形成直接或间接的控制权，从而相互联结形成的公司组织。集团公司中各成员联结在一起的方式主要包括通过所有权联结和通过控制权联结。随着经济全球化、世界一体化程度进一步加深，大型公司为更好开展跨境贸易投资活动，在世界各地设立经营实体，通过股权、合同、信托等形式紧密联系在一起，形成高度一体化的企业集团，在全球范围内开展经营活动。

相对于传统的跨国企业而言，跨国集团公司在经济运营和法律结构上都更为复杂。由于集团内各成员相互联系紧密，一旦某一成员企业经营困难面临破产，很可能引发整个集团公司的破产情况，同时涉及位于不同国家的公司、财产和债权人，使得跨境破产案件面临更加紧张、复杂的管辖权冲突与协调的问题。

1. 跨国集团公司破产的路径

尽管集团公司中各成员相互联结，协同进行商业经营，但是对于不同集团公司而言，其内部企业间的联系紧密程度并不相同。甚至在同一集团公司内部，也并非每个成员之间的联系程度都相同，其经常因业务领域或业务地区等因素而形成若干较小的团组。因此，对于不同的跨国集团而言，其破产案件管辖权的协调与划分应该根据集团公司的组织和业务的紧密程度作出恰当的安排。在集团公司跨境破产问题的解决上主要分为独立实体和单一企业两种基本路径。

独立实体路径建立在传统公司法的原则上。根据公司法的基本原则，每个公司都是依法独立享有民事权利和承担民事义务的法律主体，公司股东以出资为限承担有限责任。集团公司的成员公司是彼此独立的法人实体，而母公司作为子公司的股东仅承担有限责任。在破产程序中，集团公司内部的每个公司应该作为独立法人分别进行资产清算。对于内部联系较为简单松散的跨国集团公司破产案件而言，更为适宜适用独立实体路径予以解决。

单一企业路径主张，集团公司内各成员经济活动是一体化的，集团的经营是为了增进整个集团的利益，而不是单独成员的利益，在集团公司经营过程中成员之间可以互相借贷，资产和负债也可以依靠不同方式在成员之间转移，还可以允许一些成员存在亏损经营或投资不足，以此作为集团整体财务结构和战略的一部分，因此应该把集团公司视为单一的经济主体。相应地，在破产时，相关法院对集团公司的下属企业的资产和负债采取实体合并，通过一个程序对全部债权人进行清偿，或者将集团内关联公司的债权予以特别对待，以求实现破产法的公平目标。

2. 跨国集团破产管辖权的协调方案

由于集团主要利益中心规则在实践中尚不能得到世界各国的普遍接受，而越来越多的跨国集团公司破产又对各国管辖权的协调提出较高的要求，于是跨境破产协议在跨国集团破产中逐渐得到广泛的应用。

跨境破产协议是指为促进跨境破产程序间的协调和法院之间、法院与破产管理人之间以及破产管理人相互之间的合作而以口头或书面形式订立的协议。跨境破产协议也被称为跨境协议、破产管理合同、合作妥协协议以及谅解备忘录等。跨境破产协议在实践中已被成功用于包括与集团公司有关的各种跨境破产程序中，甚至还被用于属于不同法系的法院之间。

在性质上，跨境破产协议是一种适当的、合乎常理的、对所有有关当事人都有利的商业安排，一般情况下跨境破产协议主要是协调不同国家法院之间的程序问题而非实质问题。

在作用上，跨境破产协议可以有效协调跨国集团破产的管辖权和程序冲突，降低破产案件的程序成本，使各方当事人集中精力解决实质问题，促进重整和清算的圆满完成。

在形式上，跨境破产协议的形式、范围和参与当事人一般各不相同，要根据案件的具体情况而定，实践中为保证跨境破产协议的效力，当事人往往需要将其提交相关法院批准。

以跨境破产协议的形式安排跨国集团破产的管辖权等事宜，是发挥当事人意思自治对现有规则中不完善之处的一个适当补充。

跨境破产协议是尊重当事人的意思自治，主张由当事人根据跨国集团的具体内部结构、经营管理和资产负债分布来确定集团重整或债务清算的方案。跨境破产协议在尊重各国现有的立法和司法实践的同时，提倡当事人协商合作，将跨国集团的管理运营等因素融入对法院管辖权的合理划分中。凭借经济学的思维方法，当事人能够相对灵活地应对跨国集团破产的复杂性和多样性，将对各方有利的经济层面的考量因素纳入法学领域。在相关法院的合作与礼让下，跨境破产协议能够更合理地安排跨国集团破产的管辖权分配，协调不同破产程序中关于财产处置、重整计划等事宜的管辖冲突。通过这种模式，既可以降低当事人的法律成本，也能够保障破产程序的顺利进行。

三、他国破产管理人的准入、职权与合作

对于跨境破产承认与协助制度而言，准入、承认、救济和合作是四类基础性规则，其重要性不言而喻。其中，准入规则是整套制度的前提，主要是指破产管理人可以进入其他国家的法院，向其申请对母国法院的破产程序提供承认和救济，以保障跨境破产案件的顺利解决。而合作规则是承认与救济规则的组成和补充，无论是在较为简单的跨境破产案件中，破产管理人需要向东道国法院和当地债权人及时通知母国破产程序的进展情况，还是在过于复杂的跨境破产案件中，各国破产管理人和法院都需要开展多种形式的合作，以弥补现有跨境破产承认与救济规则的不足，协调平行破产程序的有关事宜，满足跨国公司甚至是跨国集团的重整需要，合作规则都对跨境破产承认与协助制度的正常运转起到不可或缺的作用。

(一) 他国破产管理人的准入

破产管理人是指在破产程序进行中负责破产财产的管理、处分、业务经营以及破产方案拟订和执行的专门机构或专业人士。作为在破产程序中管理破产财产、处理破产事宜的主体，破产管理人的行为几乎贯穿整个破产程序，是破产程序中最为重要的机构之一，直接关系到破产程序能否公平高效地进行。破产管理人制度在各国破产法中都具有十分重要的地位。

在跨境破产案件中，为了管理债务人的财产、内部事务和日常开支，代表债务人参加诉讼、仲裁和其他法律程序，一国破产管理人往往需要进入其

他国家的法院启动或参与法律程序、申请承认救济，这就要求各国在破产立法中创设跨境破产管理人制度，而其中首先需要解决的就是他国破产管理人的法律地位问题，即破产管理人是否有权利进入其他国家法院处理破产事务。鉴于他国破产管理人在跨境破产案件中的重要地位和作用，为了保障跨境破产承认、协助和合作的顺利进行，在跨境破产立法中，应该将他国破产管理人的界定和准入规则放在首要位置。

国际相关法律规定，他国破产管理人是在他国破产程序中被授权管理债务人资产或事务的重整或清算，或被授权担任他国破产程序管理人的个人或机构，包括临时指定的人或机构。为了充分保护跨境破产案件中的债权人和债务人利益，一方面，避免债务人在破产程序处于"临时性"阶段藏匿或转移资产；另一方面，也防止各国债务人在这一阶段单独对债务人资产采取法律措施造成破产财产分配不公或贬值，必须赋予临时破产管理人同样的准入权利，并不能因为其所谓的"临时性"而将这类破产程序和破产管理人排除在外，导致其不能进入其他国家的法院申请救济措施，最终损害各方当事人的合法利益。

跨境破产立法应该赋予他国破产管理人直接进入东道国法院的权利。在跨境破产案件中，由于各方当事人和债务人财产分布于数个国家，为避免债务人资产被挥霍或隐藏，或被各国法院直接分割管辖而阻碍重整，就尤其需要各个国家的法院和当事人及时进行有效的联系与协调。破产管理人作为在破产程序中管理和处分破产事务的中枢，是代表破产程序及相关各方进行跨境破产合作的最适宜主体，跨境破产立法赋予其直接进入其他国家法院的资格对于提高跨境破产合作的效率和效果而言事半功倍。

总之，为了使他国破产管理人在其国内破产程序启动后能够迅速采取行动，尽快向东道国法院申请承认和救济措施，跨境破产协助的相关国际和国内规则都设立了他国破产管理人的准入规则，使其可以直接地进入东道国的法院，减少留给债务人和债权人进行单独清偿、藏匿财产或个别执行的时间，保障跨境破产承认与协助制度的实施效果。并且，在定义他国破产管理人时，应该将其涵盖范围规定得全面广泛，尊重各国破产制度的差异，对于他国临时破产程序的管理人也一并界定在内，避免造成他国管理人的准入规则和相关权利的适用过于狭窄。此外，跨境破产立法还须引入安全通行规则作为管理人准入的保障，并设立他国债权人准入和非歧视条款，针对他国管理人无法向东道国申请承认与协助的情形进行补缺。总之，完善合理的他国破产管理人的范围界定和准入规则是跨境破产承认与协助整套制度的重要前提和保障。

(二) 他国破产管理人的职权

破产管理人职责的履行贯穿于整个破产程序，相关规则是破产管理人制度中重要的组成部分。破产管理人职责主要包括：① 接管债务人的财产、印章和簿记等文件；② 管理和处分债务人的财产；③ 管理债务人的营业、开支和内部事务；④ 代表债务人参加诉讼、仲裁或其他法律程序；⑤ 拟订破产重整或清算方案。虽然各国破产法对于破产管理人职责的规定基本相同，都涵盖了上述内容，但是关于职责行使时所享有的权利却存在较大差异。尽管各国破产法都规定了破产管理人负有管理和处分债务人财产的职责，但是在管理人可以自主行使处分权利的具体范畴上却各不相同。

因此，首先，破产管理人的职责与权利不能等同，管理人的职责较为概括，权利相对具体，行使权利是正常履行职责的基础和规范。其次，各国破产立法在管理人职责上的规定大体一致，但是在相对应的具体权利上却存在显著不同，造成各国破产管理人职能实现路径的差异。最后，在跨境破产程序中，各国破产法中管理人权利的差异，会给他国管理人跨境管理破产财产造成较大影响，相关国家规则的积极冲突使得管理人在处分财产时需要满足双重规范，而消极冲突则可能会造成管理人无法可依，缺乏履行职责的权利基础，这些都会削弱东道国法院救济措施的效果。因此，应该在跨境破产立法中对他国管理人的职权进行合理协调。

(三) 他国破产管理人的合作

在跨境破产案件中，破产管理人与其他国家的法院和破产管理人积极开展合作，主要是指，管理人在破产过程中需要积极同其他国家法院和破产管理人沟通交流与破产程序相关的信息，在公司重整方案和财产整体出售上开展合作，并在各个平行破产程序的推进上彼此协调。之所以要进行上述合作，一方面，跨境破产案件涉及的事务和争议需要及时进行处理，这要建立在快速有效的信息交流基础之上；另一方面，目前尽管很多国家构建了本国的跨境破产立法，但是在实践中跨境破产案件往往十分复杂，仅凭现有的承认与救济措施并不足以解决所有问题。尤其当针对同一债务人或跨国集团存在多个平行的主要程序或从属程序时，更是增加了跨境破产的难度。

跨境破产合作是对现有承认与救济规则的必要补充，对于跨境破产案件的顺利解决而言尤为重要。通过相关国家的破产管理人和法院的有效合作可以提升跨境破产程序的效率和效果，信息交流和联合听审可以防止债务人的财产被分散，有助于财产变现价值的最大化，并找到企业重整的最优方案，对于相关各方的共同利益都能起到明显的促进作用。

在跨境破产案件中，本国破产管理人或法院同他国的管理人和法院开展合作所面临的首要问题就是本国破产法是否赋予其进行跨境交流合作的权利或权力。跨境破产合作主要包括合作主体、限制条件和形式内容三个方面。

1. 跨境破产的合作主体

在跨境破产程序的进行中，有权参与合作的主体既包括破产管理人，也包括破产法院，使得两类重要的主体都可以参与到跨境合作之中。其中，破产管理人具有广泛的破产事务日常管理职权，是平行程序之间开展信息交流、进行联合行动的最佳人选，也是跨境破产协议制定和执行的主要力量，因此应当作为跨境合作的主体之一。

同时，由于破产管辖法院对于破产程序的框架起到主导作用，在破产进程中要指定、变更和监督管理人，裁定债务人重整或进行破产宣告，批准和认可重整计划或分配方案，因此也被纳入合作主体的范畴。两类主体将会以三种搭配组合进行合作：不同国家的破产管理人进行合作、不同国家的破产法院进行合作、不同国家的破产管理人和法院进行合作。但具体到跨境破产实践中，上述搭配组合经常会同时出现，共同为跨境破产案件的解决发挥积极作用。

2. 跨境破产的限制条件

国际相关法律对于跨境合作的基本立场是支持鼓励，因此对于合作的开展并未设置过多限制条件，仅规定合作活动只要不违反有关破产程序所适用的法律即可，并且破产管理人和法院应当在法律允许的范围内进行最大限度的合作。较少的限制条件意味着破产管理人和法院的合作能够及时、广泛地开展。在进行跨境合作时，不要求本国已对合作的他国程序予以承认和救济。因此，在他国破产程序的早期阶段，尚未向本国提出承认与救济的申请之时，本国的破产管理人和法院即可与他国程序的管理人和法院进行联系与合作，满足跨境破产中可能出现的突发情况的紧急需要。

本国管理人和法院合作的对象并不限于他国主要程序和非主要程序，还包括那些不具有域外效力的当地破产程序。尽管本国法院不会对这类程序予以承认和救济，但对于这些程序的破产管理人和法院，却同样可以与其开展交流与合作。这样能够有效地弥补这类程序在域外效力上的缺失，将其纳入跨境破产程序司法协助的范围，也有助于当地程序获得更好的破产效果。

3.跨境破产的形式内容

在合作形式上，不同国家的破产管理人和法院可以直接进行联系，既不需要通过任何机关或上级法院，也不需要事先取得任何授权或批准，以确保各方主体交流沟通的方便快捷。并且，管理人和法院可以采取任何适当的合作方式，较为灵活多样。例如，法院指定独立人士或机构依照其指示行事，破产管理人和法院达成跨境破产协议，通过互换文件、视频会议等方式交流信息，各个破产程序联合进行听审等。

在合作内容上呈现出广泛全面的特点，主要包括：① 跨境破产信息的沟通和交流，不同破产程序的管理人和法院应及时交换破产程序中债权申报、破产财产等信息，并增进不同国家对彼此破产程序和规则的了解，促进各方达成一致意见并解决跨境破产问题；② 在债务人日常事务管理、破产财产变现、债权清偿和企业重整计划上进行合作，在破产程序进行期间，破产管理人需要调查、使用和出售债务人的财产；当这些财产位于不同国家时，各国管理人和法院需要在财产的处分上进行合作，以便帮助债务人实现重整或取得最大的变现价值，之后再协商确定如何对各国债权人进行分配，通常各国法院和破产管理人会达成跨境破产协议；③ 在整个破产案件的处理和平行程序的推进上进行协调，针对同一债务人和跨国集团各成员的破产案件，管理人和法院需要对破产事务和程序进行协调，比如不同程序联合听审、协调安排重整计划。

四、跨境破产程序和判决的承认、救济与执行

(一) 跨境破产程序和判决的承认

一般而言，在国际民商事司法协助的语境下，针对他国程序的域外效力，主要涉及的问题是承认与执行其最终的判决。而对于判决的范围，一般进行广义的界定，包括他国的司法机构就民商事纠纷所作出的判决、裁定、命令等。在跨境破产承认与协助制度中，其承认的范围具体包含两类：一类是他国破产程序；另一类是他国破产判决。相比较而言，前者对于跨境破产案件具有更为重要的作用和价值，经他国管理人申请，东道国法院将以其为基础，进一步对他国破产程序提供各种各样的救济措施。而对于后者而言，大多破产判决的作用在于确认或变更债务人的法律关系和状态，比如法院作出破产宣告，只需要东道国法院予以承认即可，并不涉及给付内容和后续的执行问题；但是，也有一部分外国判决属于与破产有关的判决，对于它们而言则可能涉及后续执行给付判决的问题。

(二) 跨境破产程序和判决的救济

对他国破产程序的救济主要是指东道国法院在依当事人申请承认他国破产程序的基础上，根据跨境破产案件的具体情况对他国破产程序提供必要的司法协助措施。与一般民商事判决的执行不同，他国破产程序的启动和效力不包含给付判决，一般不涉及需要执行的内容。因此，在得到东道国法院承认后，获得相关救济措施是跨境破产案件得以顺利完成的关键。

在司法实践中，各国法院对于他国破产程序的救济主要存在三种模式，具体如下。

1. 普通转让模式

在普通转让模式下，他国破产管理人为统一管理位于东道国境内的破产财产，其可以直接向法院提出请求，允许其管理和处置债务人位于当地的财产和事务。比如，在英国普通法规则下，他国管理人可以请求英国法院裁定授予其占有并获得英国境内破产财产的权利，但是根据动产随人的法律规则，该权利仅限于破产财产中的动产。至于债务人位于英国境内的不动产，

当地法院则需要另行将他国管理人任命为接管人,然后授权其接收破产企业不动产所产生的收益,甚至还可以授权接管人将不动产进行转让变现,用于之后的跨国统一清偿。

普通转让模式是在专门的跨境破产救济规则存在缺位的情况下,当地法院基于本国的法律传统而采取的一种灵活变通做法。该模式能够在一定程度上填补法律空白,对他国程序提供必要的协助。

2. 辅助程序模式

辅助程序模式主要是指在跨境破产案件中,针对同一债务人的他国主要程序或非主要程序可以由其破产管理人进入东道国法院启动辅助程序,请求对其所属的他国破产程序予以承认并提供相应的救济措施。辅助程序不同于一般破产程序,该程序不是针对债务人在东道国法院启动一个新的平行破产程序,其功能定位只是对已经存在的他国破产程序予以承认并提供各类救济措施。因此,在辅助程序中,不会在东道国境内单独进行任何重整或清算程序。通过辅助程序,他国破产程序能够获得自动救济、自由裁量救济和临时救济措施。

辅助程序模式的法律基础不再是一般的法律传统或原则,而是本国跨境破产立法所确立的整套制度,与普通转让模式相比,具有较高的确定性和可预见性。在跨境破产实践中,通过辅助程序,东道国法院可以根据案件需要综合适用三类救济措施,从而全面协助他国破产程序更好地进行跨境重整或全球清算。

3. 直接延伸模式

直接延伸模式中,无论是主要程序还是从属程序,在任何一国的法院启动时,均无须经过任何手续或程序,该跨境破产程序的效力立即自动得到其他成员国的承认。其中,对于主要程序而言,该破产程序根据本国破产法所产生的一切法律效力将直接延伸到其他国家,在各国产生与法院地国一样的法律效果。主要破产程序由于效力直接延伸规则,将自动获得中止债权人对债务人及其财产的保全或诉讼、限制债务人管理或处置其资产和营业、破产管理人跨境管理债务人财产等救济措施。

而对于从属程序而言,该破产程序虽然仅具有地域效力,但同样它的合法性和效力也会直接得到其他国家的承认。与此同时,从属程序将自动获

第六章　基于国际视角的跨境破产分析

得阻却主要程序效力延伸至其所在国境内的救济。

(三) 跨境破产程序和判决的执行

除了承认与救济他国破产程序之外，承认和执行他国法院作出的与破产有关的判决，比如他国法院就破产管理人提起的撤销之诉所作判决，也是跨境破产承认与协助制度所要解决的一项重要问题。

基于跨境破产的实践需要，并结合联合国和欧盟的规则，在跨境破产承认与协助制度中，对于与破产有关的判决应当作狭义理解，即将其限定为直接源于破产程序并与之紧密相关的判决，而将有关破产案件程序性的判决和临时保全措施的判决排除在外，通过承认和救济破产程序而非承认和执行破产判决的方式对这两类判决进行司法协助。

另外，在对与破产有关的判决的界定上，必须同时满足以下两个条件才属于承认和执行规则的适用对象：一是相关判决的法律基础是破产法规则，而不能是基于其他的一般法律规则；二是相关判决必须与某项正在进行的破产程序密切相关，能够对破产程序各方的权利义务产生实质影响。只有对上述判决提供承认与执行，才可能对跨境破产案件的解决产生直接、积极的司法协助效果，从而符合相关立法的宗旨和目的。

1. 跨境破产程序和判决的执行的条件

(1) 公共政策原则。为了促进跨境破产合作，限制公共政策原则滥用，仅当明显违反公共政策时，东道国才能援引公共政策拒绝承认与执行他国判决。在对公共政策的界定上，着重提示应当注意对公共政策做出狭义的解释，限定为用于国际合作事务和承认他国法律效力问题的公共政策，而排除只是适用于国内事务的公共政策，以免对跨境破产合作造成不必要的妨碍。

(2) 程序公正原则。为了避免法院在审查他国判决时对于公共政策的内涵产生误会、忽略对于程序公正的要求，在公共政策条款之外增加了程序公正的规定。

(3) 相关判决必须已经生效且具有可执行性。由于各国关于判决的终局性存在不同规则，东道国法院在认定他国判决是否已经生效且可执行时，应当以原判国的法律规定作为判断标准。

2.跨境破产程序和判决的执行的程序

（1）关于申请主体。有权向东道国申请承认与执行相关破产判决的主体并不限于破产管理人，还包括根据原判国法律有权就该判决寻求承认与执行的其他主体，比如利益受到判决影响的债权人。

（2）关于申请材料。要求提供最基本的材料，包括：判决文书的核证副本、关于判决生效且可执行的证明文件，或当不能提供上述文件时，东道国法院接受的其他替代性证明文件。此外，为了证明该项判决的确与一项破产程序相关，申请人最好向东道国法院再提供一份相关破产程序的启动判决的核证副本。申请人不需要对这些申请材料办理任何公正或外交认证手续，仅需要根据东道国法院的要求附上相关材料的翻译文本。不过，东道国法院保留了在对相关材料的真实性存在怀疑的情况下要求申请人办理文件认证手续的权利。

（3）关于被执行人。东道国法院应当确保被执行人拥有就承认与执行申请提出陈述和异议的权利。这一规定也符合民事诉讼法中关于执行异议的规定。

结束语

公司破产管理领域是一个不断发展和变化的领域。经济环境、法律法规以及商业实践都在不断演变，对公司破产管理提出了新的要求和挑战。因此，我们鼓励读者在阅读本书后继续保持学习和探索的态度，与时俱进地掌握最新的破产管理知识和实践。我们也希望本书能够激发读者的思考和创新。公司破产管理不仅仅是应对困境和挽救公司的手段，它也可以被看作一个机会，为公司带来新的转机和发展。我们鼓励读者思考如何在破产管理过程中创造价值、优化资源配置，并为公司的未来发展构筑坚实的基础。

在此，我们要感谢读者对本书的支持和信任。希望本书能够成为您在公司破产管理实践中的指南和伙伴，并帮助您在面对挑战时作出明智的决策和行动。

参考文献

1. 著作类

[1] 韩长印. 破产法学 [M]. 北京：中国政法大学出版社，2016.

[2] 山东利得清算事务有限公司，山东泰祥律师事务所主编. 房地产企业破产重整操作指引 [M]. 北京：中国政法大学出版社，2020.

2. 期刊类

[1] 白伟冰，杨雄壬. 试论预重整制度的价值及其完善 [J]. 法制与经济，2021，30(12)：108-114.

[2] 蔡岩. 探讨我国法律中破产预重整制度的有效运用 [J]. 中国集体经济，2021(03)：107-108.

[3] 陈畅，陈文. 论破产程序中购房人的权益保障 [J]. 法制博览，2019(24)：69-70，114.

[4] 陈俊熹. 论预重整制度在平台企业中的构建 [J]. 福建农林大学学报(哲学社会科学版)，2023，26(01)：104-112.

[5] 陈琳雯. 探讨企业在项目投资中实施的财务尽调方法 [J]. 财会学习，2023(14)：150-152.

[6] 陈晓君. 破产程序检察监督的重点内容 [J]. 中国检察官，2023(09)：19-22.

[7] 程春熹，耿晓兵. 破产业务犯罪的立法现状及完善 [J]. 法制博览，2021(26)：15-17.

[8] 方来红. 破产管理人协会业务主管单位制度探究 [J]. 法制与社会，2019(12)：41-43.

[9] 高晓琳. 破产程序预重整制度初探 [J]. 黑龙江人力资源和社会保障，2021(11)：90-92.

[10] 郭强，徐鹏. 我国破产管理人制度的不足及完善路径分析 [J]. 法制

博览，2023(01)：73-75.

[11] 胡凤华.企业破产清算中涉及的审计业务及应对策略探讨[J].财会学习，2020(09)：174-175.

[12] 黄忠顺.破产财产网络拍卖的深度透析[J].法治研究，2022，140(02)：82-93.

[13] 江孟燕.企业预重整制度构建的必要性探析[J].哈尔滨学院学报，2017，38(05)：48-52.

[14] 李博.我国破产管理人监督制度问题研究[J].法制博览，2023(08)：121-123.

[15] 李毅.预重整制度的本土化路径探析[J].秦智，2022(02)：19-21.

[16] 梁宇.会计师在破产企业管理人业务中的主导地位问题研究[J].企业改革与管理，2020(13)：181-183.

[17] 廖强.探讨我国法律中破产预重整制度的有效运用[J].理财周刊，2021(05)：250.

[18] 刘惠明，牟乐.新型企业拯救模式：预重整制度[J].财会月刊，2021(21)：115-120.

[19] 刘洁.刍议我国法律中破产预重整制度的有效应用[J].警戒线，2020(07)：146-147.

[20] 刘青.破产管理人债权审查实务研究：基于"荣华车件有限公司"破产案的分析[J].魅力中国，2020(39)：141-142.

[21] 刘文.风险投资尽职调查研究[J].中国商贸，2014(31)：159-160.

[22] 刘钰婕.网络司法拍卖方式处置破产财产相关问题探析[J].农场经济管理，2021(07)：55-57.

[23] 陆费红.破产程序前预重整制度的完善研究[J].法制博览，2021(17)：126-127.

[24] 马学荣.预重整制度市场化的建构及其法理分析[J].经营与管理，2021(09)：78-83.

[25] 乔芳芳.论破产财产范围[D].南京：南京大学，2018.

[26] 宋姜美.所有权保留在跨国破产中的效力：以2000年《欧盟理事会破产程序规则》为视角[J].学术探索，2015(07)：63-69.

[27] 唐俊. 破产重整案件债权诉讼时效审查问题探析 [J]. 法制博览, 2022(23)：53-55.

[28] 田岩超. 直接财务尽调的基本原则及应用 [J]. 现代商业, 2021(23)：184-186.

[29] 王超. 构建我国预重整制度的初步探索 [J]. 北方金融, 2021（1）：54-59.

[30] 王继晨. 企业破产清算审计实践探讨 [J]. 中国乡镇企业会计, 2020（10）：160-162.

[31] 王欣. 试述企业预重整制度在我国的构建 [J]. 经济与社会发展研究, 2023(14)：5-8.

[32] 王欣新, 王健彬. 我国承认外国破产程序域外效力制度的解析及完善 [J]. 法学杂志, 2008(06)：10-13.

[33] 吴庆广. 浅谈风险投资的尽职调查 [J]. 财经界, 2008(02)：58, 60.

[34] 武诗敏. 破产管理人待履行合同选择权行使的限制 [J]. 法商研究, 2023，40(03)：158-172.

[35] 武晓华. 企业破产清算中的若干财务问题 [J]. 企业改革与管理, 2015(02)：189.

[36] 徐洁. 企业投资前尽职调查必要性研究及风险预警联动的探索 [J]. 中国集体经济, 2022(02)：68-69.

[37] 许多多. 论破产预重整制度在我国的构建 [J]. 法制博览, 2018(22)：179，178.

[38] 许胜锋. 我国破产程序中债权人委员会制度的不足与完善 [J]. 中国政法大学学报, 2018，67(05)：110-122，207.

[39] 杨则文. 困境企业预重整制度的法律构建分析 [J]. 大陆桥视野, 2022(07)：77-79.

[40] 杨志杰, 苗艳君. 房地产企业预重整制度的应用及完善 [J]. 智库时代, 2020(49)：50—55.

[41] 于新循, 王赛男. 我国破产财产除外制度的检视与构想：以基础权利为中心 [J]. 四川师范大学学报 (社会科学版), 2019, 46(02)：68-74.

[42] 袁泉. 内地与香港跨境破产合作机制前瞻 [J]. 法律科学 (西北政法

大学学报），2022，40(03)：173-187.

[43] 张建云.浅析我国预重整制度及其完善建议[J].法制与社会，2020(22)：45-47.

[44] 张玲.跨境破产国际合作的模式[J].甘肃政法学院学报，2009(01)：119-123.

[45] 张倩.预重整制度的法律构建[J].河北企业，2021(1)：151-152.

[46] 赵丹语.建设工程款优先受偿权争议问题探究[J].大陆桥视野，2022(07)：128-129，132.

[47] 赵建勇.企业并购之财务尽调与整合[J].中国总会计师，2018(04)：55-57.

[48] 赵梦思.预重整制度于我国之本土化构建[J].区域治理，2021(03)：49-50.

[49] 周业莽，李文耀.论预重整制度构建与临时管理人实务研究[J].法制与社会，2020(36)：46-48.

[50] 朱绚凌.破产强制接管制度的构建与路径优化：以强化管理人履职保障为视角[J].法律适用，2022(09)：117-125.

[51] 朱亚.跨境破产国际协调机制探析[J].兰州学刊，2008（11）：128-130.

[52] 祝宁波，胡勇.试论跨境破产风险之防范：美国飞达仕公司破产保护案的思考[J].社会科学家，2009(02)：80-83.